社会儒学与儒学的多元开展

谢晓东◎主编

图书在版编目(CIP)数据

社会儒学与儒学的多元开展/谢晓东主编.—厦门:厦门大学出版社,2019.11
ISBN 978-7-5615-7658-8

Ⅰ.①社… Ⅱ.①谢… Ⅲ.①儒学－文集 Ⅳ.①B222.05－53

中国版本图书馆 CIP 数据核字(2019)第 274835 号

出 版 人	郑文礼
责任编辑	文慧云

出版发行　**厦门大学出版社**
社　　址　厦门市软件园二期望海路 39 号
邮政编码　361008
总　　机　0592-2181111　0592-2181406(传真)
营销中心　0592-2184458　0592-2181365
网　　址　http://www.xmupress.com
邮　　箱　xmup@xmupress.com
印　　刷　厦门市金凯龙印刷有限公司

开本　720 mm×1 000 mm　1/16
印张　16
字数　259 千字
版次　2019 年 11 月第 1 版
印次　2019 年 11 月第 1 次印刷
定价　58.00 元

本书如有印装质量问题请直接寄承印厂调换

厦门大学出版社　　厦门大学出版社
微信二维码　　　　微博二维码

目 录

1	杨国荣	何为儒学？ ——儒学的内核及其多重向度
16	谢晓东	论社会儒学的三重向度 ——兼与杜维明先生对话
31	黄玉顺	社会儒学与生活儒学之关系 ——与谢晓东教授商榷
47	韩 星	社会儒学的新领域 ——城镇社区儒学
60	涂可国	社会儒学视野中的儒家民说
81	张新国	社会儒学的形而上学基础
93	杨 虎	论"儒学传统"与"传统儒学" ——社会儒学建构的先行视域
107	刘学智	理学视域下的《吕氏乡约》
122	赵法生	乡村儒学与乡土信仰重建
134	朱 承	儒家政治哲学的人格指向：以君子人格为例
145	郭 萍	澄清不同层面的"群己权界" ——基于严复《群己权界论》的分析
162	卢 兴	梁漱溟"中国式民主"思想探析 ——兼论儒家思想与协商民主的关系
171	乐爱国	"己立立人,己达达人"：是"仁"还是"恕" ——以朱熹的解读为中心
182	曹树明	论梁启超孔教观的转变及其佛学因缘
197	翟奎凤	近代以来中国大学校训与儒家核心价值的传承延续
210	任剑涛	内圣的归内圣,外王的归外王：儒学的现代突破

230	林晓媚 韩 星	**附录一**	"社会儒学与儒学的多元开展"学术研讨会综述
234	涂可国 谢晓东	**附录二**	社会儒学三人谈
249		后 记	

何为儒学？

——儒学的内核及其多重向度*

杨国荣

摘要：儒学以"仁"和"礼"为内在核心。作为儒学的思想内核，"仁"和"礼"构成了儒学之为儒学的根本之点，并使儒学区别于历史上的其他学派。在儒学之中，"仁"和"礼"的统一既体现于儒家自身的整个思想系统，又展现于人的存在的各个领域，后者包括精神世界、社会领域以及天人之际。精神世界体现的是人的精神的追求，精神的安顿，以及精神的提升，其具体展开则是关乎宗教性维度、伦理性维度，以及具有综合意义的精神境界。在哲学的层面上，儒学所由以展开的社会领域关乎政治、伦理，以及日常的生活世界。就人的存在而言，精神世界主要涉及人和自我的关系，社会领域则指向的是人与人之间的关系，从更广的视域看，人的存在同时关乎天人之际，儒家对天人关系的理解，同样基于"仁"和"礼"的观念。要而言之，"仁"和"礼"的统一作为儒学的核心观念渗入儒学的各个方面，儒学本身则由此展开为综合性的文化观念系统，儒学的具体性、真实性，也体现于此。时下所谓心性儒学、政治儒学、制度儒学、生活儒学往往将儒学在某一方面的体现视为儒学的全部，这类进路难以避免对儒学的片面理解。

关键词：仁；礼；精神世界；社会领域；天人之际

随着儒学逐渐再度成为显学，其不同形态也开始纷然而起，心性儒学、政治儒学、制度儒学、生活儒学、社会儒学等的先后亮相，便表明了这一点。众多的"儒学"虽都冠以儒学之名，但实质上又主要侧重于儒学的某一方面。以上诸种形态的所谓"儒学"，或者是对历史上儒学既成形态的再解释，或者

---

* 作者系华东师范大学中国现代思想文化研究所暨哲学系教授，教育部长江学者(2005)。本文系作者于2018年3月在厦门大学的会议发言和华侨大学的演讲记录稿。该文发表在《文史哲》2018年第5期。

表现为对儒学未来发展的思考。从理论上看,无论是对儒学历史形态的重新理解,抑或对儒学未来发展的展望,都涉及一个基本的问题,即:"何为儒学?"尽管关于儒学已有不同论说,但这无疑依然是一个需要反思的问题。

一

理解儒学,需要回到儒学自身的历史语境。从其原初形态看,儒学的内涵首先体现于"仁"和"礼",后者同时构成了儒学的核心观念。[1] "仁"主要关乎普遍的价值原则,其基本内涵则在于肯定人自身的存在价值。比较而言,"礼"更多地表现为现实的社会规范和现实的社会体制。从社会规范这一层面看,"礼"可以视为引导社会生活及社会行为的基本准则;在社会体制方面,"礼"则具体化为各种社会的组织形式,包括政治制度。儒家的基本价值取向是:"仁者爱人,有礼者敬人。"[2] 其中蕴含着对"仁"和"礼"的双重肯定。以上论域中的"礼"与"义"具有相通之处,"义者,宜也"[3],引申为"当然",作为当然之则,"义"可以视为规范层面之"礼"的内化形式,"仁"与"义"的相关在此意义上与"仁"和"礼"的统一呈现一致性。

"仁"作为价值原则,首先涉及情感的凝聚和情感的沟通,情感的凝聚关乎内在的精神世界,情感的沟通则以人与人之间的交往为指向。比较而言,"礼"在社会规范的层面上,主要指向理性的秩序和理性的引导,理性的秩序关乎社会共同体的存在形态,理性的引导则侧重于以理性的方式制约人的行为。

"仁"和"礼"固然各有侧重,但所侧重的两个方面并非截然分离。"仁"以情感的沟通和情感的凝聚为其主要的方面,但并不排斥人与人之间的理性关联。关于"仁",孔子有两个值得关注的界说。首先是以"爱人"规定"仁":"樊迟问仁。子曰:'爱人'。"[4] "爱人"既以肯定人的内在价值为前提,又包含情感关切,它所侧重的是"仁"的内在的情感凝聚和情感沟通。孔

---

[1] 关于"仁"和"礼"的内涵及其与儒学的历史关系,可同时参阅杨国荣:《儒学:本然形态、历史分化与未来走向——以"仁"与"礼"为视域》,载《华东师范大学学报》2015年第5期。相关的内容这里从略。

[2] 《孟子·离娄下》。

[3] 《中庸》。

[4] 《论语·颜渊》。

子关于"仁"的另一重要界说是:"克己复礼为仁。"[1]"克己复礼"更多地表现为对理性规范的认同和接受,后者同时涉及理性的引导和理性的制约。这样,"仁"既有内在的情感侧重,同时也兼及理性之维。就"礼"而言,与之相关的首先是"理":"礼也者,理之不可易者也。"[2]即使儒家之外的文献,也肯定"礼"与"理"的关联:"故礼者,谓有理也。理也者,明分以谕义之意也。"[3]这里的"理"既指条理、法则,也涉及依据这种条理法则来制约人的知和行,所谓"理也者,明分以谕义之意"便关乎后一方面。与之相应,"礼"与"理"的以上关联,侧重的是"礼"的理性秩序义及理性引导义。不过,在与理相关的同时,"礼"并非与"情"完全隔绝,《郭店楚简》所谓"礼因人之情而为之"[4],便表明了这一点,类似的观念也见于儒家的其他文献:"礼者,因人之情而为之节文,以为民坊者也。"[5]这里的"因人之情",便关乎"礼"与情感沟通和情感凝聚之间的联系。基于情感的这种人与人之间的沟通,在以下看法中得到了更具体的肯定:"礼尚往来,往而不来,非礼也;来而不往,亦非礼也。"[6]在此,"礼"展示了制约人与人之间相互交往、相互沟通这一面。

作为儒学的内在核心,"仁"和"礼"同时构成了儒学之为儒学的根本之点,儒学与其他学派的内在区别,也与之相关。这里可以首先对儒家与墨家作一比较。墨家提出"兼爱",这一观念在肯定人道价值方面,与儒家的"仁"具有相通之处:尽管"仁"基于亲亲之情,"兼爱"则并未赋予亲亲以优先性,后来的儒家学者(尤其是理学家)一再由此辨析"仁"与"兼爱"的差异,但在关切人这一点上,二者确实有一致之处。然而,墨家对"礼"在总体上则持批评态度,其"非乐""节葬"的主张以及对"亲疏尊卑""昏(婚)礼威仪"[7]等抨击,从不同维度体现了这一点。这种取向,具有重于"仁"而轻于"礼"的特点。后来的佛家在某种意义上也与墨家有相近之处,他们主张慈悲为怀、普度众生,在这方面与"仁"和"兼爱"并不相悖,但同时对"礼"所规定的伦理责

---

[1]《论语·颜渊》。
[2]《礼记·乐记》。
[3]《管子·心术上》。
[4]《郭店楚简·语丛一》。
[5]《礼记·坊记》。
[6]《礼记·曲礼上》。
[7]《墨子·非儒下》。

任(包括家庭伦理)和社会义务(包括政治义务),则疏而远之,从儒学的角度看,其中同样蕴含有见于"仁"而无见于"礼"的趋向。

相对于墨家之疏离"礼",法家更倾向于化"礼"为"法"。"礼"与"法"在注重规范性这一点上,有相通之处。但"礼"建立于情理之上,具有引导性的特点;"法"则以法理为基础,表现为非人格、冷冰冰的律令,并具有强制性的特点。法家总体上已由"礼"而走向"法"。与此相应的是对"仁"道的拒斥:谈到法家之时,历史上常常以"刻薄寡恩"来形容,"刻薄寡恩"与"仁"彼此相对。在以上方面,法家与注重"仁"和"礼"统一的儒家形成了明显的差异。

道家从另一层面表现出来对"仁"和"礼"的疏离。老子曾指出:"绝仁弃义,民复孝慈。"[1]尽管对"绝仁弃义"有各种不同的解说,但其对"仁"和礼义不予认同的立场,无疑显而易见。这一价值立场与道家注重自然原则、对人文或文明化的规范持批评和怀疑的态度,总体上前后一致。在这一方面,道家与儒家注重"仁"和"礼"的统一,同样形成了某种对照。

作为儒学的核心,"仁"和"礼"的统一既体现于儒家自身的整个思想系统,又展现于人的存在的各个领域。以下从相关的方面对此作一考察。

二

首先需要关注的是精神世界这一层面。从总体上看,精神世界体现的是人的精神的追求、精神的安顿,以及精神的提升。在精神世界中,"仁"和"礼"的统一具体展现于三个维度,即宗教性的维度、伦理的维度,以及具有综合意义的精神境界。

在宗教性的层面,终极关切是无法回避的问题。按其本义,终极关切意味着不限定于人的当下存在或此在形态,而是以"极高明"为精神取向。孟子曾指出:"尽其心者,知其性也。知其性,则知天矣。"[2]这里的"天"可以视为超验意义上的存在,从人之心、性指向天,相应地包含着某种终极关切的意味。需要注意的是,在儒家那里,以上视域中的终极关切,同时建立在"仁"之上。"仁"作为儒家的核心价值,肯定的是人之为人的内在价值,与之相联系,基于"仁"的终极关切,同时指向对人自身存在的关怀。这一意义上

---

[1] 《老子》第十九章。
[2] 《孟子·尽心上》。

的终极关切的特点,在于不离开这个世界:它既非否定人自身或离开此在,也不同于以彼岸世界为指向的所谓"超越",而更多地侧重于人自身的成长、提升、完成。这里应当对时下比较流行的所谓"内在超越"论作再思考。在这一论域中,"超越"(transcendent)沿袭了西方宗教中的相关观念,意味着走向绝对的、无条件的、无限的存在,而在"超越"之前冠以"内在"则试图表明,儒学所具有的这种所谓"超越性",同时呈现"内在性"(Immanent)。事实上,在儒学那里,终极关切并没有走向以上视域中的"超越"。这里的关键之点,首先在于儒学的终极关切始终与"仁"这一观念联系在一起,正是以"仁"为核心,才使儒家的终极关切一开始便以人自身的存在为关切之点,从而避免了离开人的此在而面向彼岸的"超越"。

在儒家那里,终极关切同时涉及"礼"。前面提及,"礼"与"理"相关并内在地蕴含理性的精神。与理性精神的这种联系,使儒家的终极关切既有别于宗教的迷狂,也不同于非理性的蒙昧追求。从早期开始,儒家便对超验的存在保持了某种距离,孔子"不语怪、力、乱、神"[1],主张"敬鬼神而远之"[2],已体现了清醒的理性立场。即使在"天者,百神之君也,王者之所最尊也"[3],这一类似乎具有超验性质的表述背后,也不难看到如下理性的取向:借助超验之天的权威,以制衡世上之"君"。[4] 在此,"礼"作为儒学的核心观念之一,从另一方面制约着儒家的终极关切。不难注意到,在仁、礼、现实之人、超验之天(神)以上四重关系中,"仁"主要体现为爱人,"礼"则更多地表现为敬神;前者关乎价值关切,后者则渗入了理性意识。

精神世界不仅关乎具有宗教性的终极关切,而且包含更为现实的道德面向。以"仁"为内核,精神世界中的伦理面向首先表现为德性的完善,即所谓"仁德"或以"仁"为内涵的德性,包括仁爱的取向、基于恻隐之心的普遍同情、天下的情怀,等等。这种德性的重要特点之一是包含善的精神定向或善的精神定势,始终以自我的成就和天下的安定(内圣外王)为价值目标。这也可以视为"仁"在伦理意义上的精神世界的体现。

如前所述,与"仁"相联系的"礼"既展现为现实社会规范,也可以内化为

---

[1] 《论语·述而》。
[2] 《论语·雍也》。
[3] 《春秋繁露·郊义》。
[4] 杨国荣:《善的历程——儒家价值体系研究》,上海人民出版社1994年版,第148～186页。

理性的原则。在精神世界这个维度上,"礼"则既表现为普遍的伦理规范,也体现为内在的理性观念,二者从不同方面规定着人的品格和德性的培养。儒家要求自我确立理性的主导地位、抑制和克服感性的冲动、避免仅仅跟着欲望走等,都体现了基于"礼"的理性精神。荀子曾指出:"凡治气养心之术,莫径由礼。"[1]所谓"治气养心",主要以德性的培养为内容,而在荀子看来,内在德性培养的最好途径,即依循于"礼",这里的"礼",主要表现为内化的理性原则。

可以看到,在精神世界的伦理之维,"仁"和"礼"的统一具体表现为德性完善和理性自觉之间的统一。《大学》提出"正心诚意",这里也蕴含了"仁"和"礼"这两个方面对伦理世界的影响。"正心"更多地侧重于以理性的原则来规范、约束人的伦理观念,"诚意"则首先表现为基于"仁"的要求,完善内在道德意识,使之真正成为"实有诸己"的真诚德性。在这一意义上,"正心诚意"无疑从一个方面体现了伦理之维的精神世界所内含的"仁"和"礼"的统一。

儒家精神世界更一般的形式,体现于精神境界。精神境界同时包含宗教性、伦理等多重方面,从而具有综合性的特点。精神境界在儒家那里有不同的表现形态,这里可以基于张载的相关论述,作一大致说明。张载曾提出如下著名论点:"为天地立心,为生民立道,为去圣继绝学,为万世开太平。"[2]这些表述从不同方面展现了儒家精神境界的具体内容。

所谓"为天地立心",也就是人通过自身的认识和实践活动,为自然(天地)确立价值的目标和价值的方向。自然本无价值目标,其价值目标乃是通过人自身的观念和活动而赋予的。对儒学而言,人是世界中唯一具有创造力量的存在,人之为人的根本特点在于他具有这种创造力量,后者使之能够赋予自然(天地)以意义。"人为天地立心"首先便从价值的层面上,突显了人的创造力量以及人赋予世界以意义的能力。比较而言,"为生民立道"主要涉及人和人自身的关系:人类的历史走向和发展方向取决于人自身。所谓"为去圣继绝学",更多地表现为延续文化的历史命脉:"去圣之学"体现了社会文化在思想层面的沉积,后者同时表现为文化的历史命脉,这一意义上的"继绝学",则在于延续这种文化的历史命脉。"为万世开太平"所指向的,

---

[1]《荀子·修身》。
[2] 张载:《张载集》,中华书局1978年版,第376页。

是终极意义上的价值目标,在儒家那里,这既关乎人类永久安平的远景,又包含使人类走向真正完美形态的价值理想。

可以看到,以上观念概括起来包含两个方面:其一是理想的意识,其二是使命的意识。所谓精神境界,从实质的内涵看,即表现为理想意识和使命意识的统一。在儒学那里,这一意义上的精神境界始终没有离开"仁"和"礼"的交融。"为天地立心,为生民立道"等取向首先体现了人应当追求的理想,它同时又规定了人的使命,即化以上理想为现实。作为理想,以上取向体现的是"仁"的价值原则:无论是从人出发为自然(天地)确立价值方向,还是为人自身规定历史走向,抑或追求人类永久安平的远景,都可以视为以人的关切为核心的"仁"道观念的具体化。从使命的层面看,以上取向则与"礼"所渗入的内在责任和义务相联系:"礼"作为普遍的"当然之则"(规范),包含应当如何的要求,后者关乎责任和义务,精神境界中内含的使命意识,则表现为这种责任和义务观念的引申。

三

在体现于精神世界的同时,儒学的具体内涵又展开于社会领域。从传统的观念看,这里所谓社会领域包括"家国天下"这样广义的存在空间;从哲学层面来说,它涉及的则是政治、伦理,以及日常的生活世界等方面。

从政治上之维看,基于"仁"的政治关切首先在总体上表现为对仁政、王道、德治等政治理念的追求。孔子提出仁道的观念,强调"为政以德",主张对民众"道之以德",[1]到了孟子那里,仁道观念进一步引向仁政的学说,仁政学说和儒家所追求的王道、德治等观念紧密地联系在一起,其中包含对人的多方面关切,这种关切同时体现了"仁"的内在精神。

比较而言,在政治领域,"礼"首先表现为确定度量界限,建立包含尊卑等级的社会秩序。荀子在考察"礼"的起源时,曾对此作了具体考察:"人生而有欲,欲而不得,则不能无求,求而无度量分界,则不能不争。争则乱,乱则穷。先王恶其乱也,故制礼义以分之,以养人之欲,给人之求。"[2]所谓"度量分界"也就是确定社会成员的不同社会地位,为每一种地位规定相应

---

[1]《论语·为政》。
[2]《荀子·礼论》。

的权利和义务。在缺乏如上社会区分的条件下,社会常常会陷入相争和纷乱的境地,而当所有的社会成员都各安其位,互不越界之时,整个社会就会处于有序的状态。在此,"礼"的核心的方面便体现于通过确立度量界限,建立起一定的社会秩序。

  以上是"仁"和"礼"的统一在儒家政治中的总体体现。在具体的政治实践展开过程中,政治的运作同时涉及实质的方面和形式的方面。从"仁"的观念出发,儒家往往比较注重政治实践主体的内在人格和德性在政治生活中的作用。从政治哲学的角度来说,对政治主体及其内在品格德行的注重属于政治实践中实质的方面。从孔子、孟子到荀子,儒家在思考国家治理、政治运作之时,往往把政治实践的主体放在主导性的地位。对他们而言,国家是否得到治理、社会是否陷于纷乱等,总是与政治实践主体即君臣自身的品格、能力联系在一起。儒家比较注重所谓贤能政治,《孟子》《礼记》《荀子》都一再强调政治主体应当具备贤与能的品格,对贤能的这种注重,源于儒家"仁"的观念,儒学对政治实践中实质性方面的关注,也与之相关。

  在形式的层面,儒家对政治领域的考察更多地与"礼"的观念联系在一起。从肯定"礼"出发,对政治实践运行过程的思考往往会引向对政治规范、政治体制等的注重,与之相应的是由"礼"而接纳"法"。前面提到,法家的政治走向,是化"礼"为"法",相形之下,儒家则始终不放弃"礼"的主导性,其特点在于通过"礼"而在政治实践中接纳"法",或者说,由"礼"而入"法"。在儒家关于政治实践运行过程的具体考察中,不难看到由注重"礼"而进一步关注"礼"和"法"的理论取向,荀子的以下论点便体现了这一点:"礼者,法之大分","法者,治之端也","非礼,是无法也","治之经,礼与刑"[1]如此等等。由"礼"而接纳法或由"礼"而入法,最后引向礼法交融,构成了儒家在政治哲学上的重要趋向,这一特点也体现于政治实践的层面:在儒学独尊的汉代,政治的实际运作便表现为所谓"霸王道杂之"[2],后者所体现的,实质上即以"礼"为主导的礼法统一。从治国的层面看,以"礼"为主导的礼法统一所侧重的,主要是政治实践的形式之维。

  就政治哲学的角度而言,"礼"以度量分界建构社会秩序,同时又关乎社会正义。如前所述,度量分界的实际意义是把人区分为不同等级和地位,同

---

[1] 《荀子·劝学》《荀子·君道》《荀子·修身》《荀子·成相》。
[2] 《汉书·元帝纪》。

时为每一等级和地位中的人规定各自的权利和义务。后者在否定的方面要求个体不可彼此越界,从肯定的方面看则意味着每一个个体都可以得其应得:在界限允许的范围之内,个体可以得到与其身份、地位一致的社会资源。这一意义上的得其应得,从一个方面体现了正义的要求:自亚里士多德以来,得其应得都被理解为正义的基本规定之一。就此而言,通过"礼"而建构起理性的秩序,同时也为从形式的层面走向正义提供了某种可能。

可以看到,基于"仁"的贤能政治与以"礼"为主导的礼法统一,构成了儒家政治哲学的两个相关方面,它可以视为"仁"和"礼"的交融这一儒家核心观念在政治领域的具体体现。按其内涵,"仁"所指向的是人与人之间的沟通,包括建立在情感之上的人际关联,由此达到社会成员彼此和谐相处。"礼"则侧重于区分界限,亦即为不同个体规定不同的等级和地位,使之各有相应的义务和权利,彼此相分,互不越界,由此建立社会秩序。概括而言,基于"礼"而分界限、建秩序与基于"仁"而合同异、趋和谐,构成了儒学总的政治取向。儒家所说的"礼之用,和为贵"[1],也从一个方面体现了这一点:礼本言其"分","仁"则以"和"为指向,"礼"所规定的人际之"分",需要通过"仁"而引向社会的和谐,由此,"仁"和"礼"也从不同侧面展示了它们在政治生活中的作用。

与政治的运作相关的社会领域,是伦理关系和伦理实践。事实上,政治和伦理在儒家那里往往难以截然相分。伦理既关乎精神世界,也体现于社会领域,精神世界中的伦理之维,更多地表现在观念层面。在社会领域,伦理则通过人的具体存在、人与人之间的关系,以及人的实际行为而展现。

从现实的社会领域考察人的伦理之维,通常面临两个方面的问题:其一,"成就什么?""如何成就?";其二,"做什么? 如何做?""成就什么? 如何成就?",主要是以人格的完善、品格的培养为目标,涉及的是道德实践的主体。换言之,它关心的是道德实践主体本身如何生成或成就什么样的道德主体。"做什么? 如何做?"则更多地表现为行为的关切;相对于道德实践主体,它更为关注道德行为本身。在儒家那里,与"仁"和"礼"的统一这一核心的观念相联系,以上两个问题以及与之相关的不同关切也彼此关联。首先,从"仁"的观念出发,儒家把成就德性、完善人格提到重要地位,众所周知,儒家有"成己"和"成人"之说,其内涵在于把"成就什么"作为主要关切之点。

---

[1] 《论语·学而》。

与"仁"相关的是"礼",在社会领域,"礼"的伦理之维更多地表现为现实的社会伦理规范。一般而言,伦理规范重在指导人们的行为选择和行为展开,与之相应,"礼"的关切之点也更多地指向人的具体行为过程,包括人在不同的情景中应该选择什么样的行为、在实践过程中应当如何依"礼"而行等。这些问题首先与前面提到的"做什么？如何做？"联系在一起。

历史地看,以上两个问题往往分别与不同的伦理趋向相涉。"成就什么？如何成就？"每每被视为所谓德性伦理的问题。德性伦理所侧重的首先是道德主体的完善,其内在的理论旨趣在于通过人的成就,以达到道德主体的完美,并进一步以道德主体的完美来担保道德行为的完善。"做什么？如何做？"则更多地与行为的关切联系在一起,这种关切在伦理学上属规范伦理的问题。规范伦理首先指向人的行为,如何在行为层面合乎道德规范,是其关心的主要问题。在伦理学上,儒家常常被看作是德性伦理的代表,确实,如前所述,与注重"仁"相联系,儒家将德性(仁德)放在重要地位。然而,儒家同时处处以"礼"为关注之点,"礼"作为普遍规范,以行为的制约为指向。从现实层面看,与"仁"和"礼"的交融相关联,儒家既关注"成就什么？如何成就？"这一类德性伦理的问题,也关切"做什么？如何做？"等规范伦理意义上的问题。不难注意到,在社会领域的伦理维度上,"仁"和"礼"的关联具体表现为德性伦理和规范伦理的统一,尽管在儒学的演进中,不同的人物常常表现出相异的侧重,如朱熹较多地表现出对规范或规范的形上形态(天理)的关切。比较而言,在王阳明这样的哲学家中,内在德性(良知)则成为其优先的关注之点。但从总体上看,以"仁"和"礼"的关联为前提的德性和规范的统一,构成了儒家在伦理学上的主导取向。

在儒学的演化过程中,政治和伦理彼此相关,总体上表现为"仁"和"礼"的统一。孔子所提出的"君君、臣臣、父父、子子"[1],便已体现了以上趋向。具体而言,"君君、臣臣"更多地涉及政治领域的问题,"父父、子子"则与道德人伦相关联,两者的共同特点在于都在实质的层面指向"仁"和"礼"的沟通。一方面,在个体人格之维,"君君、臣臣"要求"君"和"臣"都要合乎各自的准则,即"君"应有"君"的品格,"臣"要像"臣"的样子。另一方面,从具体实践过程看,"君"和"臣"都应各自履行其承担的政治义务:君应履行"君"之职,"臣"也同样应如此。这里体现了政治领域中实质层面(政治品格)与形式层

---

[1]《论语·颜渊》。

面(政治规范)的不同要求。与之相关的"父父、子子"主要是侧重于伦理之维。这里同样涉及"仁"和"礼":一方面,"父父、子子"关乎亲子之情,后者体现了"仁"的精神;另一方面,其中也包含亲子之间的道德责任,后者与"礼"的要求相联系。无论从政治之域看,抑或从伦理之维考察,"君君、臣臣、父父、子子"都体现了"仁"和"礼"的相关性。

社会领域的另一个重要方面,是日常生活或生活世界。现代政治学往往区分国家与个体(私人),并以两者之间的社会区域为所谓"公共空间"或"公共领域"。儒学没有对此作这样严格的区分,但宽泛而言,这里将要讨论的日常生活或生活世界近于上述视域中的社会空间,关乎日常处世、日常行事的方方面面。日常生活展开于人的日常存在,生活与生存也具有相关性,在此意义上,日常生活无疑具有本体论意义。不过,在儒学中,日常生活更具体地表现为日用常行。在家庭之中,有事亲事兄等日常的行为。在家庭之外,则关涉乡邻交往,后者构成了传统社会重要的社会活动空间,如何做到长幼有序、尊老爱幼等,是其间需要应对的日常问题。在朋友之间的交往中,朋友有信、朋友之间有情有义等,构成了基本的要求。在师生关系中,则涉及尊师重道、洒扫应对等日常行为。以上的日用常行既包含基于"仁"的情感沟通,也涉及礼仪的形式和礼仪的规范。

日常生活的展开,以多样的人伦关系为背景,人在生活世界中的共在和交往,既关乎规矩,也涉及情感,后者总是渗入"仁"的精神。孔子认为,能普遍地做到"恭、宽、信、敏、惠",即意味着达到了"仁"[1],"恭、宽、信、敏、惠"便涉及情感的沟通,它构成了儒家视域中人与人之间日常交往的基本要求。与之相辅相成的是"礼":"讲信修睦,尚辞让,去争夺,舍礼何以治之?"[2]对儒家而言,礼本来即以"辞让"为题中之义,所谓"辞让之心,礼之端也"[3],便表明了这一点。在政治领域,"礼"主要表现为通过确立度量分界,以担保社会秩序,在日常生活中,"礼"则一方面为日常交往提供礼仪形式和礼仪规范;另一方面又通过辞让等要求,避免人与人之间的日常纷争,以保证交往的有序性。礼在政治领域和日常生活中的以上二重规定体现了礼本身的相关方面,荀子和孟子则在一定意义上分别侧重其中一个方面。从人的日

---

[1]《论语·阳货》。
[2]《礼记·礼运》。
[3]《孟子·公孙丑上》。

常活动看,以辞让为内在要求的"礼"从不同方面为人与人之间的和谐交往提供了前提:"尊让絜敬也者,君子之所以相接也。君子尊让则不争,絜敬则不慢,不慢不争,则远于辨矣。不斗不辨,则无暴乱之祸矣。"[1]可以看到,"仁"与"礼"从不同意义上构成了日常生活有序展开所以可能的条件。以人与人的交往而言,"尊老爱幼"更多地体现"仁"的要求,"长幼有序"则首先体现了"礼"的内在规定,两者在显现交往过程多重内涵的同时,也表明了日常生活的展开过程与"仁"和"礼"的相关性。

四

就人的存在而言,精神世界主要涉及人和自我的关系,社会领域指向的则是人与人之间的关系:政治、伦理、日常生活等社会领域都以人与人之间的互动为内容。从更广的视域看,人的存在同时关乎天人之间。在儒家那里,对天人关系的理解,同样体现了"仁"和"礼"统一的观念。大致而言,以上意义中的天人关系既有形而上的维度,也有伦理的方面。

在形而上的层面,儒家对天人关系的理解首先表现在强调人为天地之心:"人者,天地之心也。"[2]人为天地之心的实际所指即"仁"为天地之心。关于这一点,从朱熹的以下论述中便不难看到:"盖仁之为道,乃天地生物之心,即物而在。"[3]与张载所说的"为天地立心"相近,人(仁)为天地之心的具体内涵,也就是人为自然确立价值目标和价值的方向。康德在晚年曾将上帝视为"人与世界的内在精神"[4]。这里的"内在精神"也关乎价值意义,康德在将人和世界的价值意义与上帝联系起来的同时,也似乎表现出以上帝为价值意义的终极根据的趋向。相对于此,儒家以人(仁)为天地之心,显然体现了不同的价值取向。在这里,"仁"作为儒学的核心,同时制约着儒家对天人关系的理解,并由此赋予自然(天)以价值意义。

与"仁"在天人之辩中的体现相联系的,是从"礼"出发规定天和人的关系。在儒家看来,天地有分别,自然也有序,天地之序与社会之序之间,存在

---

[1] 《礼记·乡饮酒义》。

[2] 《礼记·礼运》。

[3] 朱熹:《仁说》,载《朱子全书》第二十三册,上海古籍出版社、安徽教育出版社2002年版,第3280页。

[4] Kant,*Opus Postumum*,Cambridge University Press,1993,p.240.

着连续性:"大礼与天地同节","礼者,天地之序也","在天成象,在地成形。如此,则礼者天地之别也"。[1]从形上之维看,这里所强调的是天道与人道的相关性。按儒家的理解,天地之序既构成了"礼"所表征的社会秩序之形上根据,又展现为基于"礼"的社会之序的投射,天地之序与社会秩序通过"礼"而相互沟通。张载对以上关系作了更具体的论述:"生有先后,所以为天序;小大、高下相并而相形焉,是谓天秩。天之生物也有序,物之既形也有秩。知序然后经正,知秩然后礼行。"[2]"天序"与"天秩"体现的是自然之序;"经"与"礼",则关乎社会之序。在张载看来,经之正、礼之行源于"天序"和"天秩",天道(自然之序)构成了人道(社会之序)的根据。

"仁"和"礼"与天人之辨以上关联,主要展现了形上的内涵。广而言之,天人之际既涉及人与自然(天地)的关系,又与人自身的存在形态相关,两者都包含伦理之维。在形上的视域中,天人关系以"合"(关联)为特点,相对于此,两者在伦理的层面则同时呈现"分"(区别),后者首先表现为人的本然(天)形态与人化(人)形态之分。从肯定人的内在价值出发,儒学始终注重把握人之为人的根本之点,并由此将人与自然之域的存在区别开来,儒家的人禽之辨,便以此为关注之点。对儒家而言,人不同于禽兽的根本之点,就在于人受到"礼"的制约:"是故圣人作,为礼以教人。使人以有礼,知自别于禽兽。"[3]禽兽作为动物,属广义的自然对象(天),人则不同于自然(天)意义上的存在,而人与自然存在(禽兽)之分,首先便基于"礼"。在此,"礼"作为现实的社会规范,同时也为人形成不同于自然(天)的社会(人化)品格提供了担保。

在儒家那里,人禽之辨同时关联着文野之别。这里的"野"大致属自然(天)或前文明的存在状态,"文"则指文明化或具有人文意义的存在形态。儒家要求人的存在由"野"而"文",从内在的方面看,由"野"而"文"意味着获得仁德等品格,并形成人文的价值取向;从外在行为过程看,由"野"而"文"则要求行为合乎"礼"的规范、趋向文明的交往方式。前文曾提及,"礼"的具体作用包括"节文",这里的"节"主要与行为的调节和节制相联系,"文"则关乎形式层面的文饰。以"礼"为规范,人的言行举止、交往方式逐渐地趋向于

---

[1]《礼记·乐记》。
[2] 张载:《张载集》,中华书局1978年版,第19页。
[3]《礼记·曲礼上》。

文明化的形态。这一意义上的文野之别既是天人之辨的延续,也渗入了"仁"与"礼"的互动。

当然,伦理意义上的天人关系既有上述天人相分的一面,也包含天人关联的维度。在儒学之中,这种相关性首先体现在将"仁"的观念引申和运用于广义的自然(天)。儒学从孟子开始,便主张"仁民而爱物"[1]。这里包含两个方面:首先是"仁民",即以仁道的原则对待所有人类共同体中的成员,与之相关的"爱物"则要求将仁道观念进一步应用于外部自然或外部对象,由此展现对自然的爱护、珍惜。这一意义上的"爱物",意味着在伦理(生态伦理)意义上肯定天人的相合。《礼记》提出了"树木以时伐"[2]的观念,孟子也主张"斧斤以时入山林"[3],即砍伐树木要合乎"天"(自然)的内在法则,而非仅仅基于人的目的。这里既蕴含着保护自然的观念,也基于"仁"道原则而肯定了天与人之间的统一。

除了"仁民爱物",天人关系还包含另一方面,后者体现于"赞天地之化育"等观念。对儒家而言,人不仅应"成己",而且有责任"成物",后者意味着参与现实世界的生成,所谓"赞天地之化育",便以这一意义上的"成物"为指向。以上观念包含两方面的前提:其一,人具有参与现实世界的生成之能力;其二,人生活于其间的世界并不是本然的洪荒之世,而是与人自身的活动息息相关,其中处处包含着人的参与。"赞天地之化育"不仅体现了人对世界的责任意识,而且渗入了人对世界的关切意识:在参与世界形成的过程中,人承担对于世界的责任与人关切这个世界表现为彼此相关的两个方面。对世界的这种关切和承担对世界的责任既体现了"仁"的意识,也涉及"礼"的观念。如前所述,"礼"作为普遍的规范,以"当然"(应当如此)为形式,其中蕴含着内在的责任意识和义务意识,"仁"则一开始便表现出对人与世界的普遍关切,由仁民而爱物,即从一个方面体现了这一点。对天人关系的如上理解,从另一个方面体现了"仁"和"礼"统一的观念。

可以看到,儒学以"仁"和"礼"为其思想的内核,"仁"和"礼"的统一作为儒家的核心观念同时渗入儒家思想的各个方面,并体现于精神世界、社会领域、天人之际等人的存在之维。在哲学的层面,"仁"和"礼"的关联交错着伦

---

[1] 《孟子·尽心上》。
[2] 《礼记·祭义》。
[3] 《孟子·梁惠王上》。

理、宗教、政治、形而上等不同的关切和进路,儒学本身则由此展开为一个综合性的文化观念系统:儒学之为儒学,即体现于这一综合性的系统之中。借用康德关于感性和知性关系的表述,可以说,有"仁"和"礼"的内核而无多方面展开的儒学是空的或抽象的,有多重方面而无内核的儒学,则缺乏内在灵魂或主导观念,二者都各有所偏。儒学的具体性、真实性,即体现于它的综合性或内核的多方面展开之上。时下所谓心性儒学、政治儒学、制度儒学、生活儒学等,似乎都仅仅抓住了儒学的某一方面或儒学在某一领域的体现:如果说,心性儒学主要涉及儒学有关精神世界的看法,那么,政治儒学、制度儒学、生活儒学等则分别以儒学在政治、伦理领域以及生活世界的展开形态为关注之点。儒学在某一方面的体现和儒学的本身或儒学的本来形态,应当加以区分。以儒学的某一个方面作为儒学的全部内容,往往很难避免儒学的片面化。诚然,从历史上看,儒学在其衍化过程中,不同的学派和人物每每有各自的侧重,但不能因为儒学在历史中曾出现不同侧重或趋向而把某种侧重当作儒学的全部内容或本然形态,儒学在具体演化过程中的侧重与本来意义上的儒学不应简单加以等同。要而言之,对儒学的理解,需要回到儒学自身的真实形态,后者与"仁"和"礼"的核心观念及其多重展开无法分离。

论社会儒学的三重向度

——兼与杜维明先生对话

谢晓东[*]

摘要：从时间上来看，社会儒学既是一种现代的儒学形态，也是一种未来的儒学形态；从空间上来看，社会儒学是以全球社会为存在与发展途径的儒学形态。就后者而言，社会儒学就和杜维明关于儒学第三期发展的目标是走向全球的判断形成了某种对话。不仅如此，从本质向度而言，杜维明的理路暗合于笔者所提出的社会儒学概念，即社会儒学是一种关于儒学与自由主义关系的特殊理解。于是，杜维明所代表的现代新儒学也就可以理解为社会儒学的一种表现形式。

关键词：社会儒学；时空；本质向度；杜维明；自由主义

在儒学复兴的背景下，涌现出了一些关于儒学的新概念。而这些新概念，大多是以"某某＋儒学"的形式来表达的，比如政治儒学、制度儒学、生活儒学、公民儒学以及社会儒学等。本文所要探讨的是社会儒学概念。在不同的研究者那里，社会儒学概念呈现出不同的含义。[1] 在这里，笔者沿袭了以往的基本理路，即"社会儒学是一种后共同体时代的，以市民社会为基本立足点的，以非政治化为基本特征的，以人伦日用为基本关注点的儒学形

---

[*] 作者系厦门大学哲学系教授，哲学博士。本文发表于《文史哲》2018年第2期。

[1] 到目前为止，至少有四种关于社会儒学概念的含义。李维武：《儒学生存形态的历史形成与未来转化》，载《中国哲学史》2000年第4期。谢晓东：《"社会儒学"何以可能》，载《哲学动态》2010年第10期。谢晓东：《第六伦与社会儒学》，载《东岳论丛》2015年第10期。韩星：《儒学的社会维度或社会儒学？——关于儒学发展方向的思考》，载贾磊磊、杨朝明主编：《第三届世界儒学大会学术论文集》，文化艺术出版社2011年版。韩星：《社会儒学的逻辑展开以及现代转型》，载《东岳论丛》2015年第10期。涂可国：《社会儒学建构：当代儒学创新性发展的一种选择》，载《东岳论丛》2015年第10期。但是，真正专门系统地论述社会儒学概念的，则是谢晓东、韩星以及涂可国。

态。简单地说,社会儒学是以社会为存在和发展途径的现代儒学形态。"[1] 不过,在本文里,笔者从时间和空间两个重要向度上发展了原有的观点。具体来讲就是:从时间上来看,社会儒学既是一种现代的儒学形态,也是一种未来的儒学形态;从空间上来看,明确了社会儒学是以全球社会为存在与发展途径的儒学形态。就空间角度而言,社会儒学和新儒家杜维明关于儒学第三期发展之走向全球的目标就构成了某种对话。社会儒学在时空两重向度上所具有的一般性与普遍性特征的内在依据是什么呢?这就引出了社会儒学的本质向度。所谓本质向度具体来说就是前文所提到的基本立足点、基本特征以及基本关注点。"三基"中核心点是"非政治化",即政治层面交给民主制度及其架构。从本质向度而言,杜维明的理路暗合于笔者提出来的社会儒学概念,即二者都把新儒学(或社会儒学)视为对儒学与自由主义关系的一种特殊理解。

一、社会儒学是面向现代与未来的儒学

根据笔者原来的规定,从时间上来看,社会儒学是后共同体时代,即现代的一种儒学形态。从时态角度来看,可以把时间区分为过去、现在与未来三种。故而,需要进一步厘清社会儒学概念的时间向度。本文的看法是,社会儒学既是一种现代的儒学形态,也是一种未来的儒学形态,而不是一种过去的儒学形态。

1. 社会儒学面向未来的三种可能样式

笔者曾经指出,社会儒学是一种现代的儒学形态。该概念试图回答儒学的现代定位问题:儒学在现代社会还能够扮演什么角色?儒学应当在什么领域发挥作用?作为现代儒学形态的社会儒学之所以能够在中国大陆存在,是由于其具备了如下三个条件:作为心灵积淀的传统儒学仍然普遍存在于中国人的心灵之中,多元文化结构的存在及民主制度的保护。[2] 在此基础上,笔者想继续证明:社会儒学实际上也是一种未来的儒学形态。为什么这么说呢?

未来的人类社会是怎么样的,不同的理论家有不同的看法。要把如此

---

[1] 谢晓东:《"社会儒学"何以可能》,载《哲学动态》2010年第10期。
[2] 谢晓东:《"社会儒学"何以可能》,载《哲学动态》2010年第10期。

众多的观点都一一罗列,既不可能也无必要。这里仅仅从中国相关性的角度提出三种具有代表性的理论:马克思主义的、自由主义的以及儒家的。在这三种理论中,儒家是本土的,而马克思主义与自由主义均来自于西方。当然,马克思主义某种程度上已经中国化了。不过,从其最终目标都是共产主义来说,中国的马克思主义与非中国的马克思主义之间的差异可以忽略不计。根据经典作家的看法,未来的共产主义的一个基本特征就是政治国家消亡。从笔者所提出的社会儒学概念的角度来看,此点具有特别的意义。既然政治国家消亡了,那么社会就完全获得了独立和自主。也就是说,政治可以消亡,而社会永存。在这种情况下,社会儒学就可以在社会层面继续存在下去。或许有人会质疑,既然政治国家已经消失,那么你所提到的"以非政治为基本特征"的社会儒学就失去了该基本特征吧?没有这一个基本特征,社会儒学还是社会儒学吗?笔者以为,这正好说明了社会儒学的优点,即其存在不依赖于是否有政治国家。同时,假如共产主义实现之后一段时间出现了退化而重新出现了政治国家,则社会儒学之存在依然可以不受影响。

自由主义是目前全球占主导地位的一种思想学说,其要义相当程度上为现代思想所共享。[1] 一般认为,自由主义是一种关于国家的哲学理论,[2] 故而很难设想其有一种没有国家的理想社会。在黑格尔和科耶夫的思想基础之上,福山自信地宣称人类的历史终结在自由民主制度上了。[3] 笔者在这里不拟对其理论予以评论,只是想强调一点,即一部分自由主义者相信自由主义民主是人类关于政治制度的最后形态。就此而言,可以把自由主义民主社会视为既是一种现代的社会,也会是一种未来的社会。那么,这种所谓的人类最后的政治形态所构造的国家是否也是一种最好的国家,或该国家所在的社会是否是一种最好的社会呢?根据罗伯特·诺奇克(Nozick)的论证,"最低限度的国家"(minimal state)就是这样的一个可以得到证明的唯一国家。作为最低限度的国家的乌托邦框架,国家是完全中

---

[1] [美]伊曼努尔·华勒斯坦等:《自由主义之后》,载《自由主义的终结》,郝名玮、张凡译,社会科学文献出版社 2002 年版,第 103~104 页。

[2] 李强:《自由主义》,东方出版社 2015 年第 3 版,第 8 页。

[3] Francis Fukuyama, "The End of History?" *The National Interest*, 1989, No. 16, pp.3-18.

立的,各种良善的生活观都可以在自由市场中竞争以争夺追随者。[1] 毫无疑问,在这种背景下,儒家社团或信奉儒家价值观的个体可以继续存在,从事自己的完善论(perfectionism)的活动。[2] 故而,可以较有把握地说,在未来的自由主义民主社会中,社会儒学依旧会有存在与发展的空间。

众所周知,大同是儒家设想的未来的理想社会。那么,在大同社会中,社会儒学是否能够存在呢?答案是肯定的。大同是儒家版本的理想社会,其存在必然依赖于儒学的支撑。在这种情况下,很难设想社会儒学在大同社会中竟然不能够存在与发展。其实,在大同社会中,需要担心的倒是,人们是否不满足于儒学仅仅是一种社会儒学而不是一种综合性的类似于制度化儒家解体以前的儒学?对此,笔者相信一部分儒家会作这样的要求。不过即便如此,笔者所提出的社会儒学概念依然是可以站得住脚的。关于大同社会的性质,经典的规定过于简略,从中只能勾勒出几个特征来。但是,能够满足那些特征的理想社会可能不止一种形态。其中影响较大的是如下两种:一部分人把大同解释为共产主义,另一部分人把大同解释为资本主义的自由主义民主制度。如果大同是以上两种中的一种,那么根据上述两段的相关论证,社会儒学将能够得以存在与发展。

2.为何社会儒学不必是一个面向过去的概念?

通过上文的分析,可以得出这么一个结论:不管是马克思的共产主义,还是诺奇克的作为最低限度的国家的乌托邦框架,还是儒学的大同,社会儒学都是可以存在与发展的。这就回应了本部分第一段所提出的问题。但是,依然会有人提出疑问,社会儒学可以指向现代与未来,为何不可以也指向过去呢?因而,笔者还需要证明为何社会儒学不必是一个面向过去的概念。儒学在古代中国是一个综合性的存在,其具有政治、经济、社会(狭义的)、文化、教育与哲学等多个维度。据此事实,韩星提出了与政治儒学、心性儒学相对却又相承的社会儒学概念。[3] 然后,他又表明,社会儒学也是一个面向现在与未来的概念。后来,涂可国也认同了这种基本理路,即社会

---

[1] [美]罗伯特·诺奇克:《无政府、国家和乌托邦》,姚大志译,中国社会科学出版社2008年版,第398~400页。

[2] 谢晓东:《朱熹的"新民"理念——基于政治哲学视角的考察》,载《厦门大学学报》(哲社版)2011年第4期。

[3] 韩星:《儒学的社会维度或社会儒学?——关于儒学发展方向的思考》,载贾磊磊、杨朝明主编:《第三届世界儒学大会学术论文集》,文化艺术出版社2011年版。

儒学是一个全时段的概念,既解释过去,又说明现在,还展望未来。[1] 笔者以为,韩星版本的社会儒学其实谈的是儒学的社会维度。当然了,这里的社会是广义的社会,是和政治相对立的概念。在笔者看来,此种社会儒学概念至少有三大弊端:第一,区分不周延。心性、政治与社会的三分是完整的吗?在笔者看来,心性、政治与社会并没有构成完整的儒学存在整体,而是有所遗漏。第二,心性、政治与社会三者的区分也缺乏学理依据。第三,适用对象过于狭窄,没有考虑到非中国的其他国家与地区,从而局限在中国。这是不利于儒学发展的。而对面向过去的社会儒学概念的第三点反思,就引导人们的思路来到了下文。

二、社会儒学是面向全球的儒学

在古代东亚,儒学很大程度上是一种共法。众所周知,儒学在早期现代中国有一个逐渐收缩的趋势。[2] 但是在1978年之后尤其是1989年之后,这种趋势似乎开始逆转。而在东亚的日、韩、中国台湾、中国香港,以及新加坡等国家和地区,儒学似乎还具有较大的影响。历史上局限于东亚一隅之地的儒学,从空间上看会有怎样的变化呢?内在于本文的脉络,该问题可以转化为为何社会儒学会凸显出一种全球视野?

1. 为何会凸显全球视野?

这是笔者对社会儒学原有规定性的澄清,据此凸显了此概念的全球视野。那么,为何要凸显这种全球视野呢?这里简单提供几点理由:第一,世界历史的形成。自从15世纪末所谓的"地理大发现"以来,整个地球逐渐形成一个整体。此前,人类在欧亚非大陆的活动已经开始了相互影响,从而突破了地理上的洲际界限。从西方开始的向全球开拓的行为,导致了世界历史的形成。经过几次工业革命,在现代交通以及通信等工具的帮助下,构成了地球村。尤其是二战后,经济的全球化突飞猛进。这些都导致了全球作为一个整体在发挥作用,这必然会促进全球视野的形成。第二,中国的崛起以及自身价值观的输出。第一点为社会儒学的全球视野提供了可能性,但

---

[1] 涂可国:《社会儒学建构:当代儒学创新性发展的一种选择》,载《东岳论丛》2015年第10期。

[2] 陈少明:《儒学的现代转折》,辽宁大学出版社1992年版。

是尚未提供动力因素。在笔者看来,动力因素很大程度上是由中国的逐步重新崛起来提供的。目前,中国已经发展成为世界第二大经济体,在全球发挥了越来越大的影响力。在这种情况下,中国自身的价值观一定程度上引起了外部世界的兴趣。有着巨大底蕴的儒学,相当程度上就成为中国价值观的体现。可以说,遍布全球的孔子学院就是一种软实力的输出。第三,外部世界的接纳与非抵触。从外部世界的角度来看,中国内部占主导地位的思想——马克思主义——的声誉有限,不足以承担对外输出的重要使命;而中国的自由主义还处于学习模仿西方自由主义阶段,更是没有输出的价值。相对来说,儒学较容易受到外部世界的接纳而不是排斥。此前,儒学就曾经和平地输入日韩等国并发挥了巨大的作用。非东亚世界需要的是一个非政治的儒学,而不是一种政治的儒学。也就是说,对于非中华世界来说,儒学的价值在于其道德理想而不在于其政治理想。或许,世界伦理构想中对孔子所提倡的道德金律的认可就暗示了这一点吧。就此而言,以非政治化为基本特征的社会儒学就具有明显的优势。第四,从儒学自身的发展来看,如果能够在非东亚也得到发展,那么这就是证明其普遍主义的关键所在。或许敏感的读者已经发现:社会儒学的全球视野,不是一种孤立的探索,而是和儒学第三期发展理路不谋而合的。儒学的第三期发展,是新儒家杜维明长期宣扬的学说。从某种程度上讲,儒学的第三期发展是杜维明的"中心关怀"。[1]应该说,杜维明的相关思考和本文的思路是比较接近的。由于杜维明在海内外的长期宣传,儒学的第三期发展学说在国内外具有重要影响力,故而下文就以此为例说明之。

2.儒学第三期发展的目标:通过回应西方文化的挑战而世界化

儒学第三期发展这个命题并不是由杜维明首先提出的,而是由其前辈牟宗三与徐复观等所提出。杜维明告诉我们:"唐君毅、徐复观、牟宗三已经提出儒学第三期的问题……对他们的真正挑战,乃是复兴后的儒学如何回答科学与民主提出的问题。尽管这些问题对于儒家传统而言乃是陌生的,但是,对于中国之今天却是绝对必须的。"[2]在继承前辈的基础上,杜维明对此理论有所发挥。从传播地域角度来看,第一期儒学是从山东邹鲁发展

---

[1] 胡治洪:《全球语境中的儒家论说——杜维明新儒学思想研究》,生活·读书·新知三联书店2004年版,第292页。

[2] 杜维明:《道·学·政——论儒家知识分子》,载郭齐勇、郑文龙编:《杜维明文集》(第三册),武汉出版社2002年版,第649页。

到全中国,截止时间大概是到汉末。此时,儒学从诸子百家中的重要派别成长为汉代的官学,成为中国思想的主流。儒学的第二期发展则从中国传播到东亚的韩国、日本以及越南,时间大概从南宋末到第一次中英战争。此时,儒学成为东亚文明的体现。经过这一阶段的发展,东亚就形成了儒教文化圈、汉字文化圈。杜维明对儒学的第二期发展评价很高,视之为类似基督教的新教改革,即路德宗对天主教的革新。就此而言,杜维明受到了罗伯特·贝拉的宗教演化论的影响。杜维明展望到,儒学的第三期发展,将会从东亚传播到全球,换言之,实现世界化。[1] 此外,杜维明还从比较文化的角度阐释儒学的第三期发展。"如果儒学第二期的发展,是针对印度文化,或者说佛教文化的挑战,作为一个创造性的回应,即消化了印度文化,提出一套中国特有的思考模式;那么儒学有无第三期发展的可能,也就取决于它能否对西方文化的挑战有一个创造性的回应。"[2] 所谓西方文化的挑战,简单来说就是科学与民主的挑战。理解了这一点,我们就会明白为何牟宗三会苦心孤诣地发明"良知的自我坎陷"说,以图在儒家的道德理性中安顿科学与民主。需要指出的是,牟宗三、徐复观、杜维明等人所理解的民主其实是自由主义民主,或政治自由主义,即立宪民主制。[3] 正因为如此,所以才在新儒家中形成了一个政治自由主义传统。[4]

3.儒学第三期发展的意义:回应人类的危机与困境

杜维明是一个具有世界眼光的学者,他还认识到,儒学的第三期发展不是自说自话,而是要回到人类目前发展的困境与问题,以求解决之道。"儒家传统进一步发展的契机不在这里,而是从西方文化发展到现在人类所碰到的危机和困境处设想。在这个情况下,多元发展的趋势是不可抗拒的。而儒学第三期发展的意义正在于此。"[5] 在杜维明看来,生态环保、女性主

---

[1] 杜维明:《现代精神与儒家传统》,载郭齐勇、郑文龙编:《杜维明文集》(第二册),武汉出版社2002年版,第603页。

[2] 杜维明:《儒家自我意识的反思》,载郭齐勇、郑文龙编:《杜维明文集》(第一册),武汉出版社2002年版,第565~566页。

[3] 谢晓东:《现代新儒学与自由主义——徐复观殷海光政治哲学比较研究》,东方出版社2008年版,第24~28页,以及第226~241页。

[4] 谢晓东:《论现代新儒学中的政治自由主义传统》,载《厦门大学学报》(哲社版)2008年第2期。

[5] 杜维明:《现代精神与儒家传统》,载郭齐勇、郑文龙编:《杜维明文集》(第二册),武汉出版社2002年版,第618页。

义、宗教多元与全球伦理问题,需要其他的"可以普世化的价值"比如"公义、同情、义务、礼仪以及人的群体性"来回应这些挑战,"在这个向度上,儒家与自由主义不仅可比,而且还有很强的优势"。[1]从本文的主旨来看,既然儒学在基本制度层面的作为有限,那么其可发挥作用的领域何在呢？杜维明指出,儒学有相对于自由主义的优势。这样的优势还体现在,"从家庭直到人类社群,在自由主义理论中资源相当薄弱"[2]。就本文而言,从家庭到人类社群,本质上都属于非政治的社会层面。在这些层面,自由主义确有不足之处。从修身一直到平天下,儒学可以发挥自己的独特作用。儒家特别强调政治精英的修身,强调贤人在位,对于自由主义过分重视制度而对于个体的品德较为忽略的状况,因而有一定的对治作用。杜维明没有一味强调儒家贤人政治之优越性,他清醒地认识到:"我甚至有一种想法,即儒家所提出的贤人政治,其价值在成熟的民主制度中才可以充分体现。"[3]这几年,大陆学术界颇流行"贤能政治"观念,个别学者似乎认定贤能政治是一种比立宪民主制度更加高明的根本制度。或许,对于他们来说,杜维明的话可以起到清醒剂的作用。

三、社会儒学是对儒学与自由主义之关系的一种特殊理解

基于政治国家与市民社会的二元区分,社会儒学承认并支持政治国家层面的民主制度,而不管这样的民主制度是社会主义性质的还是自由主义性质的。基于此,社会儒学就突破了传统儒学(整全性或综合性儒学)与专制主义的被迫联盟,从而具有广阔的生存与发展空间。就其本质向度而言,社会儒学可以视为是对儒学与自由主义关系的一种特殊的处理方式。[4]在社会儒学看来,儒家的圣贤理想,在专制的条件下会遭到抑制。而在立宪

---

[1] 哈佛燕京学社、三联书店主编:《儒家与自由主义》,生活·读书·新知三联书店2001年版,第40页。

[2] 哈佛燕京学社、三联书店主编:《儒家与自由主义》,生活·读书·新知三联书店2001年版,第112页。

[3] 杜维明:《现代精神与儒家传统》,载郭齐勇、郑文龙编:《杜维明文集》(第二册),武汉出版社2002年版,第640页。

[4] 当然,社会儒学也可以是对儒学与社会主义关系的一种特殊处理方式,不过限于篇幅本文只处理前者,而将另行撰文分析后者。

民主制度的条件下,则会有更好的发展。[1] 这是因为立宪民主制度在价值上是中立的,只要是良善的生活观,都会受到一视同仁的保护。而儒家的圣贤理想,无疑属于良善的生活观。儒家的政治理想王道(圣王),朱熹早在宋代就曾痛心地指出过,三代之后几千年来王道不曾一日行于天地之间。[2] 古代中国陷入长期的治乱循环,无法跳出历史的周期律。而立宪民主制度,很大程度上把权力关进了铁笼,从而开拓了迈向长治久安的新局面。故而,牟宗三、徐复观、杜维明等新儒家就接纳了立宪民主制度,并试图整合儒学与自由主义。儒家有一个道德理想主义的维度,故而其圣贤理想是绝不会放弃的。在儒家看来,自由主义对于人的要求不高,都是一些卑之无甚高论的底线伦理要求,故而应该继续追求更好的生活方式。就此而言,他们要追求一种高于自由主义的圣贤的生活方式。[3] 但是,这种高的生活方式,只能在立宪民主制度的基础之上才能获得。从政治哲学的角度而言,儒者个体或儒家团体的成圣成贤的理想,可以在非国家的社会(涵盖了个体)层面或非政治国家的市民社会层面,予以保留。换言之,儒家的至善论(perfectionism)的正当范围是社会。而政治国家,则由立宪民主制度来形塑,即国家是中立(neutral state)的。于是,社会儒学构想就在国家中立与社会至善论之间实现了平衡。基于此,笔者才认为现代儒学应当以社会(广义的)而不是政治(狭义的)作为存在与发展的途径。

孔子曾经说过:"我欲载之空言,不如见之于行事之深切著明也。"(《史记·太史公自序》)为了更好地证明社会儒学的本质向度,本文继续以杜维明为例来说明之。作为20世纪中国的两大思潮,现代新儒学与其竞争对手自由主义之间相互作用、相互影响,其重要结果之一就是新儒学对自由主义

---

[1] 比如,杜维明说道:"儒家所代表的人格理念,在一个现代意义的自由民主社会中,即公民社会发展得比较完满并实行民主政治、市场经济的社会环境,其发展的前景要比在传统的封建社会和现代的权威社会、专制社会中更好更健康。"参见曾明珠整理:《儒家与自由主义——和杜维明教授的对话》,载哈佛燕京学社、三联书店主编:《儒家与自由主义》,生活·读书·新知三联书店2001年版,第40页。本文所引该文的地方均是杜维明本人的话语。

[2] 朱熹:《晦庵先生朱文公文集》卷三十六《答陈同甫书》,载朱杰人等编:《朱子全书》第21册,上海古籍出版社2010年版,第1588~1589页。

[3] 王学典也有类似说法。具体参阅氏著:《儒家应当打造一种高于自由主义的生活方式》,载杨永明主编:《当代儒学》(第十一辑),广西师范大学出版社2017年版,第348~350页。

一些思想观点的接受与改造。新儒学与中国的自由主义在自由民主问题上达成了广泛共识,其差别主要体现在对待中国文化和儒家传统的态度上。[1] 新儒家在传统与自由主义的张力之间上下求索。这种长期探索与思考的产物便是:在现代新儒学中形成了一个政治自由主义传统。自丹尼尔·贝尔以来,越来越多的人相信一个人可以同时信奉文化上的保守主义、政治上的自由主义和经济上的社会主义。[2] 其实,早在他提出这个著名公式以前,就有不少新儒家是这一公式的实行者。[3] 其中,可以较为肯定地认为张君劢、徐复观、杜维明是政治上的自由主义者。政治自由主义是自由主义在政治上的集中体现,也反映了自由主义的根本关注所在,反映了自由主义者的共识,因而数百年来备受诸多自由主义思想家重视,已形成了相当丰富的理论内容。其基本内容包括:捍卫人权、提倡宪政以约束国家权力、力行民主以增强权力的合法性、实行法治以保护个人自由。

1. 儒学的困境

杜维明曾经把儒学区分为政治化的儒家与儒家伦理,[4] 前者乃问题所在,而后者则体现了儒学的普世精神。政治化的儒家之所以存在问题,除了外在的客观条件之外,儒学本身也难辞其咎。在他看来,儒家思想"有它的缺陷和局限性,尤其是在社会政治领域之内"[5]。那么具体来说,儒家的困境何在?"儒家最大的症结是自己没能成立一个完成其道德理想的政治结构,而又不能冲破专制政体所造成的枷锁,因而只能在业也完备的官僚结构中进行有限的转化。"[6] 换言之,儒家缺乏一个合理的政治结构或政治制度。应该说,杜维明的这个判断是有道理的。确实,儒学的一大困境就是制度的承诺无法兑现理论的承诺,这就导致"圣君贤相"的王道政治理想始终

---

[1] 李明辉:《儒家视野下的政治思想》,北京大学出版社 2005 年版,第 14 页。
[2] 丹尼尔·贝尔:《资本主义文化矛盾》,赵一凡等译,生活·读书·新知三联书店 1989 年版,第 21 页。
[3] 方克立:《要注意研究 90 年代出现的文化保守主义思潮》,载方克立:《现代新儒学与中国现代化》,天津人民出版社 1997 年版,第 532~533 页。
[4] 杜维明:《新加坡的挑战——新儒家伦理与企业精神》,载郭齐勇、郑文龙编:《杜维明文集》(第二册),武汉出版社 2002 年版,第 100 页。
[5] 杜维明:《新加坡的挑战——新儒家伦理与企业精神》,载郭齐勇、郑文龙编:《杜维明文集》(第二册),武汉出版社 2002 年版,第 115 页。
[6] 杜维明:《儒家的抗议精神——谈政治化的儒家》,载郭齐勇、郑文龙编:《杜维明文集》(第五册),武汉出版社 2002 年版,第 219 页。

是镜花水月。[1]对此,杜维明也是心知肚明的。他多次沉痛地指出,儒家的圣王理念从来就没有实现过,[2]而都是以王圣的现实告终。[3]问题在于,为何从来就没有实现过呢?杜维明提供了一个简单的理由,即"'内圣外王'的儒家理想是无法付诸实践的,只有圣人才有资格成王的要求也是不现实的"[4]。换言之,圣王的理念只不过是一个批判性的"抗议性理想",[5]因而是无法现实化的。在这种情况下,既然儒家自己的理想不好使,如果有别的思想资源可以弥补自己的短板,那么就没有理由不予以引进、吸收与消化了。尤其是在全球化时代,须知他山之石是可以攻玉的。

2. 自由主义的价值

杜维明意识到,政治自由主义的核心原则是,"个人独立的选择权利,个人谋利的动机,通过契约来规范,人的理性一定能照顾到各个人的利益"[6]。其实,杜在此处的理解不够精确,他刚才谈的应该是自由主义的主要内容。"市场经济、民主政治、公民社会背后的核心价值一定是自由。是它主导了个人自主、个人选择、个人尊严、个人权利等一系列现代西方社会的基础的价值信念。"[7]而我们知道,市场经济、民主政治与市民社会,都是自由主义的基本组成部分。杜维明认识到,自由主义在现代已经渗透到社会的各个层次。"从西方中世纪到现代,自由主义的价值已经渗透到政治、

---

[1] 谢晓东:《走出王道——对儒家理想政治的批判性考察》,载《哲学动态》2014年第8期。

[2] 杜维明:"以道德理想转化政治这派儒家一直是失败的,并没有成功过。"《儒家哲学与现代化》,载《论中国传统文化》,生活·读书·新知三联书店1988年版,第115页。转引自胡治洪:《全球语境中的儒家论说——杜维明新儒学思想研究》,生活·读书·新知三联书店2004年版,第111页。

[3] 杜维明:"王圣的实践,而非圣王的观念,成了中国文明中永久的政治现实。"杜维明:《道·学·政——论儒家知识分子》,载郭齐勇、郑文龙编:《杜维明文集》(第三册),武汉出版社2002年版,第528页。

[4] 杜维明:《道·学·政——论儒家知识分子》,载郭齐勇、郑文龙编:《杜维明文集》(第三册),武汉出版社2002年版,第526页。

[5] 关于"抗议性理想"一词,可以参阅[美]乔·萨托利:《民主新论》,冯克利、阎克文译,世纪出版集团、上海人民出版社2009年版,第270~271页。

[6] 杜维明:《自我认同的谱系:兼论儒家与自由主义》,载郭齐勇、郑文龙编:《杜维明文集》(第五册),武汉出版社2002年版,第268页。

[7] 哈佛燕京学社、三联书店主编:《儒家与自由主义》,生活·读书·新知三联书店2001年版,第39页。

经济、社会、教育、宗教等各个领域,所以从这个角度来说,我们这个时代的命运及其所标示的价值诸如自由、独立、多元等都与自由主义密切相关。尤其所要指出的是,**自由主义在政治建构、制度设计方面的作用更是不可加以忽视。**"[1](最后一句话的黑体部分乃笔者所加)其实,"自由主义在政治建构、制度设计方面的作用"就是政治自由主义的体现。

3.自由主义能从根本上克服儒学的困境

杜维明清醒地认识到"儒学第三期发展"的问题是如何回答科学与民主提出来的挑战。[2]因此,他继承乃师徐复观的思路,力图实现儒学的现代转换,凸显其人文主义色彩以在儒学与自由主义之间架设桥梁。徐复观同意自由主义的普遍主义性质,他反对那种认为自由主义产生于西方因而不适合中国的言论,"近代民主自由,虽启发自西方,但一定要在人类中,开花结果"。[3]在此基础上,徐的弟子杜维明明确指出,自由主义民主(政治自由主义/立宪民主制度)是儒学得以再生的条件。"作为一种充分发展的政治体系的民主,则是近代的现象,它在中国从未出现过。它也不可能从儒家思想本身发展出来,尽管我们在回顾的时候发现儒家伦理中有些民主的成分。所以,在儒家思想的范畴内,新的民主形式的产生,必须依靠比方像议会那样的西方民主结构。这不是中国所固有的东西。"[4]

儒学的缺陷可以由民主来填补,不过之前还要解决一个问题,即儒学是否能够经受民主的考验。对此,杜维明指出,宋明儒学的价值应该"受到西方文化的洗礼,要对人权、民主、市场经济、法治等最基本的现代文明的价值,作出创建性回应,使之成为自己的资源。否则,儒家传统是无法生存的"[5]。看来,在现代条件下,能否通过立宪民主制度的检验成为关乎儒学生死存亡的试金石。对于儒学来说,民主简直是好处多多。其中一种是对

---

[1] 杜维明、东方朔:《杜维明学术专题访谈录——宗周哲学之精神与儒家文化之未来》,复旦大学出版社2001年版,第225页。

[2] 杜维明:《道·学·政——论儒家知识分子》,载郭齐勇、郑文龙编:《杜维明文集》(第三册),武汉出版社2002年版,第649页。

[3] 徐复观:《国史中人君尊严问题的商讨》,载《儒家政治思想与民主自由人权》,台湾八十年代出版社1979年版,第168页。

[4] 杜维明:《新加坡的挑战——新儒家伦理与企业精神》,载郭齐勇、郑文龙编:《杜维明文集》(第二册),武汉出版社2002年版,第129页。

[5] 杜维明:《从亚洲危机谈工业东亚模式》,载郭齐勇、郑文龙编:《杜维明文集》(第四册),武汉出版社2002年版,第459页。

抗儒学在政治领域的堕落,"民主的程序是对抗儒家思想的政治化的最重要的方法之一"[1]。好处不止如此,杜维明还认为,"儒家的理想人格,在现代自由民主的氛围中比在专制条件下更能实现"[2]。就此而言,立宪民主制简直就是儒学的大救星。民主是一种儒家应该吸收借鉴的理念与制度,而自由主义也是如此。"自由主义有一个基本假设,它是从最低的要求来谈的,不是在理想上完成自我人格,而是从最平常的环境下面人们的相处之道,如此定下了最基本的价值。"[3]自由主义确立了行为的底线,而这个底线就是所谓的最低要求。"在最低的要求方面是没有什么可以妥协的。"[4]就此而言,杜维明确实也是一个自由主义者。对此,部分读者可能会有疑虑。在笔者看来,疑虑是可以消除的。杜维明指出,"对儒家而言也一样,它要进一步发展,有个前提就是要现代化,我们要现代化你就要接受自由主义的自由、民主、人权等基本理念的考验,这是儒家进一步发展不可或缺的任务"[5]。

4. 政治自由主义限定儒学

问题在于,儒学与自由主义这两种成分,占据主导地位的是什么呢?尤其是当二者发生冲突时,何者优先呢?对此,作为新儒家的杜维明却毫不含糊。"要建构自由主义理念认为所要建构的那套秩序,这条路没有任何一个现代文明社会能够摆脱掉,没有这套秩序,其他任何高远的理想都不必谈,一定是异化。"[6]因此,对杜维明而言,自由主义秩序是不可跨越的。"我们举证了以上自由主义的贡献,最大公约,最大限度的相对公正、最底线的价值标准,以及自由、民主、人权这些价值理念,和它的宽容原则;那么,面对这

---

[1] 杜维明:《新加坡的挑战——新儒家伦理与企业精神》,载郭齐勇、郑文龙编:《杜维明文集》(第二册),武汉出版社2002年版,第135页。

[2] 杜维明:《儒学的理论体系与发展前景》,载郭齐勇、郑文龙编:《杜维明文集》(第四册),武汉出版社2002年版,第466页。

[3] 杜维明:《自我认同的谱系:兼论儒家与自由主义》,载郭齐勇、郑文龙编:《杜维明文集》(第五册),武汉出版社2002年版,第270页。

[4] 杜维明:《自我认同的谱系:兼论儒家与自由主义》,载郭齐勇、郑文龙编:《杜维明文集》(第五册),武汉出版社2002年版,第269页。

[5] 哈佛燕京学社、三联书店主编:《儒家与自由主义》,生活·读书·新知三联书店2001年版,第123页。

[6] 哈佛燕京学社、三联书店主编:《儒家与自由主义》,生活·读书·新知三联书店2001年版,第114页。

论社会儒学的三重向度——兼与杜维明先生对话

一切,儒家作为一个有涵盖性的文明接受这些的可能性有没有?或者是否有必要?在我看来,不仅可能,而且必要。换言之,假如这些原则和儒家的基本信念发生冲突,不是这些原则要改变,而是我们要重新思考儒家的原则。"[1]可以认为,在杜维明看来,政治自由主义的基本理念与原则,不是儒学所能挑战的。而事实上,杜维明也无意挑战之。一般认为,立宪民主制度是自由主义与民主的结合。[2]而以杜维明为代表的儒家,则同时接纳了民主与自由主义,即立宪民主制度。自由主义所构造之秩序的核心就是建立在政治自由主义基础之上的基本制度,具体来说就是立宪民主制度。立宪民主制度,是现代政治的基本结构。就此而言,儒学在该(制度)层面的资源是极为有限的。需要指出的是,这里的"制度"一词是指一个社会的主要制度,故而笔者采纳的是比较狭窄的含义,它相当于罗尔斯意义上的"社会的基本结构"或者"政治结构和主要的经济和社会安排"。[3]自由主义在制度文明领域取得了巨大进展,在其走向全球之后儒学便因此得到了史无前例的发展机会。而这种机会,主要体现在非政治的社会层面。[4]

通过和杜维明的对话,本文就对社会儒学概念的三重向度予以分析与证明。第一,社会儒学不但是一种现代的儒学形态,也可以是一种未来的儒学形态。第二,社会儒学不但是中国的、东亚的儒学,也将是整个世界的儒学。换言之,儒学的世界化。诚如杜维明所说:"如果儒学第三期的发展真有可能的话,它不会只局限于中国或是东亚,它必须流出中华世界去接纳新的水源,以维持其不绝的生命力。"[5]第三,社会儒学能够在时空的两重向

---

[1] 哈佛燕京学社、三联书店主编:《儒家与自由主义》,生活·读书·新知三联书店2001年版,第115~116页。

[2] 乔·萨托利:《民主新论》,上海人民出版社2009年版,第338~340页。

[3] 罗尔斯:《正义论》,何怀宏等译,中国社会科学出版社1988年版,第7页。

[4] 当然,有时杜维明对"制度"一词的使用较为广义。比如,"儒家如果只是伦理学意义上个人修身的一套价值理念,而在整个大的历史时机的制度安排、制度转化、制度创新上没有任何积极作用,制度安排一定要在儒家之外才能取得,那儒家发展的空间就非常小,可能性也很弱。"(哈佛燕京学社、三联书店主编:《儒家与自由主义》,第43页)再比如,杜维明指出,佛教对印度文化予以了批判,"它提出了一些理念,它也有制度创新,因为佛教才出现了出家人所建立的这些制度,类似丛林制度等等。没有佛教的理念,它是不可能出现的"(哈佛燕京学社、三联书店主编:《儒家与自由主义》,生活·读书·新知三联书店2001年版,第56页)。这里所谓的制度,都是较为局部和细小的,从社会儒学的视角来看是属于社会领域的,因而不足以挑战本文对制度的规定。

[5] 杜维明:《儒教》,陈静译,生活·读书·新知三联书店2008年版,第147页。

度上具有一般性与普遍性的内在依据就是其本质向度,该向度是对儒学与自由主义之关系的一种特殊处理方式。这是一种承认立宪民主制度在政治领域的第一义以及儒学在社会(包括个体)层面发挥作用的分工协作模式。就此而言,杜维明所代表的现代新儒学也可以理解为社会儒学的一种形式。到此为止,可以得出本文的结论如下:社会儒学是后共同体时代(既指向现代也指向未来),以市民社会为基本立足点,以非政治化为基本特征,以人伦日用为基本关注点,以全球社会为存在与发展途径的一种儒学形态。

社会儒学与生活儒学之关系

——与谢晓东教授商榷

黄玉顺[*]

摘要:生活儒学涵盖人类观念的三个层级:关于生活存在的生活感悟(生活情感、生活领悟);关于形上存在者的形上学;关于形下存在者的形下学。《"社会儒学"何以可能》实际上有三个不同的"社会"概念:(1)指人类群体生活的基本组织形式,即人们通常所说的"人类社会"。这个意义的"社会儒学"可以对应于生活儒学形下层级的"中国正义论"。(2)指人类群体生活组织形式的一个特定的历史形态,即滕尼斯所提出的、与前现代的"共同体"相对的现代性的"社会",略相当于人们通常所说的"现代社会"。这个意义的"社会儒学"可对应于生活儒学的"国民政治儒学"。(3)指人类群体生活组织形式的现代形态(现代社会)当中的一个部分,即与"政治国家"相对的"市民社会"。这个意义的"社会儒学"应当叫作"公民儒学",生活儒学的"国民政治儒学"亦然。

关键词:社会儒学;生活儒学;中国正义论

本文展开对"社会儒学"的商榷,进而讨论社会儒学与生活儒学的关系。[1]为此,首先必须确定"社会儒学"的概念。这是因为:自 2010 年以

---

[*] 作者系山东大学儒学高等研究院教授,哲学博士。本文原载于《学术界》2018 年第 5 期。

[1] 关于我对"社会儒学"的看法,可参见黄玉顺:《儒学的"社会"观念——荀子"群学"的解读》,载《中州学刊》2015 年第 11 期。

来,不止一位学者提出并陈述了"社会儒学",如谢晓东教授[1]、韩星教授[2]、涂可国研究员[3]等,而他们的"社会儒学"概念是不同的。不仅如此,由山东社会科学院牵头,连续举办了2015年山东社科论坛"社会儒学与社会管理"全国学术研讨会(2015年12月3—4日)[4]、第三届泰山文明论坛"社会儒学与社会关系"国际学术研讨会(2016年8月6—7日)[5],在这两次会议上,学者所使用的"社会儒学"概念也是不同的。此前,我曾撰文与涂可国研究员商榷。[6] 鉴于谢晓东教授是最早提出"社会儒学"的,因此,本文将讨论的是谢晓东教授的"社会儒学"概念,主要依据其代表性论文《"社会儒学"何以可能》(以下简称"谢文",凡引此文,不再注明出处)。

一、"社会儒学"概念的商榷

显然,要讨论谢文的"社会儒学",首先须弄清谢文的"社会"概念,正如谢文所说,"'社会'一词对于理解'社会儒学'概念的特质具有关键意义"。谢文是从三个方面的"问题意识"来框定其"社会""社会儒学"概念的:

(一)"社会"与"共同体"的区分

通常的用法,"共同体"与"社会"含义相近,两者在很多场合下可以互换,所以又称为"社会共同体"。但是,谢文的"社会"则有特别的用法,那是根据德国社会学家斐迪南·滕尼斯(Ferdinand Tönnies,1855—1936)的理

---

[1] 谢晓东:《"社会儒学"何以可能》,载《哲学动态》2010年第10期;《第六伦与社会儒学》,载《东岳论丛》2015年第10期。

[2] 韩星:《儒学的社会维度或社会儒学?——关于儒学发展方向的思考》,载《第三届世界儒学大会论文集》,2010年9月27日;载《社会儒学——儒学的现代转型与复兴之路》,《中国儒学》2013年;《社会儒学的逻辑展开与现代转型》,载《东岳论丛》2015年第10期。

[3] 涂可国:《社会儒学建构——当代儒学创新性发展的一种选择》,载《东岳论丛》2015年第10期;《社会儒学视域中的荀子"群学"》,载《中州学刊》2016年第9期。

[4] 刘云超:《"山东社科论坛——社会儒学与社会治理"全国学术研讨会综述》,载《人文天下》2016年第1期。

[5] 文华:《社会儒学建构与社会关系优化——第三届泰山文明论坛:"社会儒学与社会关系"国际学术研讨会综述》,载《人文天下》2016年第15期。

[6] 黄玉顺:《"社会儒学"概念商榷》,载《当代儒学》第九辑,广西师范大学出版社2016年版。

论,认为人类群体生活的两种基本类型是共同体和社会:共同体(community)(或译"社区")包括血缘共同体、地域共同体与精神(宗教)共同体,诸如家庭与宗族、村庄与城市、朋友与师徒等,它们是自然地、历史地或精神地形成的;而社会(society)则是人们有目的、有选择的意志的产物。滕尼斯认为,共同体的特征是结合,社会的特征是分离;虽然"在共同体里,尽管有种种的分离,仍然保持着结合;在社会里,尽管有种种的结合,仍然保持着分离"[1],但就基本特征而论,共同体依据身份而结合,而社会则通过契约而组成。

显然,滕尼斯关于社会与共同体之间的共时性的(synchronic)所谓"类型"区分,实质上不外乎前现代社会和现代性社会之间的历时性的(diachronic)时代区分,亦即人类社会的现代转型,这相当于亨利·梅因(Henry Sumner Maine,1822—1888)所说的历史转换——"从身份到契约"[2]。所以,谢文说,"从人类发展史来看,社会的类型晚于共同体的类型";"近代以来形成的市民社会就是社会的一种典型形态"。

但我们注意到,谢文实际上有三个不同的"社会"概念:

(1)指人类群体生活的基本组织形式,即人们通常所说的"人类社会"。如谢文开篇就提出一个问题:"儒学在现代社会到底还能扮演什么样的角色?"这里的"现代社会"是与"古代社会"相对的。此外,谢文提到的诸如"科举制的废除、王朝政治的终结与新文化运动等社会变革""传统的社会政治结构""中国社会""多元社会""社会政治"等,都是这种泛指的"社会"概念。

(2)指人类群体生活组织形式的一个特定的历史形态,即滕尼斯所提出的与前现代的"共同体"相对的现代性的"社会",略相当于人们通常所说的"现代社会"。如谢文说:"共同体与社会是人类群体生活的两种基本形式";"社会的类型晚于共同体的类型","人类从共同体时代发展到社会时代"。

(3)指人类群体生活组织形式的现代形态(现代社会)当中的一个部分,即与"政治国家"相对的"市民社会"。如谢文说:社会是"当代社会秩序中的非政治领域",前提是"政治国家与市民社会的二元分离";"国家与社会的二元分立这种现代现象很大程度上就意味着社会相对于政治的独立性与社会的自治"。这个"社会"概念与滕尼斯的"社会"概念其实并不完全一致。当

---

[1] [德]滕尼斯:《共同体与社会》,林荣远译,商务印书馆1999年版,第95页。
[2] [英]梅因:《古代法》,沈景一译,商务印书馆1959年版,第97页。

然,在谢文开来,这两者并不矛盾,因为"市民社会就是社会的一种典型形态"。

所谓"社会儒学",就是以后面两种意义的"社会"为对象的儒学。但这两种意义其实确是不同的概念,将会导出不同的"社会儒学"。

(二)儒家"齐家—治国"之间的社会断裂

按照上述"社会"与"共同体"的区分,谢文做出了一个基本的判断:"儒学缺乏'社会'一环。"谢文所根据的是美国汉学家狄百瑞(William Theodore de Bary,1919—2017)的观点:儒学有一个致命缺陷,即"齐家"与"治国"之间的断裂。[1] 具体来说,"儒学缺乏了非常重要的一环,即处于家庭与国家之间的社会概念"。

但我们不能忘记的是:谢文得出这个判断的时候,所依据的是滕尼斯的那种特指现代性的"社会"概念;然而,谢文判断的对象,却是前现代的"儒学"。假如使用通常的"社会"概念,即古代"共同体"其实也就是作为"古代社会"的"社会",那么,儒学从来都是"社会儒学",或者都有"社会儒学"的成分;但一旦使用滕尼斯的"社会"概念,那么,前现代的儒学当然没有现代性的"社会"观念,这一点儿也不奇怪。

(三)近代以来儒学的非政治化趋势

基于上述分析,谢文认为:近代以来,伴随着现代化,或走向现代性,儒学的基本趋势是"非政治化倾向"。他引证陈少明的一种判断:近代以来的儒学从政治退到社会,又从社会退到人的心性。[2] 谢文认为,其典型表现就是20世纪兴起的现代新儒家的形而上学的"心性儒学"。

其实,这样的判断并不符合近代以来儒学发展的实际情况。事实是:近代以来的儒学从来没有放弃过自己的政治诉求。从近代的洋务儒学、维新儒学,到最近的不论狭义还是广义的"政治儒学",都有自己的明确的政治哲学。即便是谢文所举的现代新儒家,我曾指出:

> 现代新儒家、港台新儒家并非没有自己的政治儒学……至于现代新儒家的政治哲学是不是成功的,那是另一回事……但无论如何,现代

---

[1] [美]狄百瑞:《儒家的困境》,黄水婴译,北京大学出版社2009年版,第99页。
[2] 陈少明:《儒学的现代转折》,辽宁大学出版社1992年版。

新儒家致力于"新外王"——民主与科学,接纳现代政治文明,这个取向是应当给予充分肯定的。即以李教授所提到的张君劢而论,众所周知,他一方面倡导现代新儒家的"新宋学",另一方面在政治上是自由主义者、民主主义者,不仅译介了大量宪法文献,还亲自拟定了几部极有影响的宪法草案……[1]

显然,政治诉求乃是儒家古今一贯的秉性,近代、现代、当代儒家亦然。现代新儒家的所谓"心性儒学",其实是为其"政治儒学"服务的,即为后者奠定形而上学的基础,目的在于"开出"现代性的"民主与科学"。

谢文之所以得出近代以来儒学"非政治化"的判断,一个重要原因是对"市民社会"(civil society)(或译"公民社会")概念的理解,或者说是对"社会"与"市民社会"之关系的理解。谢文引证了一个"市民社会"的定义:所谓市民社会是指"国家控制之外的社会和经济安排、规则、制度",是指"当代社会秩序中的非政治领域"。[2] 这个概念定义的关键,是"政治国家与市民社会的二元分离"。按照这种理解,现代儒家应当退出政治领域。其实,经过葛兰西(Antonio Gramsci)、帕森斯(Talcott Parsons)、哈贝马斯(Jürgen Habermas)等人的推进之后,当代"市民社会"的概念已不再基于二元划分,而是基于三元划分:政治社会、经济社会、市民社会。按照这种划分,那么,遵循谢文的社会儒学的思路,现代儒家应当不仅退出政治社会,而且应当退出经济社会,即应当是"社会儒学",而不能有"政治儒学""经济儒学"。

但是,按照上文揭示的谢文"社会"的第二种概念,即人类群体生活组织形式的现代形态,那么,这个"社会"概念应当能够涵盖政治社会、经济社会、市民社会,因而"社会儒学"应当可以涵盖"政治儒学""经济儒学"。换言之,社会儒学应当干预政治生活与经济生活。

二、"社会儒学"得失的原因

我们现在来分析一下造成"社会儒学"之得与失的原因所在。

---

[1] 黄玉顺:《论"大陆新儒家"——回应李明辉先生》,载《探索与争鸣》2016年第4期。

[2] [英]戴维·米勒、韦农·波格丹诺主编:《布莱克维尔政治学百科全书》,邓正来等编译,中国政法大学出版社1992年版,第125~126页。

(一)"社会儒学"的积极意义

谢文得出了"社会儒学"概念的三点内涵：

1. 社会儒学"从儒学视角对社会生活进行反思与总体把握"

这是揭示社会儒学的"儒学"性质，或者更确切地说，是"儒家哲学"的性质，即谢文特别点明的：社会儒学"是一个哲学概念"。

谢文之所以强调这一点，恐怕不仅仅是作者职业身份所在学科的自我定位，而是有现实针对性的。最近这些年来，儒学出现了一种倾向，就是反对20世纪的现代新儒家的"哲学"致思，试图恢复儒学的"经学"向度；而值得警惕的是，伴随着这种倾向的是另一种倾向，即儒家原教旨主义的兴起。这两种倾向之间是具有内在关联的，因为原来意义的"经学"是与皇权帝国时代相始终的。因此，我曾撰文强调指出：经学的时代已经过去了。[1] 所以，今天出现的所谓"经学"，要么只不过是属于现代学术当中的史学或文献学的做法，要么就是试图回到前现代社会的原教旨主义。

反之，与20世纪的现代新儒家的"哲学"相伴随的，则是他们积极地接纳现代文明价值，或者说是要从儒学中"开出"这些现代价值。这是现代新儒家哲学的积极意义，也是谢文的社会儒学的积极意义。在目前的儒学氛围中，这种积极意义尤其值得倡导。

2. 社会儒学"从社会角度发掘儒学的价值，揭示儒学的缺陷，反思儒学的未来发展"

这是揭示社会儒学的"社会"性质，即在上文谈到的二元划分或三元划分的视野下，让儒学专注于社会领域，而非政治领域和经济领域。

谢文的这种主张，我虽不尽赞同，但毫无疑问，社会，尤其是谢文反复提到的市民社会或公民社会，是现代儒学最重要的生长点之一。现代社会的一个突出的特征，就是市民社会的崛起和成长，并与经济社会和政治社会相制衡。在这个意义上，当代儒家应当建构自己的"市民儒学"或"公民儒学"。事实上，当代儒家林安梧等已有关于"公民儒学"的理论建构。[2] 就此而

---

[1] 黄玉顺：《中国学术从"经学"到"国学"的时代转型》，载《中国哲学史》2012年第1期。该文被中国人民大学复印报刊资料《中国哲学》2012年第6期全文转载。

[2] 林安梧：《儒学与当代中国——后新儒学及"公民儒学"相关问题之探讨》，载《求是学刊》2008年第1期；《孔子思想与"公民儒学"》，载《文史哲》2011年第6期；《先做公民再做儒者——一位台湾教授的"公民儒学"与社会实践》，载《南方周末》2012年4月5日。

论,谢文的"社会儒学"也是具有重要的积极意义的。

3.综合上述两点,"社会儒学是一种后共同体时代的、以市民社会为基本立足点的、以非政治化为基本特征的、以人伦日用为基本关注点的儒学形态"

上文谈到,我不赞同现代儒学的"非政治化"。当然,这里涉及"政治"(politics)的概念问题。谢文所说的"政治"是狭义的,即某种在"社会"之外的领域。其实,就"政治"的一般含义讲,市民社会,或曰民间团体("civil society"的一个基本含义)的活动也是政治活动。我们甚至可以最广义地讲,凡涉及他人权利的问题,即超出私人领域、进入公共领域的问题,都是政治问题。在这个意义上,确如古希腊人所说,人是政治动物。儒学如果是关于人的学说,就必然是关于政治的学说。

不过,我较赞同谢文特别强调的一点:社会儒学乃是"以社会为存在和发展途径的现代儒学形态"。在我看来,社会儒学的最大的积极意义,就是坚持了现代视野、现代文明价值诉求。

(二)"社会儒学"存在的问题

上文的讨论,已经涉及了谢文存在的一些问题,下面简要分析一下造成这些问题的基本原因。

1.方法问题:先验意志主义的局限

谢文"社会儒学"的思想方法,是先验论的(transcendental or apriori)。其"社会"概念的界定,是意志论的(volitional)。根据滕尼斯的观点,谢文认为社会与共同体的区别"是由人的意志的不同类型所决定的":"共同体是人的本质意志的产物";而"社会是人的选择意志的产物","社会的基础是个人、个人的思想与意志"。

我们知道,作为德国现代社会学缔造者之一的滕尼斯,其思想背景是复杂的,既有英国经验主义成分(例如霍布斯和梅因的影响),又有欧陆理性主义的成分(例如斯宾诺莎的影响),更有德国先验理性主义、意志主义的成分。后者对他的影响显然极为深刻,他划分社会与共同体的方法论根据,就是先验意志主义(transcendental voluntarism)。

滕尼斯的这种先验意志主义,不禁令人想起梁漱溟,他也进行了类型划分,即人类文化及其哲学的三种类型——中国、西方、印度;而其划分的标准,也是意志。他说:

我以为我们去求一家文化的根本或源泉有个方法。你且看文化是什么东西呢?不过是那一民族生活的样法罢了。生活又是什么呢?生活就是没尽的意欲(will)——此所谓"意欲"与叔本华所谓"意欲"略相近——和那不断的满足与不满足罢了。通是个民族,通是个生活,何以他那表现出来的生活样法成了两异的采色?不过是他那为生活样法最初本因的意欲分出两异的方向,所以发挥出来的便两样罢了。然则你要去求一家文化的根本或源泉,你只要去看文化的根原的意欲,这家的方向如何与他家的不同。[1]

将人类社会的历史类型、现代转型的动因归结为意志,这是难以令人接受的。我曾指出:梁漱溟的生活观,既与胡塞尔的先验现象学颇有相通之处,更有某种可以通往海德格尔的此在现象学的生存论视域的可能性;但他毕竟错失了现象学。[2] 但这并不意味着现象学就是我们应有的思想视域(详见下文对海德格尔现象学的批判)。但无论如何,现象学运动兴起以来,不论先验论,还是经验论的思想方法都是不靠谱的。

在我看来,当代儒学、中国哲学已经发生了梁漱溟所开启的"生活论转向"。但是,我曾指出:"在其前期思想中,梁先生设定了一种形上存在者的生活观念,然而并未达到作为存在的生活观念;而在其后期思想中,梁先生甚至连前期那种形而上者的生活观念也放弃了。总的来说,梁先生终究是错失了当代前沿的,同时也是儒家固有的思想视域:作为存在的生活的观念。"[3] 至于"生活"的观念究竟如何,下文将会讨论。

2.对象问题:"社会"概念的张力

有学者已指出:"谢晓东所理解的'社会'不过是现代性视野下的狭义形态。殊不知,'社会'可以是包括多个层面、多种要素、多种类型的大系统。"[4] 其实不仅如此,正如上文已经指出的:谢文的"社会"概念并不一致:

---

[1] 梁漱溟:《东西文化及其哲学》,载刘梦溪主编:《中国现代学术经典·梁漱溟卷》,梁培宽、王宗昱编校,河北教育出版社1996年版,第33~34页。

[2] 黄玉顺:《梁漱溟文化思想的哲学基础的现象学考察——重读〈东西文化及其哲学〉》,载《文化与人生:梁漱溟先生诞辰110周年纪念文集》,重庆出版社2004年版。该文后收入《面向生活本身的儒学——黄玉顺"生活儒学"自选集》,四川大学出版社2006年版。

[3] 黄玉顺:《当代儒学"生活论转向"的先声——梁漱溟的"生活"观念》,载《河北大学学报》2008年第4期。

[4] 涂可国:《社会儒学建构——当代儒学创新性发展的一种选择》,载《东岳论丛》2015年第10期。

它有时是指与前现代"共同体"相对的、现代性的"社会",即指整个现代社会形态;有时则是指现代社会中的一部分,即与政治社会以及经济社会相对的市民社会。这样一来,就会造成"社会儒学"理论的内在紧张。

三、社会儒学与生活儒学之关系的厘定

现在我们就来讨论一下社会儒学与生活儒学的关系问题。不过,在讨论社会儒学与生活儒学之关系问题之前,有必要先简要介绍一下生活儒学。[1]

(一)生活儒学的基本观念

生活儒学是我建构的一个当代儒家思想系统,意在突破传统儒家哲学那种"形上—形下"的二级观念架构,回归生活,重建儒学,亦即在生活情感、仁爱情感的本源上重建儒家的形上学、形下学,尤其是重建儒家的伦理学、政治哲学。

1.生活儒学的问题意识

在中国社会发生现代转型时,传统儒学面临着困境。所谓传统儒学,是指皇权帝国时代的儒学。(1)首先是儒家形下学的困境。传统儒学的形下学,主要是一套伦理政治学说,其核心是所谓"三纲",即君主主义、家族主义和夫权主义的价值观念及其制度建构。这套前现代的价值体系,显然是现代性的价值观念的对立面,因而是新文化运动的主要批判对象。(2)同时是儒家形上学的困境。上述的形下学,有一套形上学为之奠基。这套形上学,主要是作为帝国时代儒学主流的心性论,宋明理学即其最典型的形态。这种心性论的核心是一种独特的人性论,主要是讨论"性情"问题,其所谓"性"不仅是人类共同的本质,而且是宇宙的本体。(3)传统儒学在这样一种"形上—形下"的架构下展开:"性—情",诸如性本情末、性体情用,乃至性善情

---

[1] 关于"生活儒学",参见黄玉顺:《面向生活本身的儒学——黄玉顺"生活儒学"自选集》,四川大学出版社2006年版;《爱与思——生活儒学的观念》,四川大学出版社2006年版、四川人民出版社2017年版(增补本);《儒家思想与当代生活——"生活儒学"论集》,光明日报出版社2009年版;《儒学与生活——"生活儒学"论稿》,四川大学出版社2009年版;《生活儒学讲录》,安徽人民出版社2012年版;《从"生活儒学"到"中国正义论"》,中国社会科学出版社2017年版。

恶等。

传统儒学在中国社会现代转型中遭遇了致命的挑战。这种挑战不仅来自儒家的外部,例如"西学东渐"带来的西方思想观念的挑战,而且首先来自儒家的内部,例如黄宗羲对形下的君主主义的挑战,王夫之对形上的先验人性论的挑战。[1] 其所以如此,是因为中国社会自发的内源性现代性的发生,使儒学早在"西学东渐"之前就已开始自发地走向现代性。[2]

生活儒学的问题意识在于:如果儒学就是这样一套"形上—形下"的二级观念架构体系,那么,在面临现代转型的冲击时,其形上学与形下学都已经不适用于现代性的社会生活,这就意味着我们应当整个地抛弃儒学,除非我们拒绝现代性、放弃现代化选择。但问题的另一面则是:现代化必定意味着现代性的民族国家(national state)的建构,这就必然要求我经常讲的"现代性诉求的民族性表达",亦即不是彻底抛弃自己的民族文化传统,而是继承并且转化这个传统。[3] 对于中国来说,这主要是儒学传统。总之,中国社会的现代转型给中国人留下了这样一个自相矛盾的困窘:选择现代化就必须抛弃儒学;然而选择现代化又必须坚持儒学。

但我们注意到,这种困窘的前提是:儒学,或者儒家哲学,不外乎"形上—形下"这样一种二级观念架构。其实,这种二级架构并非儒学、中国哲学所特有的,而是人类自轴心时代以降、2000多年以来的哲学所共有的基本架构。古今中外的哲学,无论如何千差万别,都不外乎处理这样一个问题:为了说明众多相对的形而下的存在者何以可能,于是去寻找一个唯一绝对的形而上的存在者;这个形而上者,要么是一般哲学中的本体那样的东西,要么是宗教哲学中的上帝那样的东西,即一个绝对的"自身所予者"(the self-given)。

然而问题在于:人类的全部观念中,难道就只有形而上者、形而下者这样两个层级的观念吗?真正开始突破轴心时期以来的这种二级观念架构

---

[1] 黄玉顺:《论"重写儒学史"与"儒学现代化版本"问题》,载《现代哲学》2015年第3期。该文被中国人民大学复印报刊资料《中国哲学》2015年第8期、《新华文摘》2015年第18期全文转载。

[2] 黄玉顺:《论儒学的现代性》,载《社会科学研究》2016年第6期。该文被中国人民大学复印报刊资料《中国哲学》2017年第1期全文转载。

[3] 黄玉顺:《儒学与生活:民族性与现代性问题——作为儒学复兴的一种探索的生活儒学》,载《人文杂志》2007年第4期。

的,是海德格尔的现象学。这种突破也始于谢文所谓"康德式的问题",即:存在者何以可能?但实质却是对康德的思想视域的超越。[1]"存在者何以可能"不仅是对形而下的存在者的追问,也是对形而上的存在者的追问:如果不论形而下的存在者还是形而上的存在者都是存在者,那么,它们是何以可能的?这种发问方式其实已经提示了答案:一切存在者皆源于存在。这就是海德格尔的著名的"存在论区分"(der ontologische Unterschied)。轴心时期以来哲学的二级架构,意味着海德格尔所说的"遗忘了存在",所以,当今哲学或思想的根本任务是"追寻存在"。

但是,生活儒学并不是海德格尔现象学的照搬;相反,生活儒学乃是通过对海德格尔现象学的彻底批判而获得其"生活"观念的。例如:

> 海德格尔在这个基本问题上其实是自相矛盾的:一方面,存在是先行于任何存在者的,"存在与存在的结构超出一切存在者之外,超出存在者的一切存在者状态上的可能规定性之外"[2],那么,存在当然也是先行于此在(Dasein)的,因为"此在是一种存在者"[3];但另一方面,探索存在却必须通过此在这种特殊存在者,即惟有"通过对某种存在者即此在特加阐释这样一条途径突入存在概念","我们在此在中将能赢获领会存在和可能解释存在的视野"[4]。如果这仅仅是在区分"存在概念的普遍性"和我们"探索""领会""解释"存在概念的"特殊性"[5],那还谈不上自相矛盾;但当他说"存在总是某种存在者的存在"[6],那就是十足的自相矛盾了,因为此时存在已不再是先行于任何存在者的了。[7]

---

[1] 黄玉顺:《形而上学的奠基问题:儒学视域中的海德格尔及其所解释的康德哲学》,载《四川大学学报》2004年第2期。

[2] 海德格尔:《存在与时间》,陈嘉映、王庆节译,生活·读书·新知三联书店1999年版,第44页。

[3] 海德格尔:《存在与时间》,陈嘉映、王庆节译,生活·读书·新知三联书店1999年版,第14页。

[4] 海德格尔:《存在与时间》,陈嘉映、王庆节译,生活·读书·新知三联书店1999年版,第46页。

[5] 海德格尔:《存在与时间》,陈嘉映、王庆节译,生活·读书·新知三联书店1999年版,第46页。

[6] 海德格尔:《存在与时间》,陈嘉映、王庆节译,生活·读书·新知三联书店1999年版,第11页。

[7] 黄玉顺:《生活儒学关键词语之诠释与翻译》,载《现代哲学》2012年第1期。

海德格尔对"存在"(Sein)与"生存"(Existenz)的二分,导致了自相矛盾:一方面,一切"存在者",包括"此在"(Dasein)这样的存在者,皆源于"存在";但另一方面,要赢获"存在",却只能通过"此在"的生存,然而"此在"却是一种存在者。而生活儒学的做法是:去掉作为生存的前提的此在,那么,生存即存在,存在即生存,两者是一回事。这样的作为生存的存在,或者作为存在的生存,谓之"生活"。这是比海德格尔的"存在"概念更彻底的存在观念:一切存在者皆源于生活、归于生活。

2.生活儒学的观念系统

这样一来,生活儒学就突破了传统哲学的"形上—形下"二级观念架构,发现了比形上存在者和形下存在者更本源的存在——生活,从而揭示了人类观念的三级架构:生活存在—形上存在者—形下存在者。更为确切的图示则是:[1]

```
                    形上存在者
        生      生成—↑↓—奠基       存
                    形下存在者
        活      生成—↑↓—奠基       在
                ……生活感悟……
```

生活＝存在

因此,生活儒学的思想系统是由以下三个层级的观念构成的:

(1)关于存在的生活感悟

生活儒学所说的"生活",首先是指前存在者的存在,也就是我经常反复强调的:生活即存在,生活之外别无存在。特别要注意的是:"生活"所指的并非所有一切存在者的"大全",因为后者其实就是海德格尔所说的"存在者整体"[2],即仍然是存在者,而不是存在。生活,或存在,不是任何存在者,

---

[1] 黄玉顺:《爱与思——生活儒学的观念》,四川人民出版社2017年版,增补本序,第3~4页。

[2] 海德格尔:《哲学的终结和思的任务》,载《面向思的事情》,陈小文、孙周兴译,商务印书馆1999年第2版,第68页。

不是任何"物",不是任何"东西",而是无分别的"浑沌"[1],是"无"。老子讲"天下万物生于有,有生于无"[2],讲出了这样一种对应关系:

无 ——→ 有 ——→ 万物
生活存在→形上存在者→形下存在者

在"无物"[3]——尚未存在者化的意义上,生活即"无"。这是道家与儒家相通处。两家的区别在于:儒家之"无"首先是生活情感,尤其是仁爱的情感,例如孟子所讲的"四端"情感之中的"恻隐之心"[4]。要注意的是:这里的"情"并非存在者化的、形而下的"人之情",而是前主体性、前存在者的"本源之情"[5]。

所谓"生活感悟",是指生活情感、生活领悟,这是前主体性、非对象化的观念,即前理性、前概念、尚未存在者化的观念。[6]生活感悟乃是一切存在者化的观念的真正"大本大源"。在这样的生活情感中,我们进而感悟生活、感悟存在。这样的生活领悟,同样是前存在者、前主体性、未对象化的观念。这样的生活领悟,乃是我们的概念、理性的本源所在。[7]

这里有两点是需要特别注意的:

其一,这里所说的"生活"或"存在",并不是说实证意义上的、例如作为科学对象的事物,而是事物在人类观念中的一种呈现。关于哲学,普遍地存在着一种浑然不觉的误解,以为哲学是在言说实证的客观世界。例如,老子讲"道生一,一生二,二生三,三生万物"[8],人们误以为他是在讲客观的宇宙生成过程;这样一来,老子在现代自然科学家面前就成了笑柄。其实,老子所讲的乃是宇宙事物在观念中的一种呈现过程。科学是主体对客观事物

---

[1]《庄子·应帝王》,载王先谦:《庄子集解》(《诸子集成》本),中华书局1957年版。
[2]《老子》第四十章,载王弼:《王弼集校释》,楼宇烈校释,中华书局1980年版。
[3]《老子》第十四章:"复归于无物。"
[4]《孟子·公孙丑上》,载《十三经注疏》,中华书局1980年影印版。朱熹明确指出:"恻隐、羞恶、辞让、是非,情也。"(《四书章句集注·孟子集注·公孙丑上》,中华书局1983年版)
[5] 黄玉顺:《爱与思——生活儒学的观念》,四川人民出版社2017年版,第73~76页。
[6] 黄玉顺:《爱与思——生活儒学的观念》,四川人民出版社2017年版,附论二:生活本源论。
[7] 黄玉顺:《面向生活本身的儒学——"生活儒学"答问》,载《面向生活本身的儒学——黄玉顺"生活儒学"自选集》,四川大学出版社2006年版,第65~76页。
[8]《老子》第四十二章。

的一种认知;而在哲学看来,科学的这种认知本身不过是人类观念的一种呈现样式而已。同理,生活儒学所说的"存在"或"生活"也是观念的一种呈现样式,或者说是人类观念的三大层级之一:生活存在(观念)→形上存在者(观念)→形下存在者(观念)。

其二,在观念的本源层级上,诸如"存在"、"生活"、"生活感悟"(生活情感、生活领悟)、"仁爱"等,其实统统是无分别的"浑沌";但凡试图对它们进行区别分析,都是把它们存在者化,都会导致"浑沌之死"。

(2)关于形上存在者的形而上学

在人类观念中,物、存在者的呈现,分为两种:形而上者,即唯一绝对的存在者(本体、上帝之类);形而下者,即众多相对的存在者(万物)。形而上者与形而下者之间的关系有两种情况:

观念的生成:生活存在→形而下者→形而上者

观念的奠基:生活感悟→形而上学→形而下学

"观念的生成"是说人类观念的存在者化的先后序列:首先是无分别的浑沌的观念呈现,然后是形下存在者的观念呈现,最后是形上存在者的观念呈现。这个过程既适用于每一个人的个体观念史,也适用于人类的群体观念史。对于个人来说,这其实也就是"境界"的递转:自发境界(本真感悟)→自为境界(形下境界→形上境界)→自如境界(自觉回归本真情境)。[1]

"观念的奠基"是说人类观念层级之间的证立关系:轴心时期以来,人们去寻找一个形而上者来阐明众多形而下者何以可能,这是一层奠基关系;20世纪,特别是海德格尔以来,人们开始不仅追问形下存在者何以可能,而且追问形上存在者何以可能,从而重新发现存在,这是另一层奠基关系。[2]

与此同时,出现了"哲学终结""后形而上学"等思想观念。但我多次谈道:对于人类来说,形而上学乃是不可逃避的,因此,问题不在于要不要形而上学,而在于要怎样的形而上学,而这意味着形而上学的重建。[3] 因此,生

---

[1] 黄玉顺:《爱与思——生活儒学的观念》,四川人民出版社2017年版。

[2] 黄玉顺:《形而上学的奠基问题:儒学视域中的海德格尔及其所解释的康德哲学》,载《四川大学学报》2004年第2期。

[3] 黄玉顺:《主体性的重建与心灵问题——当代中国哲学的形而上学重建问题》,载《山东大学学报》2013年第1期。

活儒学也建构了自己的形而上学,那就是"变易本体论"[1]。

(3)关于形下存在者的形而下学

人类建构形上学,是为形下学奠基。形下学主要是两大存在者领域,即:作为知识论、科学的对象的自然界;作为伦理学、道德哲学的对象的社会界。一般来说,儒家更关注的是后者。在形下的层级上,儒学的主要内容就是道德哲学、伦理学及政治哲学。所以,我不赞同谢文"非政治化"的主张。至于生活儒学的形下学建构,主要就是"中国正义论"[2]。

(二)三种意义的"社会儒学"及其与生活儒学之关系

上文谈到,谢文使用了三种意义的"社会"概念;相应地,就可以有三种意义的"社会儒学"。那么,它们与生活儒学之间是什么关系?首先可以肯定:对照生活儒学的观念层级,社会儒学既不是生活感悟层级的事情,也不是形上存在者层级的事情,而是形下存在者层级的事情。具体来说:

1.生活儒学与广义"社会儒学"

所谓广义"社会儒学",其"社会"概念是泛指的人类社会。尽管这并不是谢文所讲的"社会儒学",但更符合一般约定俗成的"社会"概念。上文说过,在形下的层级上,儒家不太关注作为知识论、科学对象的自然界,而是特别关注作为伦理学、道德哲学对象的社会界。在这个意义上,儒家的形下学基本上就是一种"社会儒学"。

至于它与生活儒学的关系,在我看来,生活儒学形下层级的"中国正义论"就可以视为一种广义"社会儒学",或者为之奠基,因为中国正义论作为一种制度伦理学,它所探讨的就是关于社会规范建构及其制度安排的一套儒学原理,其核心的问题结构是"仁→义→礼",即:人们建构或选择社会规范及其制度(礼),是依据正当性原则、适宜性原则这样的正义原则(义);这种正义原则的内在价值诉求,就是超越差等之爱、追求一体之仁(仁)。所谓"礼"——社会规范及其制度,其实也就是人类群体生活的社会组织形式。

2.生活儒学与中义"社会儒学"

---

[1] 黄玉顺:《形而上学的黎明——生活儒学视域中的"变易本体论"建构》,载《湖北大学学报》2015年第4期。

[2] 黄玉顺:《中国正义论的重建——儒家制度伦理学的当代阐释》,安徽人民出版社2013年版;《中国正义论的形成——周孔孟荀的制度伦理学传统》,东方出版社2015年版。

所谓中义"社会儒学",其"社会"概念是特指的现代社会,而与古代社会相对。在这个意义上,社会儒学就是研究现代社会问题的儒学,这里的"社会"不仅包括狭义的"市民社会",而且理应包括社会政治领域、社会经济领域。如果滕尼斯的"共同体"是指前现代的社会形态,"社会"是指现代性的社会形态,那么,这里的"社会"所指的就不仅是市民社会,而且是整个现代社会的基本组织形式。

在这个论域内,仅就社会政治问题而论,生活儒学也有自己的一种理论建构,那就是"国民政治儒学"[1]。在生活儒学中,"中国正义论"是儒家形下学的一套普遍的原理,而"国民政治儒学"则是这套原理在现代社会的政治领域中的演绎运用。不过,谢文强调社会儒学的"非政治化",而"国民政治儒学"则恰恰是一种"政治化"的政治哲学。

3. 生活儒学与狭义"社会儒学"

所谓狭义"社会儒学",其"社会"概念是专指现代社会之中的市民社会。因此,上文曾提到,这种意义的"社会儒学"其实应当叫作"公民儒学"或"市民儒学",例如林安梧的"公民儒学"。

刚才提到的生活儒学的"国民政治儒学",其最核心的内容其实也是"公民儒学"。这里的"国民"或"公民"是现代社会的政治主体,如梁启超所说:"国民者,以国为人民公产之称也。……以一国之民,治一国之事,定一国之法,谋一国之利,捍一国之患,其民不可得而侮,其国不可得而亡,是之谓国民。"[2]

总之,谢文实际上有三个不同的"社会"概念:(1)指人类群体生活的基本组织形式,即人们通常所说的"人类社会"。这个意义的"社会儒学"可以对应于生活儒学形下层级的"中国正义论"。(2)指人类群体生活组织形式的一个特定的历史形态,即滕尼斯所提出的、与前现代的"共同体"相对的现代性的"社会",略相当于人们通常所说的"现代社会"。这个意义的"社会儒学"可对应于生活儒学的"国民政治儒学"。(3)指人类群体生活组织形式的现代形态(现代社会)当中的一个部分,即与"政治国家"相对的"市民社会"。这个意义的"社会儒学"应当叫作"公民儒学",生活儒学的"国民政治儒学"亦然。

---

[1] 黄玉顺:《国民政治儒学——儒家政治哲学的现代转型》,载《东岳论丛》2015年第11期。

[2] 梁启超:《梁启超选集》,上海人民出版社1984年版,第217~218页。

社会儒学的新领域

——城镇社区儒学

韩 星[*]

摘要：中国城镇化的发展趋势到 2020 年城镇化率要达到 60%，2030 年城镇化率要达到 70%，这样将有 10 亿人要生活在城市，这是中国社会史无前例的变革。城镇化核心的是以人为本，应注重文化建设。在中国特色小城镇建设过程中，已出现了不少儒家特色小城镇，既有儒学传统的传承，也有儒学思想的发展，属于城镇社区儒学。乡村＋城镇，就是整个中国社会。乡村儒学＋城镇社区儒学就是社会儒学的展开领域。中国社会发展的理想模式是实现城乡一体化，乡村儒学＋城镇社区儒学就应该是互补、融合、共生、共荣，推进城乡相辅相成，协调发展，把乡村文明和城市文明融为一起，推动中国社会整体文明、进步、和谐发展。目前还有更多的大中小城镇社区需要儒学开垦和播种，关键是如何培育大量的儒者，参与到城镇社区儒学的推广、传播，以书院、讲堂、祠堂、文庙等传统儒教资源为基础，适应现代社会的发展，与学界、政界、商界结合起来，共同构建城镇社区的精神家园，提高城镇市民的人文道德素养，满足城镇市民的精神生活需要，不断增强城镇市民的幸福感。

关键词：社会儒学；城镇化；儒家特色小镇；城镇社区儒学

一、中国城镇化的发展趋势

"城镇化"亦称"城市化"，就是指社会生产力在工业化、信息化的基础上，在经济结构、人口居住、人口素质等方面由传统农村文明转变为现代城

---

[*] 作者系中国人民大学国学院教授，历史学博士。本文发表于《江汉论坛》2018 年第 9 期。

镇文明的自然历史过程。还有一种说法为"二元城镇化",即将城镇划分为"城市化"与"农村城镇化"。其理论认为,"城市化"指人口向城市的集中过程;"农村城镇化"指农村人口向县城范围的城镇集中的过程。人口城镇化的实质与主要内容是农村人口的城镇化。离开了农村人口向城镇迁移的"城市化",实际上是不存在的。[1] 城镇化是人类文明进步和经济社会发展的大趋势,是中国从传统的农业社会向现代工商社会转变的必由之路。2013年12月中央城镇化工作会议指出:"城镇化是现代化的必由之路。推进城镇化是解决农业、农村、农民问题的重要途径。"[2]

根据联合国的数据,城市化率在2008年全球城市人口超过了农村人口,也就是说2008年以后,我们的地球真正步入了城市化的世界。

农村人口城镇化是人口城镇化的实质与主要内容。我国有着总量为9.4亿的农民人口,占据着总人口数的57.01%。因此,人口城镇化是城镇化的一个重要方面。古代中国的总体城市化水平也很高。早在战国时期,城市化率就达到了惊人的15%的水平。唐朝天宝年间,城市总人口达到1100万人,全国总人口约为5300万,城市化率达到20.8%。宋朝的城市化率,则达到了22%的水平。明清以后,城市化的势头减缓,城市化率反而下降了。1949年新中国成立的时候,我们的城市化率只有可怜的10.6%。经过几年的休养生息,到1957年的时候上升至15.4%,恢复到春秋战国时的水平。[3] 今天,中国实际上已经步入了城市时代。城镇人口从1978年的1.72亿人提高到2016年的7.93亿人,城镇化率从1978年的17.92%提高到2016年的57.35%。按照《国家新型城镇化规划(2014—2020)》设定的发展目标,在2020年城镇化率要达到60%,到2030年城镇化率要达到70%,按照这个目标,将有10亿人要生活在城市,这毫无疑问是中国现代化的基本标志,是中国社会史无前例的变革,也是人类发展史上的奇迹。根据发达国家的城市化经验,城市化率在30%～70%期间是加速城市化的时期,而发达国家的城市化率在80%左右。也就是说我国目前仍处于加快城镇化的阶段。

但是,在快速推进城镇化进程中,出现了大量"城市病",人们在享受丰

---

[1] 鲁楠:《我国小城镇建设发展问题探讨》,载《商业时代》2009年第34期。
[2] 《中央城镇化工作会议在北京举行》,载《人民日报》2013年12月15日。
[3] 《看一看,中国各历史时期的城市化水平》,http://www.sanqin.com/2015/0526/113642.shtml,访问日期:2015年5月26日。

富的物质、便捷的交通的同时,也遭遇到很多城市的烦恼,幸福感下降。随着城镇化进程呈垂直式快速发展,全国各地发生了翻天覆地的变化,然而带来的问题也令人忧心。因为城市是靠政府主导建立起来并实行管理的,非政府组织发育严重不足,城市公共空间治理方式薄弱,以人为本没有落到实处,人文精神淡薄。一些地区城镇化过程中,不同程度地存在"重物轻人""见物不见人"的现象,由此产生一系列问题。

城镇化的核心是人,以人为本,全面协调经济、社会、政治、文化、生态的发展,注重知识的先导、经济的集约、环境的友好、城乡的一体,包括文化的自觉,生活幸福的发展道路。当前,中国已经越过城镇化率50%的拐点,开始进入重要的战略转型期。未来中国城镇化将由加速推进向减速推进转变,重点是以人为核心推进市民化,提高城镇化质量。中央城市工作会议指出:"走中国特色、科学发展的新型城镇化道路,核心是以人为本。"[1]李克强总理说:"我们强调的新型城镇化,是以人为核心的城镇化。"[2]具体讲就是以稳妥推进"农民工市民化"为重点,逐步把符合条件的农业转移人口转化为城镇居民,不断提高人口城镇化的质量。

城镇化还应注重文化建设。城市建设是硬件,文化是灵魂。不重视文化建设、不重视文化传承、不善于处理文化遗存保护和利用关系的城市,只是一具没有灵魂、徒有其表的空壳,是不可能有发展后劲和未来的。这正成为中国诸多城市的共识。[3]中央城市工作会议指出:"要保护弘扬中华优秀传统文化,延续城市历史文脉,保护好前人留下的文化遗产。"[4]城市是现代文明的产物,又是文明的承载地和生成地。一座城市要有自己的文化积淀,要解决千城一面的问题。为什么会出现千城一面?在城市建设中文化功能缺失。即使有文化建设,也往往是作为形象工程,而作为城市的灵魂,文化本身是缺失的,就是它没有文化内涵。"在以往20多年提速急行的城镇化过程中,出现了很多'单纯鼓励"硬"的指标,如GDP、铁路、公路、楼宇建设的指标',建城、造城、扩城成风,在今天的大转折时期,则出现了以文

---

[1] 《中央城镇化工作会议举行　习近平、李克强作重要讲话》,www.gov.cn,访问日期:2013年12月14日。

[2] 《李克强总理:新型城镇化是以人为核心的城镇化》,http://www.chinadaily.com.cn/chinesevideo/2013-03/17/content_16314813.htm,访问日期:2013年3月17日。

[3] 胡俊凯:《中国城市综合发展六大趋势》,载《瞭望》2016年第48期。

[4] 《中央城市工作会议在北京举行》,载《人民日报》2015年12月23日。

化建设充实城市发展内涵、带动城市发展的新趋势。"[1]

二、儒家特色小城镇建设

2016年7月,国家发展改革委、住建部等多个部门发布相关文件,确定"到2020年,争取培育1000个左右各具特色、富有活力的特色小镇"的目标。2016年10月国家发展改革委发布的《关于加快美丽特色小城镇建设的指导意见》,明确了建设特色小(城)镇的战略方向。特色小城镇不同于传统意义上的小城镇,也超越了一般的行政单元划分,更多是具有一定特色资源和产业基础的独立空间,是一个汇聚人才、资金、产业、创新技术的综合平台。同时,特色小城镇也不是传统意义的开发区、工业园区、服务业集聚区,更强调产业、城镇、人文、生态融合发展。从某种程度上讲,特色小城镇建设是推动新型城镇化建设的重要组成部分,是推动"就地城镇化"的重要抓手。特色小城镇建设的关键词之一就是"特色",其内涵可以从产业基础、城镇形态、生态景观、人文内涵四个层面来把握。[2]

2016年,住建部会同财政部、发改委启动了特色小镇培育工作,命名了第一批共127个中国特色小镇,中央给予支持,目前地方积极性十分高。特色小镇建设被认为是推进中国新型城镇化建设的重要组成部分,同时也是破解城乡二元结构的钥匙。国家发改委发展规划司司长徐林在论坛上回答提问时表示,特色小镇现在确实有点儿热,各个省都要搞自己的特色小镇,我们也做了一些调研,特色小镇里面有成功的,但是也有一些问题。比如有的特色小镇就是一个园区的翻版,里面甚至连居民都没有;有的特色小镇里只有一家企业,但那家企业可能产业链做得比较长,可以吸纳不少游客,但是也没有居民。按我的理解这些都不是镇的概念,而是园区的概念,因为它的功能非常单一。一个镇要有一个综合功能,要有产业,有居住,有商业,有服务。我们希望把特色小镇引导到我们认为比较健康的方向上去。特色小镇的"特色"是基于你的自然禀赋和历史文化的传承,或者是你的产业形成的特色,而且这种特色必须使你的城镇具有吸引力和竞争力,这样形成的特

---

[1] 胡俊凯:《中国城市综合发展六大趋势》,载《瞭望》2016年第48期。
[2] 唐黎明:《特色小城镇建设要注重开掘四大内涵》,载《中国经济导报》2016年11月25日。

色小镇才是比较完整的、功能齐全的小镇,而不只是追求单一功能。[1] 特色小镇应该是一镇一品而不是千镇一面。怎么做好一个特色小镇,就是找准"特色"。可以说,"特色"就是特色小镇的立命之本,也是其竞争力所在。

在特色小镇的建设过程中,已经出现了一些具有儒家文化"特色"的特色小镇。

在福建泉州惠安西部黄塘镇的聚龙山下,有一个聚龙小镇,是一个"看得见山、望得见水、记得住乡愁、邻里亲如一家"的地方,它就是在国内地产业界最早使用"小镇"概念的。10年间,聚龙小镇在现代"理想生活"和"社区文明"的构建上做了诸多积极的探索和尝试,形成了具有人文关怀、诚信自治的社区文化,可以说是用儒家文化塑造的社区精神共同体。历史学家阎崇年将聚龙模式概括为四点:一是以人为主,不仅重视基础设施建设,更重视环境建设。二是以文为魂,文化氛围浓厚。三是以德为风,聚龙小镇有一个商店,没有管理,没有售货员,商品标价自动付钱。四是以邻为亲,邻里之间亲如家人。文化学者崔志光用"乐土、厚土、净土"来概括聚龙模式的人文愿景,认为它是一场"以居地化居民"、以"亲亲、仁民、爱物"的扩展秩序为理念内核的人文实践。[2] 聚龙小镇是一个有着现代社会结构,却希望注入传统文化内核的现代生活社区。在这样一个由陌生人组成的社区里,特别强调"家文化",除了自律、鼓励利他的行为,通过对地方归属感与认同感的制造,淡化业主权利,强化业主对于社区的责任。在治理手段上,聚龙小镇运用礼治的传统手法治理社区,试图在现代社会中实现礼治社会的大同理想。其治理模式是以"礼俗"来进行治理,业主入住时的文明公约是"克己复礼"的第一步,从管理者与业主的日常行为中,概括为"恭、宽、信、敏、惠",可以说是儒家"仁"的思想落实于日常生活实践中的行为规范,并沉淀为礼俗。[3] "仁、义、礼、智、信"这些儒家基本道德无不体现在聚龙人的日常生活当中。小镇居民之间的距离越来越近,走街串巷、吃百家饭的熟人社会仿佛正在慢慢回归,乡邻文化正在不断被唤醒。聚龙小镇无疑为中国城镇化

---

[1] 《当前中国城镇化的八个热点》,http://mini.eastday.com/a/170103192439613.html,访问日期:2017年1月3日。

[2] 高妍蕊:《新型城镇化中的文明构建与社区治理——以聚龙小镇的实践探索为案例》,载《中国发展观察》2017年第2期。

[3] 高妍蕊:《新型城镇化中的文明构建与社区治理——以聚龙小镇的实践探索为案例》,载《中国发展观察》2017年第2期。

和社区治理带来了新思考和新路径。[1]

宁波四明山谷儒学小镇,是宁波华侨城以"文化+旅游+城镇化"的全新模式,其将宁波四明山谷打造成一个国际心学的文化交流基地,并计划每年都在此召开心学论坛。他们在开发四明山谷的同时,将白云庄遗址保留,并配套建设白云庄阳明书院。书院将融合白云庄与四明山的心学文化之所长,邀请来自全球的心学专家汇聚于此,共同探讨心学文化,传播心学理念,打造心学活动,不遗余力地继承王阳明的理想,让阳明心学在曾经的蛮荒之地长盛不衰。勤学、孝悌、责善——这些王家曾经代代相传的家规族箴,还依旧是这座小镇最为崇尚的精神品质。[2]

河南濮阳班家耕读小镇,主打儒家文化,班家耕读小镇项目建设主题是"传承耕读文化",即把读书与劳动、学习与游乐相结合,把传承耕读文化与记忆乡土相融合。围绕这个定位和发展目标,班店古城项目建筑全部按照中国北方传统民居"街—坊—院"的形态布局,在街巷设计中融入四书和六艺古典文化,广场设计结合五经典籍,在古城街道内还设置了犁耙、纺车、石碾、水车等农耕时代生产工具,形成了浓厚的儒家耕读氛围。[3]

山东济宁邹城市唐村镇,以"乡贤文化"治理乡村。随着社会主义新农村建设的不断推进,农民的物质生活水平得到了极大提升,但优秀的乡土文化也遭遇了很大的冲击,致使一些农村地区出现文化流失、道德滑坡等问题。于是他们选择乡贤为突破点,因为乡贤来源于群众,最了解群众,最能与群众息息相通。而且唐村镇在历史上有着丰厚的乡贤文化积淀,以明代著名乡贤潘榛为代表的乡村贤达,立仁义、举孝廉、行善事、重奉献,有口皆碑,影响深远,也使唐村镇敬贤、重贤、思贤、学贤之传统名传四方,优于他乡。为让新乡贤更好地发挥作用,镇党委还引导干部群众回到乡贤的精神原点,以"读孟子,做乡贤"活动为抓手,确立了"以德化人,重在教育;求实务实,重在建设;继往开来,重在创造"现代新乡贤文化,并创立了"唐村乡贤大讲堂"、编写"乡贤三字经",还筹建"唐村镇乡贤书院""唐村镇乡贤大道",让

---

[1] 《泉州聚龙小镇,一个儒家式现代城镇化样板》,http://www.rujiazg.com/article/id/10583/,访问日期:2017年3月3日。

[2] 《随王阳明走进宁波四明山谷儒学底蕴小镇美得不可方物!》,http://nb.ifeng.com/a/20170526/5702180_0.shtml,访问日期:2017年5月26日。

[3] 马宜品:《全力建设班家耕读小镇 打造濮阳乡村振兴样板》,载《濮阳日报》2018年6月28日。

崇文尚德的中华传统深入生活、扎根群众。2016年端午节他们还恢复乡饮酒礼,在邹城市唐村镇文化广场上,50多名群众身着礼生、乐生等传统汉服,在演礼人员的带领下,依宾客年龄资历依次敬酒,这就是该镇恢复传统"乡饮酒礼"。这项传统礼仪,名为饮酒,实为尚德崇礼,主要目的是推广尊贤敬老精神。[1]

浙江德清乡贤的乡村治理活动。近年来,农村人才外流普遍,村两委人员少、事务多、压力重,村民小组力量相对单薄、分散。如何在村两委班子和村民之间,建立起一支专注协调的中坚力量?2013年起,德清创新工作机制,激活乡贤资源,引导农村社会组织参与基层社会治理,打造"乡贤参事会"这一特色基层自治品牌。

正在建设的曲阜尼山圣地小镇位于尼山镇东部,该小镇主要包括宫像区、耕读书院、景区集散中心鲁源村、配套服务区(含尼山书院酒店)和一个环湖文旅产业带。此外,特色小镇内有尼山孔庙、尼山书院等国家重点文物保护单位等10余处省级重点文物保护单位、尼山世界文明论坛等国际文化品牌,可以说,尼山圣地小镇已经完成了自身特色的"原始积累"。世界最高的孔子像、融入文化基因的特色民宿、计划投资百亿元的尼山圣境项目……将来建成后,拜圣人、居圣地、游圣景,未来"尼山圣地小镇"将是集文化体验、修学启智、生态旅游、休闲度假于一体的复合性文化度假产业综合体,并最终成为文化休闲度假胜地,独具东方韵味的儒家文化修贤度假小镇。

这些具有儒学底蕴的特色小镇既有儒学传统的传承,也有儒学思想的发展,就是我所说的城镇社区儒学。

三、城镇社区儒学——社会儒学的新领域

随着中国社会由传统向现代的转型,特别是城镇化的发展,农村人多地少矛盾加剧,农业发展方式粗放、农业效益偏低、农村劳动力大量流动、村庄空心化、人口老龄化、基础设施不完善、基层治理涣散、社会失序、文明倒退等问题凸显。现在社会各界乃至最高层都意识到了这个问题,于是民间有

---

[1]《重构"乡贤文化" 改善乡村治理——山东邹城市唐村镇深耕传统文化助力乡村建设调查》,载《光明日报》2018年1月4日;《名为饮酒,实为尚德崇礼 邹城市恢复"乡饮酒礼"》,载《济宁晚报》2016年6月13日。

乡村儒学的展开,国家层面有乡村振兴战略的提出。不过,不管怎样努力,城镇化的大方向看来是不可逆转的,中国社会再也回不到农耕社会了。有的自然条件恶劣、自然资源匮乏,交通不便,随着人们迁移到城镇而日益衰落的村庄可能会消失;有的村庄大概只能成为人们表达乡愁的回忆、乡村旅游的消费;有城市近郊、环境比较好的村庄也许会成为退休人员、不必每天出门的上班族、小企业主及其雇工等群体居住生活之地。

最近几年学界提出"社会儒学"的概念。在我看来,今天的"乡村儒学"自然是属于"社会儒学"的,与此同时,儒学的复兴还应该重视城镇社区儒学。乡村+城镇,就是整个中国社会。乡村儒学+城镇社区儒学就是社会儒学的展开领域。

中国社会未来发展的理想模式是实现城乡一体化。城乡一体化的思想早在20世纪就已经产生了,世界上发达国家都非常重视这个问题。以美国为例,美国是工业发展比较早的国家,也是在解决二元结构问题上比较成功的国家,其主要做法有以下几个方面:(1)通过建立完善农业保护政策体系来促进农业发展。美国始终重视强化农业作为第一产业的地位,并通过种种措施由政府直接进行扶持。例如通过保护性收购政策和目标价格支持相结合的做法来稳定和提高农民收入,通过所谓生产灵活性合同和反周期补贴等形式给予农民直接收入支付。另外,在美国联邦财政补贴项目拨款上,也要求当地政府拿出一定比例的配套资金。(2)加强农村基础设施建设和社会事业建设。美国自20世纪30年代以来,一直重视农村的道路、水电、排灌、市场等基础设施及教育、文化、卫生等社会事业建设,目前大部分乡村的基础设施和公共服务与城市相差无几。(3)健全推进城乡统筹协调发展的法律体系。美国从20世纪50年代后期起,政府制定了一系列优惠的郊区税收政策,鼓励工厂和居民从都市迁往郊区。[1]

古代中国城乡关系具有非常明显的一致性和一元化特征。政治上,在古代中国,城市是各地地方政权中心所在地,是整个封建统治体系中的一个个据点,自然也是统治乡村的据点。乡村则是农民聚居地,是从属于城市权力系统的基层单位。经济上,城市依附于乡村并对乡村经济产生吸力和推动力。而城市商品经济的发展只能是有限的,要么是为满足贵族生活的需

---

[1] 张晴、周旭英、高明杰:《发达国家城乡统筹发展的做法及对中国启示》,载《世界农业》2011年第4期。

要,要么作为农业经济的附庸,在社会经济中起着调剂和补充的作用,具有明显的消费性和寄生性。正是在这种统治与依附的关系中,城乡之间维持着无差别的统一。[1]

自1949年中华人民共和国成立以来,我国的城乡关系经历了曲折发展的过程。新中国建立伊始,中央决策者确立了优先发展重工业的产业政策和战略,这对城乡关系发展产生了直接影响。实现重工业优先的战略,在中国需要解决的主要问题,一是资金积累,二是劳动力安置。1954年中国建立起基本农产品的统购统销政策,为国家工业化积累资金。同时,在城市实行严格的户籍管理制度,在农村则凭借人民公社体制把农民束缚在土地上。这样,城市与乡村就成为两个相互隔离的社区。改革为中国城乡关系的改善与协调发展带来了机会。改革开放以来,城乡关系的发展摆脱了原先的发展轨道。城乡间的生产要素流动加快,农村市场有了较大发展。农村工业化的兴起推动了城乡产业结构的变化,城市化也有新的进展。同时,新的矛盾的出现影响着城乡关系的进一步协调发展。[2] 只有统筹城乡改革,推行城乡一体化,在促进城镇化进程的同时,加强新农村建设,才能从根本上打破城乡二元结构,同步推进工业化、城市化与农村现代化,最终实现中国全面现代化。目前,城乡一体化思想逐渐受到重视。近年来许多学者对城乡一体化的概念和内涵进行了研究,但由于城乡一体化涉及社会经济、生态环境、文化生活、空间景观等多方面,人们对城乡一体化的理解有所不同。

国家层面也意识到这个问题,2015年12月20日至21日中央城市工作会议在北京举行,会议指出:"我国城镇化必须同农业现代化同步发展,城市工作必须同'三农'工作一起推动,形成城乡发展一体化的新格局。"[3] 2017年12月28日至29日中央农村工作会议也强调"必须重塑城乡关系,走城乡融合发展之路"[4]。2017年中央"一号文件"首次提出了"田园综合体"这一新概念,"支持有条件的乡村建设以农民合作社为主要载体、让农民充

---

[1] 任吉东:《历史的城乡与城乡的历史:中国传统城乡关系演变浅析》,载《福建论坛》2013年第4期。

[2] 史军:《中国城乡关系的历史考察及协调发展对策研究》,山东师范大学硕士论文,2000年。

[3] 《中央城市工作会议在北京举行》,载《人民日报》2015年12月23日。

[4] 《中央农村工作会议在北京举行 习近平作重要讲话》,载《人民日报》2017年12月30日。

分参与和受益,集循环农业、创意农业、农事体验于一体的田园综合体,通过农业综合开发、农村综合改革转移支付等渠道开展试点示范"[1]。田园综合体城乡一体化模式,是指集现代农业、休闲旅游、田园社区为一体的特色小镇和乡村综合发展模式,是在城乡一体格局下,顺应农村供给侧结构性改革、新型产业发展,结合农村产权制度改革,实现中国乡村现代化、新型城镇化、社会经济全面发展的一种可持续性模式。[2]所以,在城乡一体化这个大前提下,乡村儒学+城镇社区儒学就应该是互补、融合、共生、共荣,推进城乡相辅相成,协调发展,把乡村文明和城市文明融为一起,推动中国社会整体文明、进步、和谐发展。

如何推动城镇社区儒学？现在的儒家特色小城镇,主要是由政府或开发商主导建设、管理的,学界参与不多,即使参与,也是来自于不同学科,真正的儒家学者实际参与的并不多。这可能有多重原因,主要是当今的儒家学者本身是学者,生活在高等院校、科研机构,主要工作是研究和教学,在儒学传播普及方面往往力不从心,或者不愿花太多时间精力。另外,我们现在没有了传统社会的儒生、士大夫群体,儒家又不像其他宗教,没有自己独立的组织体系传承、传播、发展,缺乏儒者群体。所以,现在需要在民间恢复重建儒家书院、文庙学宫、家族祠堂,形成越来越多的儒家道场,同时,培养儒者在这些道场举行会讲、论坛、办学、祭祀等活动,以这些道场为基点逐渐形成具有浓厚儒家文化的社区。例如北京四海孔子书院冯哲院长就提出建成一座"儒家小镇"的构想:以国学教育为核心地标,营造融合南北园林风格、市政设施完备的宜居小镇,提供儒家文化生态体验,发展"善知识"经济,重现中国人的生活方式。儒家小镇,其实质是在儒家理念统摄与感召下的同质人群居住群落,大家秉持儒家理念来从事生产、学习、教育、生活与交往;同时,儒家理念弥漫在建筑布局、景观设计、礼乐耕读、衣冠用具、文体养生、经济往来中,构成一个立体、鲜活的儒家生活形态,是儒家桃花源的现代版,这将成为"美丽中国"罕见的风景,为人文中国、新型城镇化建设提供样板与典范。构想设有几大核心定义:国学国际教育园区、中国人文的宜居小镇、

---

[1] 《中共中央国务院关于深入推进农业供给侧结构性改革加快培育农业农村发展新动能的若干意见》,载《人民日报》2017年2月6日。

[2] 《"田园综合体"中国城乡一体化发展新引擎》,https://www.sohu.com/a/203752153_760111,访问日期:2017年11月11日。

儒家文化生态体验、儒家文化产业创意工场、"问道"全球多媒体传播平台。[1]当然,由于种种原因,在北京西山要建设这样的书院至今还没有成功。

城镇小区可以与街道办联系,在其辖区根据需要可以进入低层"道德讲堂",宣讲儒家文化。北京市很多区县的街道办都开办了"道德讲堂"。这些"道德讲堂"是北京市文明办组织的。根据文明办要求,以弘扬"北京精神"、传承中华民族优秀美德,弘扬和践行社会主义核心价值观为主线,以"身边人讲身边事、身边人讲自己事、身边事教身边人"为目的,街道各社区开展"道德讲堂"活动,将道德精神带给社区居民。北京市社科联还组织高校、科研机构的专家举办"社区大讲堂",通过讲座的形式向市民普及人文知识,传播人文思想,弘扬人文新风,倡导科学方法,受到社会各界广泛而热烈的欢迎。笔者每年应邀进社区讲座多次,都是与儒家有关的题目,如"儒学与和谐社会建设""仁者爱人——儒家的人道思想""儒家经典与中国文化的核心价值""儒学与中华民族共有精神家园建设"等。

另外,城镇社区儒学急需开拓的是在一、二线城市已经建成入住的很多住宅小区。这些小区都是相对独立,成为一个单元,但是一般都是只有物业公司,缺乏文化活动,即使有些文化活动也是很实用的娱乐类、体育类的活动,能够满足老百姓深层精神需求的文化活动和设施很少。我可以设想,与物业公司联系,在小区开办书院或道德讲堂,请专家学者讲座,日常可以举办读书会,周末假期可以举办学生读经、礼仪、书法、绘画等。现实中国也有一些小区做得比较好,如成都西贵堂社区,从小区的长廊到休闲的湖畔,从碧绿的草坪到醒目的展示墙,从观光阳台到地下的车库,随处可见《论语》名言警句。栋栋楼房,处处亭台,片片绿地,徜徉在成都西贵堂社区,处处感受到浓浓的儒家风、国学韵。除硬件设施体现儒家文化外,在社区文化建设上,还一直打造"儒学讲堂",每周邀请专家学者举办儒家专题讲座和国学培训,还定期举行儒家文化知识竞赛。成都西贵堂社区正在形成一个切实践行儒家生活理念的实验基地,以及具有时代特色的儒家生活探索模式,并于2008年被成都市政府授予"国学示范区"称号,2009年被中国孔子基金会授

---

[1]《冯哲先生参加东方道德研究所儒家伦理与当代社会研讨会》,http://kongzishuyuan.blog.sohu.com/275611410.html,访问日期:2013年9月2日。

予"论语普及工程示范基地"。[1]

最后,在城镇社区,如何重建礼乐文明,满足老百姓的信仰需要,可以尝试通过建立"社区百姓纪念堂"来解决这个问题。众所周知,每逢春节、清明等传统节日,一些大中城市居民都会在十字路口甚至小区院内烧纸,这实际上是一种变异的"路祭"形式,是人们没有祭奠场所不得已而为之,已经成为城市一道刺眼的"风景线",不仅污染了环境,还影响了居民的正常生活。现在急需在社区建设可供老百姓进行祭奠活动的"社区百姓纪念堂"。这个"纪念堂"可以设立在某一个大的住宅区里或若干小住宅区的中间,"纪念堂"正中设立供桌安放"天地国亲师"牌位以及本社区居民各个姓氏的先祖牌位(经过广泛登记和统计确定,并可根据社区居民迁出迁入的情况而随时变更)。"纪念堂"附设有专供居民个别祭祀各自祖先的祭拜室,数量多少则依据本社区居民人数和实际需要确定。祭拜室中设有供桌,供居民个别祭祀各自祖先时放置祖宗牌位和祭品。"纪念堂"平时由社区工作人员管理,本社区居民需要的时候可以根据自己需要前往"纪念堂"祭拜、上香;或者提前预约,请出自己的祖宗牌位到祭拜室祭拜、上香(考虑到城市社区环境,不得烧香和烧纸钱)。"纪念堂"可以附设一个讲堂,安排本社区居民讲述本姓祖先的德行及其对民族、国家、社会的贡献,展出本社区居民为国家为社区贡献的事迹,使其成为本社区共同的精神财富。[2]

结　语

总之,中国社会正在发生史无前例的变革,城镇化是其中一个重要方面,是中国现代化的重要标志。这一变革,为儒学的现代复兴和转型提供了历史机遇,越来越多的城镇社区正是社会儒学可以大显身手的领域。现在国家大力培育特色小镇,具有儒家文化底蕴的特色小镇越来越多,还有更多的大中小城镇社区还是处女地,需要儒学开垦和播种,关键是如何培育大量的儒者,以专业的、业余的方式参与到城镇社区儒学的推广、传播,以书院、

---

[1] 王新元:《〈论语〉社区新风扑面　国学经典满目生辉》,http://www.chinakongzi.org/xwzx/201007/t20100724_5730120.htm,访问日期:2010年7月24日。

[2] 黎红雷:《企业与社区如何祭祖》,载《光明日报》2017年1月21日。

讲堂、祠堂、文庙等传统儒教资源为基础,适应现代社会的发展,与学界、政界、商界结合起来,共同构建城镇社区的精神家园,提高城镇市民的人文道德素养,满足城镇市民的精神生活需要,不断增强城镇市民的幸福感。

社会儒学视野中的儒家民说

涂可国[*]

摘要： 围绕"民"范畴，传统社会儒学从人与社会双向互动角度阐发和建构了蔚为大观的、层次有序的、系统化的民说，它主要由四大部分构成：一是历代儒家从国家、政权角度就"民"的地位、价值、作用和情实等问题展开的论述；二是历代儒家对如何治理民众、管理民众所提出的思想观念；三是历代儒家从价值取向角度对"民"的阐释；四是就民众自身自我发展（尤其是道德发展）所阐述的思想言说。当代社会儒学的创构，不仅要根据社会结构的转型，建立完善新儒家自身的"新民说"，还要"返本开新"，系统梳理和挖掘经典儒家源远流长、博大精深的民说，以为社会儒学的创发提供基础性的原始思想资源。

关键词： 社会；儒学；民说

近现代以来通行的社会历史哲学往往把"社会"看成是一个包括多个层面、多种要素、多种类型的整体大系统或有机体，据此，笔者把社会儒学分为三个层面：作为思想内容的社会儒学、作为功能实现的社会儒学和作为存在形态的社会儒学。然而，"社会"范畴无论是学术上抑或是现实生活中又经常在不同语境中被运用，具体地说就是常常在"自然—社会""人类（包含个人）—社会""文化—社会""国家（包含政府）—社会"四种不同对应概念的关系范式中获得自身特殊的规定性，因此，社会儒学又可以被类分为广义、中义和狭义三个不同层次，广义社会儒学包括人类儒学和普通社会儒学（或一般社会儒学）；人类儒学也可称为人的儒学，它涉及人的性质、地位、生活、存

---

[*] 作者系山东社会科学院文化研究所所长、二级研究员。本文系国家社科基金项目"中西伦理学比较视阈中的儒家责任伦理思想研究"（项目编号：14BZX046）的阶段性成果。本文发表于《江汉论坛》2018 年第 9 期。

在、发展、价值和意义等多方面内容,从主体形态而言,主要有人生儒学、心性儒学和身体儒学等。[1]社会儒学是一个多元一体的儒学形态,作为关于社会总体的思想,普通社会儒学要致力于反映、关照和探讨社会活动、社会关系、社会治理、社会变迁、社会理想、社会规范、社会组织、社会价值、社会制度、社会结构、社会秩序等一般性社会问题。[2]

根据上述笔者关于社会儒学的基本构想,不难看出,人是人的儒学和普通社会儒学所要关注的重要对象。换言之,社会儒学既要揭示人与社会(包括家、国、天下以及王、君、官、吏等)的关系又要阐释人的性质、地位、存在、发展、价值、治理、权利、责任等问题。"人"有时被视为区别于国家、社会的独立单元,大多数时候被看成国家、社会的有机组成部分。在儒家话语系统中,"人"与"民"虽然不能等同,"人"是相对于"神"与"物"而言的普遍性人类学概念,"民"是相对于"国""君""官"而言的特殊性政治学范畴;但是,"民"毕竟是"人"的主体性组成部分,因而广义社会儒学不但提出了丰富多彩的人学思想,还将"民"纳入关照的重要对象域。正是围绕"民"范畴,传统儒家从人与社会(中义的)双向互动角度阐发和建构了蔚为大观的、层次有序的、系统化的民说,以至于立足于当代儒学的构建,宋大琦提出了创新性的"新民儒学论"。[3]当代社会儒学的创构,推动儒学的创造性转换和创新性发展,不仅要根据社会结构的转型,建立完善新儒家自身的"新民说",大力发展"民间儒学""百姓儒学""大众儒学""市民儒学"等与民众密切相关的各种儒学形态,还要"返本开新",系统梳理和挖掘经典儒家源远流长、博大精深的民说,以为社会儒学的创发提供基础性的原始思想资源。

一、儒家民说的总体理论结构

儒家民说主要由四大部分构成:一是历代儒家从国家、政权角度就"民"的地位、价值、作用和情实等问题展开的论述,表现为"民本说"和"民贵说",以及"民情说""民生说""民心说""民德说""民风说""民利说""民权说"等;二是历代儒家对如何治理民众、管理民众所提出的思想观念,包括"治民说"

---

[1] 涂可国:《社会儒学建构:当代儒学创新性发展的一种选择》,载《东岳论丛》2015年第10期。
[2] 涂可国:《多元一体的社会儒学》,载《河北学刊》2018年第1期。
[3] 宋大琦:《新民儒学论》,载《中国文化论衡》2018年第1期。

"新民说""保民说""富民说""养民说""教民说""化民说"等;三是历代儒家从价值取向角度对"民"的阐释,包括"为民说""爱民说""乐民说""安民说""顺民说""亲民说""利民说"等;四是就民众自身自我发展(尤其是道德发展)所阐述的思想言说,包括孔孟的"民敬""民莫敢不用情""民善""民信""民兴于仁""民服""民悦""民安""民日迁善"等论说,以及"新四民说"(王阳明)等。

贯穿在儒家民说始终的基石和主线是民本说,民本主义因此成为儒家民说的鲜明特色。无论是管理层面的民说、价值取向层面的民说,还是民众自我发展层面的民说,都是由事实层次的,关于"民"之地位、价值、作用和情实等体现民本主义的民说所推导出来的。换言之,儒家的"治民说""新民说""保民说""富民说""养民说""教民说""化民说""为民说""爱民说""乐民说""安民说""顺民说""亲民说""利民说"等,一般说来都是由"民本说""民贵说""民情说""民生说""民心说""民德说""民风说""民利说""民权说"推演出来的。这也是绝大多数学者将儒家的众多民说归结到民本主义思想框架之中加以阐释的原因。

早在20世纪初,梁启超就提出了"新民说",后来其他学者也相继采用和诠释了儒家的"亲民说""保民说""爱民说""富民说""安民说""养民说""顺民说""利民说"等概念范式。这主要表现在以下三个方面:一是对儒家民说的文本诠释。这种研究路径通过对原典的文本分析、诠释,阐释儒家"民说"思想,主要是集中对《大学》民说的研究,取得了许多成果,而以《大学》"亲民"与"新民"辨说最为激烈。[1] 二是对儒家民说的学理研究。对古典儒家人物民说的阐释最多,尤其是对先秦孔孟荀的"治民说""贵民说""亲民说""新民说""保民说""爱民说""富民说""安民说""养民说""顺民说""教民说""乐民说""利民说"等的论证翔实,其中又以儒家"民本说"的阐释最

---

[1] 孙钦香:《朱子、阳明与船山〈大学〉诠释之比较——以"明明德亲(新)民"关系为中心》,载《厦门大学学报》(哲学社会科学版)2016年第3期;赵法生:《〈大学〉"亲民"与"新民"辨说》,载《中国哲学史》2011年第1期;林可济:《朱熹的〈格物补传〉和王阳明的〈大学问〉——围绕〈大学〉版本的两派分歧》,载《福建论坛》(人文社会科学版)2016年第3期;陈力祥、杨超:《船山对朱子、阳明"亲新之辨"二元对立模式的解构》,载《中国哲学史》2016年第2期;张华、高祎博:《大学教育目的阐释与实现——对梅贻琦〈大学一解〉的解析》,载《扬州大学学报》(高教研究版)2015年第1期;等等。

多。另外,对梁启超的"新民说"的探讨也比较集中,成果颇丰。[1]此外,随着阳明心学的勃兴,针对管子的"四民说",当前一些学者致力于挖掘王阳明的"新四民说"。三是对儒家民说的当代价值研究。旨在从不同方面揭示儒家不同形态的民说在当代中国文化重构和社会发展中超越时空的价值和生命力,既有儒家对民本思想及其价值的探究,[2]也有对儒家富民、新民、民生等思想及其价值的分析。[3]

社会儒学对儒家民说的阐发一定要注意两点层次的区分,防止陷入某种认识误区:一点为儒家的民本思想实际上是由"民为邦本"[4]和"以民为本"[5]两方面组成,前者意指民为国的根本,后者既有民为国之根本的本体论意思,也有执政层面的以民众为根本出发点的实践论内涵;[6]另一点为儒家的民本思想有狭义和广义之分,狭义的主要由"民本说""民贵说""民情说""民生说""民心说""民德说""民风说""民利说""民权说"等构成,而广义的则还包括"保民说""富民说""养民说""为民说""爱民说""乐民说""安民说""顺民说""亲民说""利民说"等,它虽涵盖了儒家民说的绝大部分内容,

---

[1] 文碧方:《〈新民说〉发表百年后的思考》,载《孔子研究》2010年第2期;谢伟铭:《梁启超视域中的"新民"之义——对比传统的"新民"观念》,载《中国哲学史》2014年第3期;顾红亮:《梁启超〈新民说〉权利概念的多重含义》,载《江苏社会科学》2010年第6期;等等。

[2] 李存山:《对中国文化民本思想的再认识》,载《孔子研究》2016年第6期;张分田:《关于儒家民本思想历史价值的三个基本判断》,载《天津师范大学学报》(社会科学版)2009年第5期;刘清平:《儒家民本思想:工具性之本,还是目的性之本》,载《学术月刊》2009年第8期;张星久:《儒家"民本"与现代民主——儒家思想的现代意义与局限》,载《理论探讨》2010年第4期;等等。

[3] 何东:《传统文化中"富民、惠民、教民"思想的现代启示》,载《黄海学术论坛》2015年第2期;杜艳华:《从"新民"到"四有新人"之塑造看儒学在中国文化重构中的作用》,载《吉林大学社会科学学报》2000年第2期;陈立胜:《"新民"与"亲民":从传统到现代》,载《华东师范大学学报》(哲学社会科学版)2010年第3期;邓国元:《"新民"与"亲民"——从宋明理学到现代社会》,载《云南社会科学》2014年第1期;徐昌文:《先秦儒家民生伦理思想及其当代价值》,载《中华文化论坛》2012年第4期;等等。

[4] 《尚书·五子之歌》。

[5] 《管子·霸形》有"以人为本"之说,而汉代贾谊则有"国以民为本,君以民为本,吏以民为本"之说。

[6] 笔者同意李存山关于在儒家文化中民本主义高于王权主义,中国传统民本思想是与君主制结合在一起,民本并非近现代意义的民主等观点(参见李存山:《对中国文化民本思想的再认识》,载《孔子研究》2016年第6期),但不赞成他把"以民为本"说成是以人民为国家、社会的价值主体,而认为儒家的"以民为本"讲的是以民为社会主体(事实层面的)。

但二者不能完全等同。

目前,学术界对儒家各种民说的相关研究虽然成果丰硕,但是,还没发现有"儒家民说"的提法,专以"儒家民说"为研究主题的文献资料尚付阙如,以一般性的"民说"为明确的概念、范式、视域为切入口对儒家"民"的思想观念进行统一阐释至今未见。笔者认为,当代社会儒学应当通过整理、阐述2000多年来儒家所提出的不同形态的"民说",借助于对其进行的综合性研究,将儒家之"民"放入一个崭新的"民说"的统一的框架内进行考量、分析和阐释,致力于多层次而全面的整合,以建构一种较为系统的儒家"民说"体系。

社会儒学既侧重于对"民本""亲民""新民""保民""爱民""富民""安民""养民""顺民"等不同形态的民说进行分门别类地阐释,又加以层次划分和系统阐释,使其纳入"民说"体系之中,具有十分重要的价值。从理论上说,不但能够丰富和扩宽儒家民说研究的理论视野,赋予儒家之"民"更为宽广、深远而鲜活的学理生命力,更能够凸显儒家民说的特色与价值。一直以来,儒家的以民为本理念被学术界当作儒家的民本观、政治观、治道观加以对待,这方面的论著数不胜数,但至今尚没有从社会儒学角度进行研究的成果。实际上,以儒家"民本说"为核心的"民贵说""民生说""民心说""治民说""新民说""保民说""富民说""安民说""养民说""教民说""化民说""利民说""为民说""贵民说""爱民说""亲民说""顺民说""乐民说""新四民说",既体现了儒家关注民心民意、关心民生疾苦的责任情怀,也体现了旨在通过重民、顺民、为民的途径实现安邦定国的社会责任担当。一句话,儒家民说是儒家建构良好社会秩序的鲜明理论表达。

二、民本主义层面的儒家民说

不论采取何种国家制度,国家政权的获取、巩固、维护和国家的富裕繁荣,都离不开广大民众的支持与参与。正是由于认识到人民在安邦定国的重要作用和地位,身处王权时代和帝国时代的儒家才提出了丰富多彩的民本主义思想观念。

早在春秋之前,在人文主义逐渐萌发的时代背景之下,民本主义观念就作为一种治国的方略日渐兴起。针对当时流行的神本观念,《尚书》不仅称赞尧王具有关心民事民瘼的政治情怀——"克明俊德,以亲九族。九族既睦,平章百姓。百姓昭明,协和万邦,黎民于变时雍"[1],提出了"善政养民"的政道观念——"德惟善政,政在养民"[2],还明确提出了"民为邦本,本固邦宁"[3]的民本思想。《左传》也有许多民本的思想言说,譬如,"夫民,神之主也,是以圣王先成民而后致力于神"[4]"太上以德抚民"[5]"国将兴,听于民;将亡,听于神。神,聪明正直而壹者也,依人而行"[6]等。周公更是展现出高度的重民意识,强调指出"人无于水监,当以民监"[7]"爰知小人之依,能保惠于庶民"[8],把民生疾苦作为检验政绩的一面镜子,力主保民、惠民。

自孔孟始,历代儒家继承了以"敬德保民"为核心的早期民本思想,不仅从总体上揭示了"民"在国家、政权中的地位,还充分阐释了民心、民意、民力、民生、民事、民利、民德、民智等在治国理政中的作用。以孟子为代表的儒家民本思想在中国哲学史上最为突出,进行了多方的阐发:一是提出了"民贵说"。孟子讲:"民为贵,社稷次之,君为轻。"[9]这一民贵君轻的贵民说同尊卑等级的尊君说并不矛盾,因为民之所以贵,就在于它是维护君主政权的基石,贵民是为了贵君,也是为了江山社稷。二是论述了"民心说"。在讨论三代政治得失时,孟子建构了"民心决定论":"桀纣之失天下也,失其民也;失其民者,失其心也。"[10]虽然孟子尊天、畏天、伸天,但他从民本出发,认为"天"和"民"均是决定政权更迭的重要因素:尧把舜介绍给"天",使舜"主祭而百神享之",尧又把舜介绍给民,使舜"主事而事治,百姓安之"[11]。三是直接肯定了"民本说"。朱熹注解道:"国以民为本,社稷亦为民而立,而君之尊,又系于二者之存亡。"[12]

近代以来,中国先进人士受到西方"民有、民治、民享"思想的启迪,进一

---

[1]《尚书·尧典》。
[2]《尚书·大禹谟》。
[3]《尚书·五子之歌》。
[4]《左传·桓公六年》。
[5]《左传·僖公二十四年》。
[6]《左传·庄公三十二年》。
[7]《尚书·酒诰》。
[8]《尚书·无逸》。
[9]《孟子·尽心下》。
[10]《孟子·离娄上》。
[11]《孟子·离娄上》。
[12]《四书章句集注·孟子集注·尽心下》,载《中华国学文库》,中华书局2012年版,第344页。

步发展出新的民本主义观念,以至于民主革命先行者孙中山创造性地提出了"民族、民权、民生"的三民主义政治纲领。儒家民本主义思想诚然蕴含着某些由民参与政治的"民治"观念,但是它的主体内容还是依民而治的"治民"论说。要知道,"民治"建立在"民权"基础之上,而"治民"建立在"君权"基础之上。不可否认,由"民治"和"治民"构成的儒家民本思想强调重视民心、民意、民生、民事、民利、民权等,一定意义上蕴含着一些民主权利的因素,但是,民本毕竟不同于民主,它离真正的民主尚有一段距离,不能像牟宗三等现代新儒家人物所期许的那样从民本甚至良知中能够直接"开出"民主来。[1]

总而言之,儒家的民本主义思想彰显了某种权利,然而,它又表现出深厚的民本主义意味,更为体现的是管理者的责任。自古以来,"民"相对王、官而言,属于社会中的"弱势群体",最需要关心、爱护,这使得中国传统政治既是王官政治亦是民本政治。对儒家来讲,要治国理政,就必须处理好官与民、国与民关系;而要处理好这两种关系,就必须使管理者更好地治民;而为了更好地治民,就必须重民、爱民、安民、养民、富民、教民等。尽管儒家提出民本的主要目的是使君王王位的永存和"家天下"的稳固,民众的福利并非终极性目的,民众更多是一种工具,[2]而区别于现代人民主体思想,但它同时也饱含着对人民群众疾苦的同情式理解和人道式关怀,凝聚着儒家一贯的重生仁民的人文情怀。如此治国逻辑表明,治民是君主、官吏的权利和权力,与之相应,诸如重民、爱民、安民、养民、富民等则是他们的重要职责;在儒家民本思想体系中,如果说安邦治国为总的国家责任的话,那么,像重民、爱民、安民、养民、教民、富民、保民等则是服务于这一责任类型的从属责任形态。

三、人文主义层面的儒家民说

历代儒家注重从人文主义价值取向的角度关注民众的生老病死,关心民事民瘼,据此提出了"为民说""爱民说""乐民说""安民说""顺民说""亲民

---

[1] 涂可国:《儒学与人的发展》,齐鲁书社2011年版,第298~302页。
[2] 刘清平:《儒家民本思想:工具性之本,还是目的性之本》,载《学术月刊》2009年第8期。

说""利民说"等,不但本身代表了儒家牵挂民生民事的伦理情怀,而且把为民、贵民、爱民、乐民、安民、顺民、亲民和利民当作各级官吏的为政之道加以凸显出来。

在此,笔者不想卷入有关《大学》古本之亲民与新民的朱王之争中,只是想指出,虽然"新民"更多体现了某种实践品格,而"亲民"更多显现了某种道德情感理性,但是,"新民"也好,"亲民"也好,无不表现了某种儒家对民众的关照。为节省篇幅,本文将把"乐民说"置于"爱民说"之下,重点讨论儒家民说所涉及的爱民、顺民和安民问题。

1.爱民说

儒家社会儒学更为凸显的是爱民,孔子也好,孟子也好,都强调君主的一项重要职责就是爱民,也就是以仁爱之心去关心、体恤百姓。正是依据爱民的基本原则,儒家具体指明了按照伦常规范去乐民,并强调取信于民,反对暴民。

(1)仁民爱物

"仁"是儒学核心之核心,是儒家伦理的基石,更是儒家道德哲学的灵魂,孔学有时被归结为仁学。儒家所倡导的"仁"是己他两爱的统一。虽然孔子认为仁没有达到"博施于民而能济众"[1]的圣人境界,但仁毕竟是发展为"博施于民而能济众"的本源情感基础,是广济众民责任的心性前提。

孟子阐述了亲亲、仁民和爱物是君子的重大责任:"君子之于物也,爱之而弗仁;于民也,仁之而弗亲。亲亲而仁民,仁民而爱物。"[2]此处,孟子设立了爱、仁和亲分别与物、民和亲相对应,从字面上加以理解,似乎他对民只讲仁不讲爱。其实,在孟子那里,爱、仁和亲尽管存在细微的差别——人伦之爱有亲疏差等,本质上却是一致的,否则,他不会讲"仁者爱人"[3],也不会说"亲亲,仁也"[4],作为体现思孟学派思想宏旨的《中庸》也不会指明"仁者人也,亲亲为大",更何况孟子明确指出:"仁者以其所爱及其所不爱,不仁者以其所不爱及其所爱。"[5]这样,孟子对君子"仁民"责任的规定实际上就是对君子"爱民"的要求。

---

[1]《论语·雍也》。
[2]《孟子·尽心上》。
[3]《孟子·离娄下》。
[4]《孟子·尽心上》。
[5]《孟子·尽心下》。

"爱人"在很大程度上就是"爱民",这样孟子对君子"仁民"责任的规定实际上就是对君子"爱民"的要求。而且,孟子的"仁民说"正是他"仁政说"的具体体现,在阐释"仁政说"的过程中,他提出了"推恩说"——恩足以及禽兽,以至于百姓,极力倡导"保民而王"[1]的义务格准,强调"老吾老,以及人之老;幼吾幼,以及人之幼"[2]的爱民规范,从而鲜明彰显了基于"仁政说"视域的"仁民说"以及以民为本的政治价值取向。

(2)取信于民

孔子儒学认为御使民众必须建立在民众信任的基础上,如此才能取得为政的良好效果。在回答子贡问政时,孔子指出可以依此去兵、去食,万不得已才考虑去食,而"民信"是价值选择的底线。这是因为"自古皆有死,民无信不立"[3]。"民信"既是为政者权力合法性的基础,取得"民信"也是为政者的责任。这段话并不是像王充批评的那样主张为政要彻底"去食存信"[4],而只是表明孔圣人提出的是一种假设,其本旨是把"民信"和顺从民意看成执政最为重要的基石。孔子的弟子子夏说:"君子信而后劳其民,未信则以为厉己也。"[5]意思是,真正的君子必须首先取得百姓的信任,再去役使他们;如果还未取得信任就去役使百姓,就会以为是虐待自己。

(3)与民同乐

与注重内在心性修养、讲究君子人格修炼、不计个人得失、道义自足的"孔颜之乐"[6]有所不同,孟子虽然也讲"万物皆备于我矣。反身而诚,乐莫大焉。强恕而行,求仁莫近焉"[7],但他同时提倡注重王与民之间和谐的外在的"与民同乐"。孟子在同齐宣王对话中提出必须与民同乐,这是因为"为民上而不与民同乐者,亦非也。乐民之乐者,民亦乐其乐;忧民之忧者,民亦忧其忧"[8]。他在与庄暴讨论如何爱好音乐时指出,老百姓之所以表现出怨恨,就是因为周王在老百姓兄弟妻子流离失散时仍独自享受音乐、打猎,

---

[1] 《孟子·梁惠王上》。
[2] 《孟子·梁惠王上》。
[3] 《论语·颜渊》。
[4] 《论衡·问孔》。
[5] 《论语·子张》。
[6] 《论语·雍也》。
[7] 《孟子·尽心上》。
[8] 《孟子·梁惠王下》。

而不能与民同乐,[1]再次重申了"乐民"的政治规范要求。

(4)反对暴民

孟子认为对于那种在凶年饥岁"君之民老弱转乎沟壑,壮者散而之四方者"而"君之仓廪实,府库充,有司莫以告"的不体恤百姓是"上慢而残下"的虐民做法[2],应"吊民伐罪",并严厉批评了"庖有肥肉,厩有肥马,民有饥色,野有饿莩,此率兽而食人"[3]的溺民政治和"及陷于罪,然后从而刑之"的罔民政治[4],揭露了无节制的横征暴敛会带来民众饥饿、流离失所的恶果:"有布缕之征,粟米之征,力役之征。君子用其一,缓其二。用其二而民有殍,用其三而父子离。"[5]孟子特别强调,为民父母者不能"使民盻盻然,将终岁勤动不得以养其父母,又称贷而益之,使老稚转乎沟壑",否则就不配为民父母。[6]

(5)下则爱民

孔孟并没有使用"爱民"范畴,而荀子在儒学发展史上第一次创造性地运用了"爱民"范畴,且达14次之多。他提出了一系列爱民论断:"明君臣,上能尊主下爱民。"[7]"君人者,隆礼尊贤而王,重法爱民而霸"[8]"故君人者,欲安,则莫若平政爱民矣"[9]"上不隆礼则兵弱,上不爱民则兵弱"[10]"知爱民之为安国也"[11]等。尽管爱民主体的说法各有不同,但指向的莫不是为上者的君主,意在强调国家的最高统治者务必履行好"爱民"的政治责任。尤其是他在《君道》篇中对"爱民"的政治要求做了十分精彩的阐释:

> 君者,民之原也;原清则流清,原浊则流浊。故有社稷者而不能爱民,不能利民,而求民之亲爱己,不可得也。民不亲不爱,而求为己用,为己死,不可得也。民不为己用,不为己死,而求兵之劲,城之固,不可

---

[1] 《孟子·梁惠王下》。
[2] 《孟子·梁惠王下》。
[3] 《孟子·梁惠王上》。
[4] 《孟子·滕文公上》。
[5] 《孟子·尽心下》。
[6] 《孟子·滕文公上》。
[7] 《荀子·成相》。
[8] 《荀子·天论》。
[9] 《荀子·王制》。
[10] 《荀子·富国》。
[11] 《荀子·君道》。

得也。……故人主欲强固安乐，则莫若反之民；欲附下一民，则莫若反之政；欲修政美俗，则莫若求其人。……故君人者，爱民而安，好士而荣，两者无一焉而亡。[1]

这一大段省略的正反两面论述，表露了荀子心目中理想的为君之道，这就是必须爱民，如此才能利民，才能使民亲己、爱己，才能心安，进而才能使国家不致灭亡。

上承荀子的"爱民"理念，董仲舒在《春秋繁露》中两次使用了"爱民"概念，阐述了独特的"爱民"责任观。一次是论及王霸之辨的治国思想时，他提出了"本于仁"的爱民要求。在《春秋繁露·俞序》中，他指出："春秋之道，大得之则以王，小得之则以霸。故曾子、子石盛美齐侯，安诸侯，尊天子，霸王之道，皆本于仁。……故次以言怨人不可迩，敌国不可狎，攘窃之国不可使久亲，皆防患为民除患之意也。不爱民之渐乃至于死亡，故言楚灵王、晋厉公生弑于位，不仁之所致也。"与先秦儒家王霸观不同，董仲舒认为历史事实证明"霸王之道，皆本于仁"，如果不爱民国家就会灭亡。一次是在《春秋繁露·俞序》中，他从"仁爱论"出发，指出："昔者晋灵公杀膳宰以淑饮食，弹大夫以娱其意，非不厚自爱也；然而不得为淑人者，不爱人也。质于爱民，以下至于鸟兽昆虫莫不爱。不爱，奚足谓仁。仁者，爱人之名也。"这里，董仲舒强调君王既要自爱又要爱人、爱民，从而从特定角度张扬了孟子的仁政主张。

2.利民说

"爱民"必然导致"利民"。正如前述的荀子所讲："有社稷者而不能爱民，不能利民，而求民之亲爱己，不可得也。"[2]不仅如此，荀子还把爱民和利民辩证地结合起来，提出了"礼乐则修，分义则明，举错则时，爱利则形……无爱人之心，无利人之事，而日为乱人之道，百姓欢敖则从而执缚之，刑灼之，不和人心"[3]的思想。这说明，有爱人、爱民之心，必定有利人、利民之事。

"利民说"构成了儒家民说的重要组成部分，但历代儒家对其阐释并不多。《左传·文公十三年》也许最早涉及"利民"的为民思想，它有"利于民而

---

[1]《荀子·君道》。

[2]《荀子·君道》。

[3]《荀子·强国》。

不利于君""苟利于民,孤之利也。天生民而树之君,以利之也。民既利矣,孤必与焉"等"利民"言说。一如李存山所指出的,在迁都"利于民而不利于君"的情况下,邾文公仍然选择了迁都,这是因为他认识到"天生民而树之君",故此其职责就是为了"利民""养民"。[1]"利民"作为一个完整的概念,最早出自《商君书·去强》,其含义十分简单,即指"有利于民"或"为民谋利"。

孔子、孟子均没有用到"利民"概念,不过,孔子提出了"因民之所利而利之"这一影响深远的政治原则,[2]这正是许多学者认定的儒家"利民"思想的直接来源。荀子不但提出了"爱利""利人之事"等概念范式,还在《荀子·君道》中有一处用到了"利民"[3]概念;董仲舒在《春秋繁露·止雨》中也有一处用到了"利民"概念,他引用祝之的话说:"雨以太多,五谷不和,敬进肥牲,以请社灵,社灵幸为止雨,除民所苦,无使阴灭阳,阴灭阳,不顺于天,天意常在于利民,愿止雨,敢告。"这些,某种意义上弥补了早期儒家"利民说"的缺环。当然,最为重要的是,儒家众多民本思想展现了"利民"的思想特质。

3.顺民说

儒家强调按照顺民的合理性原则去用民。孔子认为驾驭千乘之国应当奉行三种为政之道,这就是"敬事而信,节用而爱人,使民以时"[4]。这表明,要为民、顺民,务必做好三件事:

(1)节用爱人

荀子明确地承继了孔子"节用爱人"的政治思想,并出于节用是人民富裕、国家富足的必要条件的考虑,多次强调统治者应节用裕民:"足国之道,节用裕民,而善藏其余"[5]"不知节用裕民则民贫,民贫则田瘠以秽,田瘠以秽则出实不丰,上虽好取侵夺,犹将寡获也"[6]。在这里,"节用"的直接目的被规定为不是守财而是为了民众——虽然最终目的是使为上者能够便利地获取财富。

---

[1] 李存山:《对中国文化民本思想的再认识》,载《孔子研究》2016年第6期。
[2] 《论语·尧曰》。
[3] 《荀子·君道》。
[4] 《论语·学而》。
[5] 《荀子·富国》。
[6] 《荀子·富国》。

（2）轻徭薄赋

儒家主张减少对百姓财富的征取，倡导减少对百姓劳力的使用。《礼记·檀弓下》中《苛政猛于虎》一文载，孔子批评国君苛刻的暴政如同吃人的猛虎，以此深刻揭露了苛政对民众的残害。论及仁政主张时，孟子同样强调执政者要做到轻徭薄赋：

> 地方百里而可以王。王如施仁政于民，省刑罚，薄税敛，深耕易耨；壮者以暇日修其孝悌忠信，入以事其父兄，出以事其长上，可使制梃以挞秦楚之坚甲利兵矣。彼夺其民时，使不得耕耨以养其父母，父母冻饿，兄弟妻子离散。彼陷溺其民，王往而征之，夫谁与王敌？故曰："仁者无敌。"[1]

之所以说"仁者无敌"，从正面上讲，在于君王能够施仁政于民，一方面注重孝悌忠信的道德教化；另一方面则是注重"省刑罚，薄税敛，深耕易耨"的经济生产，不至于祸害人——使民众处于"父母冻饿，兄弟妻子离散"的水深火热生活之中。孟子进一步指出："易其田畴，薄其税敛，民可使富也。"[2]虽然说让百姓种好田地、减轻他们的赋税就足以使百姓富足有点夸张，但这总归表达了孟子关注民众疾苦的仁者情怀，也体现了他对统治者关心民生的期待。

（3）使民以时

执政者要按照农时（时间节令）使用民力，以免劳民伤财。如同孔子一样，孟子也指出：

> 五母鸡，二母彘，无失其时，老者足以无失肉矣。[3]

> 食之以时，用之以礼，财不可胜用也。民非水火不生活，昏暮叩人之门户，求水火，无弗与者，至足矣。圣人治天下，使有菽粟如水火。菽粟如水火，而民焉有不仁者乎？[4]

> 不违农时，谷不可胜食也。[5]

> 五亩之宅，树之以桑，五十者可以衣帛矣；鸡豚狗彘之畜，无失其时，七十者可以食肉矣；百亩之田，勿夺其时，八口之家可以无饥矣；谨

---

[1]《孟子·梁惠王上》。
[2]《孟子·尽心上》。
[3]《孟子·尽心上》。
[4]《孟子·尽心上》。
[5]《孟子·梁惠王上》。

庠序之教，申之以孝悌之义，颁白者不负戴于道路矣。老者衣帛食肉，黎民不饥不寒，然而不王者，未之有也。

在孟子看来，只要不夺农时，让老百姓安心生产，就必然会使物质富足，人民富裕，社会风气良好；圣人治理天下，能够确保民众满足日常所需，从而使之归仁；只要实施"无失其时""勿夺其时"的仁政，就可以使黎民百姓衣食无忧，就可以称王。

荀子倡导"以政裕民"，而在他看来"罕兴力役，无夺农时"正是完成这种责任的基本条件之一："轻田野之税，平关市之征，省商贾之数，罕兴力役，无夺农时，如是则国富矣，夫是之谓以政裕民。"[1]虽然国富不一定民强、民富，但它毕竟为民富创造了条件，因而荀子讲的"以政裕民"还是具有极大的合理性。

4.安民说

既然民为邦本，那么民安则国安，要完成安邦定国的政治使命，就不能不致力于以其仁爱之心去安民，使百姓安居乐业。早在《尚书·皋陶谟》中，就记载舜、禹、皋陶等在讨论如何能够治国安邦问题时，皋陶讲："在知人，在安人。"而禹说："知人则哲，能官人；安人则惠，黎民怀之。"

孔子继承了《尚书》尤其是《左传》等古籍中的安人、安民、利民的传统，从不同层面阐述了为民问题：

(1)君子应当安人

当与弟子子路讨论君子的人格修养时，孔子不仅提出了"修己以敬"的行为格准，还指明了君子必须有志于"修己以安人"和"修己以安百姓"。[2]无疑，人包括百姓，可百姓是相对于官员的下层民众。君子必须有德，但不一定有位。当有德无位时，就应该修己安人；而当有德有位时，就应该安百姓，这是做一个良官的基本职责。

(2)尊老爱幼

与子路"愿车马，衣轻裘，与朋友共，敝之而无憾"的志向不同，与颜渊"愿无伐善，无施劳"（不自我夸耀、不推卸）的愿望相区别，孔子所表露的社会理想是使"老者安之，朋友信之，少者怀之"[3]。自古以来，老者年迈体

---

[1]《荀子·富国》。
[2]《论语·宪问》。
[3]《论语·公冶长》。

衰,属于弱势群体,更需要社会的关怀、照顾。让年老的安心(安度晚年)、让朋友信任和让年轻的得到关怀(另一解为少者怀我),这三者充分表达了孔子尊老爱幼的仁者胸怀,它们既可以作为普通人的人生志向和修养目标,也可以作为统治者施行仁政的基本要求。

(3)"不患贫而患不安"

季孙氏把持朝政,担忧鲁国的附庸国颛臾助鲁君而意图兼并,孔子弟子冉有和季路作为季孙氏的家臣打算协助。孔子认为应该责备两位犯了过错,并引用上古史官周任的话教育他们说能施展才能就担任那职位,不能胜任就该辞去;针对冉有担心颛臾城墙坚固且靠近季孙氏的封地,如果现在不夺取,后世一定会成为子孙们的忧虑,孔子指出:"闻有国有家者,不患寡而患不均,不患贫而患不安,盖均无贫,和无寡,安无倾。夫如是,故远人不服,则修文德以来之。既来之,则安之。"[1]由此表达了"不患贫而患不安"的忧患意识。

由此可见,孔子主张治理国家应当注重财富分配公平合理、上下各安其位,应当注重对外国人修治文教德政以使之归服、安定。且不论"不患贫"是否可取,可以肯定的是,正是出于"不患贫而患不安"的强烈忧患意识,孔子实际阐明了为政者的重要职责就是做到财富公平分配,使百姓各安其位,且加强对域外人的道德教化、文化治理。

孟子同样重视安民,他所推崇的王道政治就是要求君王切实承担起使"黎民不饥不寒"[2]的政治使命,并极力倡导"老吾老以及人之老;幼吾幼以及人之幼"[3]的推恩说。在与齐宣王论及应当怎样"好勇"时,孟子推崇文王、武王那种"一怒而安天下之民"的气概和担当,[4]表现出"王如用予,则岂徒齐民安,天下之民举安"[5]的气概和自信。

尤为可贵的是,孟子在评价齐人伐燕这一事件时强调应当根据民众的喜悦程度做出判断,从而表达了悦民的追求:"取之而燕民悦,则取之。古之人有行之者,武王是也。取之而燕民不悦,则勿取。"[6]如果"燕虐其民",那

---

[1] 《论语·季氏》。
[2] 《孟子·梁惠王上》。
[3] 《孟子·梁惠王上》。
[4] 《孟子·梁惠王上》。
[5] 《孟子·公孙丑下》。
[6] 《孟子·梁惠王上》。

么王往而征之,则"民以为将拯己于水火之中也,箪食壶浆,以迎王师"[1]。但若"杀其父兄,系累其子弟,毁其宗庙,迁其重器"[2],就是以强欺弱,就不可。

四、实践主义层面的儒家民说

儒家从治民角度阐述的"新民说""保民说""养民说""富民说""教民说""化民说",其中的"新民说"笔者已在《儒家责任伦理考释》[3]一文中有所涉猎,这里无须赘述;至于"保民说",笔者也做了探讨[4];"化民说"虽然与"教民说"侧重点不同,但二者本质上相通,因而对它不予置评,这里主要从社会儒学维度分析儒家的"养民说""富民说""教民说"。

1.养民说

儒家承继了《尚书》"德惟善政,政在养民"的治国传统,提出了一系列养民责任主张。必须指出,在儒家文献中,养的内涵有抚育、供给、养育、教育、训练、滋补、修补、保护和休息,养的形态有赡养、抚养、休养、营养、培养、教养、养精蓄锐,就对象来说有养病、养身、养心、养性、养生等,因而不能像有些注家那样把儒家所说的"养民"单纯理解为君主、官吏对民众进行物质上的供养、养育,虽然儒家之"养民"主要指向物质养民,但也包含精神养民和其他社会养民。

孟子虽然没有使用"养民"概念,但他提出了为民父母者必须切实使民众能够"得以养其父母"。荀子十分重视"养",《荀子》通篇"养"的用例达107项。身处生产力较为不发达的农业社会,古典儒家往往把"养民"视为各级官员普遍性的、基础性的政治责任从不同层面加以凸显出来,正如徐复观所言:"养民以保障人民的生存权,在荀子的政治思想中一样是人君所负的最大最基本的责任。"[5]

---

[1] 《孟子·梁惠王上》。
[2] 《孟子·梁惠王上》。
[3] 涂可国:《儒家责任伦理考释》,载《哲学研究》2017年第12期。
[4] 涂可国:《儒家德治思想深层义理结构》,载黄玉顺主编:《儒林》,山东大学出版社2018年版。
[5] 徐复观:《荀子政治思想的解释》,载《学术与政治之间》,华东师范大学出版社2009年版,第84页。

(1) 养民也惠

孔子不仅如上所述强调"使民以时",还对子产的养民、惠民为政之道大加赞赏,认为子产为政"有君子之道四焉:其行己也恭,其事上也敬,其养民也惠,其使民也义"[1]。在孔子看来,子产为政之道的可赞许之处就是他教养人民施以恩惠,按照道义原则去使用百姓。

(2) 使民众"养生丧死无憾"

孟子云:"养生丧死无憾,王道之始也。"[2]他把"养生丧死无憾"的民生问题视为王道政治的出发点。据此,孟子要求统治者不违农时、斧斤以时以使"民养生丧死无憾"。他出于古圣崇拜的情结,基于"天下之生久矣,一治一乱"的历史大势,指出,由于民居无定所,大舜派大禹治水;而后来,由于"尧舜既没,圣人之道衰,暴君代作,坏宫室以为污池,民无所安息,弃田以为园囿,使民不得衣食,邪说暴行又作,园囿污池,沛泽多而禽兽至,及纣之身,天下又大乱",于是,"周公相武王,诛纣伐奄"[3]。

(3) 使民有恒产(制民以产)

在回答滕文公问为国之道问题时,孟子之所以提出"民事不可缓"的责任戒律,是基于"民之为道也,有恒产者有恒心,无恒产者无恒心。苟无恒心,放辟邪侈,无不为己"[4]的考虑。为此,他主张给予老百姓固定财产:"明君制民之产,必使仰足以事父母,俯足以畜妻子,乐岁终身饱,凶年免于死亡。然后驱而之善,故民之从之也轻。"[5]此外,孟子认为要养民还要取民有节制:"贤君必恭俭礼下,取于民有制。"[6]

(4) "垂事养民"

《荀子》十分重视"养",尽管只有两处直接使用"养民"范畴,即"垂事养民"[7]和"不富无以养民情"[8],但通篇"养"的用例达107项。如上所言,荀子所用的"养"不单是一些学者理解的那么简单,仿佛仅指养育、赡养、抚

---

[1]《论语·公冶长》。
[2]《孟子·梁惠王上》。
[3]《孟子·滕文公下》。
[4]《孟子·滕文公上》。
[5]《孟子·梁惠王上》。
[6]《孟子·滕文公上》。
[7]《荀子·富国》。
[8]《荀子·大略》。

养、养家之类的物质化事项,还包括教育、训练、培养、教养等意蕴的养心、养性、养生、养身、养德等。他言及的"养民"从工具理性上主要指"以礼养民",[1]从价值理性上是调节人的欲望(荀子所说的"养人之欲"并非满足民众欲望而是调养人的欲望),其中蕴含着丰富的道德养民和精神养民。

荀子不仅强调君王应当遵循的法则,就是必须"等赋政事,财万物""以养万民"[2],还在论及知虑、仁厚、德音之治时,指明君主必须注重百姓的养知、养厚和养德:"百姓诚赖其知也,故相率而为之劳苦以务佚之,以养其知也;诚美其厚也,故为之出死断亡以覆救之,以养其厚也;诚美其德也,故为之雕琢、刻镂、黼黻、文章以藩饰之,以养其德也。"[3]

2.富民说

作为"富"的对象性内容,儒家民说包含"富国"和"富民"。富民是儒家以民为本思想的重要内容,也是社会儒学提倡的治国理政的重要体现方式。孔子在回答子贡问如何从政时说不仅提出"足食,足兵,民信之矣"的政治使命,还认为对民要"富之"和"教之",[4]反对对百姓横征暴敛。如前所言,孟子认为"易其田畴,薄其税敛,民可使富也"[5]。

荀子特别重视富国,与之相关,他也多处论及统治者(君王)要致力于利民、裕民、富民。在《王制》篇中,他使用了"王者富民"的论断——虽然这是《荀子》唯一一次使用"富民"范畴。在《富国篇》中,从"不富无以养民情,不教无以理民性"[6]的道理出发,荀子反复论述了节用裕民对于强国的意义:

> 足国之道:节用裕民,而善臧其余。节用以礼,裕民以政。彼裕民,

---

[1] 一般学者认为,"养"和"别"属于礼的不同作用,陈大齐就区分了礼的三种作用:分、养和节。邓小虎指出,"养"和"别"并非相对独立的两种作用,而实际上是同一种作用的两种描述,也就是说,"养"和"别"其实只是礼的作用的不同侧重点,"养"固然需要在"别"的规范之下进行,而"别"之所以可能也必然仰赖于"养"的不同措置(参见邓小虎:《荀子思想中的"养"与"别"》,载涂可国、刘廷善主编:《荀子思想研究》,山东人民出版社 2015 年版)。笔者认为,荀子所说的礼的"分"就是"别",而"养",一是"节",二是"教",教养一体,所谓"养民"就是"教民",因而其礼的功能作用主要体现为"养"和"别";而在荀子那里,礼的"别"的功能又主要体现在两个方面:一方面是与"养"相联系的"别",另一方面是与社会身份相联系的"别"。

[2] 《荀子·王制》。
[3] 《荀子·富国》。
[4] 《论语·颜渊》。
[5] 《孟子·尽心上》。
[6] 《荀子·大略》。

故多余。裕民则民富,民富则田肥以易,田肥以易则出实百倍。……故知节用裕民,则必有仁圣贤良之名,而且有富厚丘山之积矣。此无他故焉,生于节用裕民也。不知节用裕民则民贫,民贫则田瘠以秽,田瘠以秽则出实不半;上虽好取侵夺,犹将寡获也。而或以无礼节用之,则必有贪利纠譑之名,而且有空虚穷乏之实矣。此无他故焉,不知节用裕民也。[1]

如果说"节用"是为政者所要恪守的消极责任的话,那么,"裕民"就是一种为政者所要尽到的积极责任。这一长段话一共出现了五次"节用裕民",荀子先是正面指明了裕民可以使民富,节用裕民必有仁圣贤良之名,然后从反面讲述了如果不采用节用裕民的策略,就会带来民众贫穷、侵夺寡获和空虚穷乏的后果,从而表明荀子旨在提示统治者要达到富国强兵的目标就必须尽到节用裕民的责任。

3.教民说

虽然儒家所说的教民内涵广泛,包括多种多样的社会教化内容和形式,但主导的还是精神教化尤其是道德教化。由于教化可以使统治者的价值观、道德观内化为被统治者的自觉意识,有利于国家的治理,因此,历代儒家十分重视统治者对民众的教化责任伦理。萧公权认为孔子教民重于养民,孟子养民重于教民。[2]无论孔孟抑或荀子,尽管讲先富后教、先养后教,却没有在富与教、养与教之间做出地位和价值的轻重之分,而总体上坚持养民与教民并重。

孔子十分重视教民,认为如果不对老百姓进行作战训练,就等于抛弃他们:"以不教民战,是谓弃之。"[3]他还进一步阐述了如何教民问题。在同弟子冉有对话中孔子指出,既庶又富后,应"教之"[4]。孔子"富而后教"思想只不过讲的是先富民后教民的顺序,并非重富民轻教民。在回答子张问如何从政时,他明确指出必须"尊五美,屏四恶",并把"不教而杀"当作"四恶"之一加以抨击。[5]孔子教民思想的最大特色就是以德教民,他不但提出了用庄敬、孝慈、忠善教民的理念,还提倡君子的道德示范教育:"君子笃于亲,

---

[1]《荀子·富国》。
[2] 萧公权:《中国政治思想史》(一),辽宁教育出版社1998年版。
[3]《论语·子路》。
[4]《论语·子路》。
[5]《论语·尧曰》。

则民兴于仁,故旧不遗,则民不偷。"[1]"子欲善,而民善矣。"[2]"上好礼,则民莫敢不敬;上好义,则民莫敢不服;上好信,则民莫敢不用情。"[3];同时强调,为政必须"正名",只有这样才不至于使"民无所措手足"[4]。

孟子承接孔子"富而后教"思想,提出"富而教之"论断,认为"善政,不如善教之得民也。善政民畏之,善教民爱之;善政得民财,善教得民心"[5]。他从人与动物本质区别的角度指出,古圣先贤由于忧国忧民,所以大舜命契为司徒,教育人民遵循"父子有亲,君臣有义,夫妇有别,长幼有序,朋友有信"[6]五伦。孟子进一步强调,如果设置学校进行教化以明人伦,并加以大力推行,就可以使国家气象一新。[7]

如同孔孟一样,荀子并没有像东方朔认定的那样在富民、养民与教民之间做出高低、轻重之分而重养民轻教民,[8]何况他大量言谈的"养民"许多指向的正是"教民",是讲对民众的教育、训练、培养、教养等,也就是"养民情""养民性""养民心""养民德"等,可谓教养一体。荀子非常重视"教",虽然没有发明"教民"范畴,可"教"字的用例达52项。就明言的直接谈论"教民"的民说而言,其要义主要有三点:一是他尽管更多强调"平政爱民"应"学而致富",不过,他也明确称赞尧舜是"天下之善教化者",[9]并肯定了孔子对"不教而诛"的摒弃,而认为"不教而诛,则刑繁而邪不胜;教而不诛,则奸民不惩"[10]。二是同样从"不富无以养民情,不教无以理民性"[11]的民说出发,他强调把"富民"与"教民"有机结合起来:"故家五亩宅,百亩田,务其业,而勿夺其时,所以富之也。立大学,设庠序,修六礼,明七教,所以道之也。"[12]三是他反复强调教化,提出了"劝教化""广教化""本政教"等概念范

---

[1]《论语·泰伯》。
[2]《论语·颜渊》。
[3]《论语·颜渊》。
[4]《论语·子路》。
[5]《孟子·尽心上》。
[6]《孟子·滕文公上》。
[7]《孟子·滕文公上》。
[8] 东方朔:《差等秩序与公道世界》,上海人民出版社2016年版,第23～41页。
[9]《荀子·正论》。
[10]《荀子·富国》。
[11]《荀子·大略》。
[12]《荀子·大略》。

式,而在阐述治国之道时,他更是把"养百姓"当作实现治国平天下责任的重要举措:"案然修仁义,伉隆高,正法则,选贤良,养百姓,为是之日,而名声剸天下之美矣。"[1]要知道,这里的"养百姓"正是"教百姓"。

以上笔者立足于社会儒学,分别从民本主义、人文主义和实践主义三个维度阐述了儒家民说,它表明,儒家民说是中国传统文化中极为重要的社会哲学、政治哲学和为政之道,它不仅可以为提高当代中国治理能力、完善现代化治理体系提供宝贵的政治智慧,是培育践行"以人民为中心"主流价值观的精神资源,还可以为新时代正确处理干部与群众、国家与人民之间的关系,构建健全的、理想的人格,塑造一代新民、新人提供有益的启示和借鉴。

---

[1]《荀子·王制》。

社会儒学的形而上学基础

张新国*

摘要：以发展着的现代性为基准,实现传统儒学的创造性转化,是阐扬儒学时代价值的必由之路。随着现代生活世界的展开,传统儒学家国关怀的思维结构存在的弊端逐渐凸显出来。社会儒学以其理论的卓越性越发显示出蓬勃的理论生命力,成为当代儒学发展新动向。社会儒学是儒家传统哲学与现代自由主义视域融合的成果。从思想机制的基本元素考量,自由主义的个体主义与儒家本体论的性善说的接榫,可以为社会儒学何以可能提供形而上学基础。这种仁学的个体主义不仅可以为社会儒学涵容私德与公德提供精神支点,也可以将社会儒学从安排人性拓展到调适物性的理论新境。

关键词：社会儒学;个体主义;形而上学基础;仁学

在传统儒学中,应当说,唐末以前的儒学主要注重从国家和制度层面论述儒学,其后的宋明理学则主要侧重从天理和心性维度阐扬儒学。近代以来,随着社会结构的巨变和中西方政治、道德文化的对撞与融通,儒学发展在与多元文化思潮对话的过程中也呈现了多元发展趋势,如政治儒学、心性儒学、制度儒学、文化儒学、生活儒学等。这于实现传统儒学的创造性转化均有一定的理论创获。而从当代中国思想的基本格局来看,即从马克思主义、以儒学为代表的传统主义和现代西方自由主义三分互动格局来看,社会儒学以其能够更好地处理个人美德与社会公共空间,而可视为具有广阔发展前景的理论思潮。

---

* 作者系南昌大学江右哲学研究中心讲师,哲学博士。该文是国家社会科学基金青年项目"永嘉朱子学研究"(18CZX003);江西省高校人文社会科学重点研究基地、江西高校哲学社会科学高水平创新团队研究项目"陈埴哲学研究"(JD17105)。本文发表于《江汉论坛》2018年第9期。

一、社会儒学何以可能的条件

近年来,学界逐渐展开对社会儒学理论资源的整理和社会儒学思潮的营建。就其实质来看,这是现代自由主义与儒家传统哲学融合的新动态。这可视为现代新儒学对自由主义回应的"第三种"立场,即"站在超越儒家和自由主义的立场,从一个更高的视野下调和儒家和自由主义,使二者能够融为一体。从儒学的立场上看它是儒学的,而从自由主义的立场上看它也是自由主义的。这就是儒学和自由主义的双向融合"[1]。如果这一"双向融合"是成功的,那么首要的是回答儒学和自由主义各自的什么精神元素可以和应当融合,以及这两种精神元素融合的结果是什么。而这也从整体上构成社会儒学何以可能的条件。

质言之,我们认为,社会儒学的形而上学基础在于"仁学视域中的个体主义"或曰"仁学的个体主义"。余英时先生在考察中国传统历史的基础上,认为中国旧有的封建政体结构解体以后,儒学沦为无所依附的"游魂"。李泽厚先生则认为儒学旧的存在形态虽然发生了变化,但依然作为超稳定的文化心理结构积淀于中国人的心灵深处。后者即实质上成为后来学界儒学灵根再植说的理论基础。例如谢晓东教授即认为"儒学对中国人的思维与行为模式都还具有很大的影响"。[2]应当说,作为国家制度层面的儒学虽已不复存在,但儒学在民间社会的现实生活实践中仍然作为一股不可小觑的潜流存续着。这一潜流如果说主要是历史的,即实践生成的,那么对于儒学的经院式研究就主要是哲学即反思建构的。要之,只有实现二者的结合,即将学界的学理建构与民间儒学的日用践行结合起来,才能真正为儒学的"游魂"找到坚实的依归。准此观之,知识界社会儒学研究的开展就主要在于刺激、点醒社会实存层面的文化心灵,这一"刺激"的过程也是社会儒学通过社会儒学资源整合与引导的证立过程。这可以说在一定程度上构成了社会儒学的主体心理条件。

越来越多的学者认识到,"多元文化结构具有更大的弹性与生命力""多

---

[1] 谢晓东:《现代新儒学与自由主义——徐复观殷海光政治哲学比较研究》,东方出版社2008年版,第272页。

[2] 谢晓东:《"社会儒学"何以可能》,载《哲学动态》2010年第10期。

元文化结构扩大了人们的选择面,促进了人的自主性"[1]。在一定程度上,也可以主张"只要中国存在着多元文化结构,作为一种心灵积淀普遍存在于中国人心中的儒学就会在这个结构中占据重要地位"[2]。但需要具体分梳时下多元文化环境与社会儒学发展必然性之间的逻辑关联。多元文化本身虽然能够为儒学实现综合创新带来环境刺激,但同时也可能挤压儒学的存在空间,儒学是否能崭露头角取决于儒学本身的思想生命力,而这一生命力,不能单独依凭已显苍白无力所谓文化心理结构。应当说,李泽厚先生所讲的文化心理结构还主要是就"君子以为文"的所谓"大传统"中砥砺、塑造出来的文化效果而言,而处于"百姓以为神"的所谓"小传统"中的人,这种文化心理结构往往显得鞭长莫及,其被动性和惰性比较强。社会"大变局"之后,善变的不是这个小传统中的人,反而是社会精英阶层、知识阶层。儒学治理下的传统中国比较缺乏在国之外安排经济等事务的非政治领域,即社会领域。由于国情不同,在一个多元的现代社会,让每个公民自己去选择好的生活的社会环境还在生成中。这在一定程度上可以证成社会儒学作为儒学发展新形态的"未来性"。

有了社会儒学生成的主体心理基础以及社会文化环境元素,学者对于社会儒学何以可能的关键条件是民主制度的保护还是儒家中国民众内在德行的提升认识不一。谢晓东教授指出:

> 政治儒学的观点是不现实的。但是,如果儒学收缩自己的领域,承认自己在政治领域的局限从而转向到社会领域,这样反而可以获得更大的发展空间。换句话说,儒学应当有所为有所不为。而儒学作为多元文化结构中的组成部分,民主制度也会一视同仁地保护和促进其发展。而在民主制度尚未稳固地确立的地方,社会儒学的前景将会是令人怀疑的。也就是说,只有在民主制度稳定地建立起来的时候,社会儒学才是可能的。[3]

儒学的致命困境在于思想理论向政治制度转化的难产,儒家的"王道政治"难以摆脱朝代更迭的历史怪圈,不能实现儒家预期的长治久安。儒学在制度层面的资源已相当有限。但是需要注意的是:社会儒学一部分功能就

---

[1] 谢晓东:《"社会儒学"何以可能》,载《哲学动态》2010年第10期。
[2] 谢晓东:《"社会儒学"何以可能》,载《哲学动态》2010年第10期。
[3] 谢晓东:《"社会儒学"何以可能》,载《哲学动态》2010年第10期。

是要渐变式地培植民主制度的发展,可以说社会儒学是民主制度的发生学基础。借用康德讲自由与道德法则之间关系的阐释模式,社会儒学是民主制度的存在论基础,而民主制度则是社会儒学的认识论基础。"在民主制度稳定地建立起来的时候",是社会儒学主要使命完成的时候。这一思维可能与现代新儒家将西方民主与科学抬举到"第一等事"有关。相反,社会儒学以其非政治性和鲜明的教化性,可以参与到民主制度基础培育的历史进程中。关键是理解这一参与方式是人的教化与培养,这一人的培养又可以儒学视域中的"个体主义"为目标。格里德在论述胡适自由主义思想时也说:

> 自由主义之所以失败,是因为中国那时正处在混乱当中,而自由主义所需要的是秩序。自由主义的失败是因为,自由主义所假定应当存在的共同价值标准在中国却不存在,而自由主义又不能提供任何可以产生这类价值准则的手段。[1]

这里的讨论基于一种前提:个体主义(个人主义)[2]是自由主义的本质和第一要义。应当说,格里德这里所说"自由主义所需要的秩序"包含谢教授所讲作为社会儒学存在前提的民主政治。这样来看,其给予"秩序"的优先性与我们将民主政治作为社会儒学的前提逻辑是一致的。格里德实际上主张,中国自由主义者失败的根源在于自由主义本身不能提供任何产生自由主义存在所需要的政治法则。如果这一观点是成立的,那么要么他所说的自由主义——以个体主义为首要元素——主要是一种社会制度而非哲学基础观念,要么主要是在消极自由的维度论述自由主义,没有认识到基于个体自律、自治的积极的个人主义、自由主义。相应地,既然主张社会儒学是儒学收缩自己的领域从而转向到社会领域,并可以获得更大的发展空间,那么应当承认这个"社会领域"本身具有内生性而非依赖性的儒学发展的催生动能,并且,这一动能同时是儒学的、仁学的。相反,如果承认没有民主政治做前提,社会儒学就没有存在的可能,似乎低估了儒学的生命力,也无从彰显所谓"社会儒学"应有的价值。

---

[1] [美]J.B.格里德:《胡适与中国的文艺复兴》,江苏人民出版社1989年版,第377页。

[2] 个人主义是个体主义的一种形式,个体主义是个人主义的本质,正如李强说:"个人主义的核心是本体论的个人主义。"(李强:《自由主义》,吉林出版集团有限责任公司2007年版,第149页)。

二、仁学视域中的个体主义诠释

余英时曾指出"个体主义"和"集体主义"是中国现代思想史上的两个循环,并指出"以原始的教义而言,儒家可以说是择中而处,即居于集体与个体的两极之间。从消极方面说,儒家既反对极端的集体主义,也排斥极端的个体主义"[1]。余先生主要从西方文化中的"个体主义"与"集体主义"来研判原始儒学的内在精神,也主要是一种外在的检证。而如果说儒学中存在非极端的个人主义的话,这种个体主义应该如何正面加以描述呢?

陈来认为:"要用动态和发展的观点理解'儒家'……他们大都批判地肯定工业文明、民主政治、科学发展、现代化社会组织,并广泛吸收现代价值观;但在基本道德价值、基本人生理念,及基本修身方法上,以及文化认同上,仍坚持肯定儒家的基本观念。"[2]"社会儒学"的"儒学"不一定一味关注于原始儒学,可以撷取宋明理学做资源。如果将考察的视域移向宋明理学的理—分殊的性理架构中,可能问题更容易得到解决,即基于宋明理学诠释出一种仁学视域中的个体主义。这种个体主义因其系于社会共同体中的个人,所以说更倾向于用来建构一种社会儒学。易言之,可以将仁学视域中的个体主义诠释为社会儒学的形而上学基础。以宋明理学观之,理—分殊可以做如下诠释:作为天地间万物之一例,每一个具体的人都包含人之为人的道理,这个理就是仁,如李侗曰:"仁只是理,初无彼此之辨。"[3]程朱理学从程子一直到朱子门人后学,均持此说。天地间统一性的理寓于包括人在内的万物之内。相对于"理一","分殊"的意义更加明确和重要。朱子孙婿赵师夏曰:

> 文公先生尝谓师夏曰:"……盖延平之言曰:'吾儒之学所以异于异端者,理一分殊也。理不患其不一,所难者分殊耳。'此其要也。"[4]

朱熹说在李侗看来,儒学之所以与佛老异端之学具有本质的不同,就在于在儒学观之,天地万物之理总而言之、统而言之的理寓于每一个具体的人

---

[1] 余英时:《现代儒学论》,上海人民出版社2010年版,第190页。
[2] 陈来:《梁启超的"私德"论及其儒学特质》,载《清华大学学报》(哲学社会科学版)2013年第1期。
[3] 朱熹:《朱子全书》,上海古籍出版社、安徽教育出版社2010年版,第328、354页。
[4] 朱熹:《朱子全书》,上海古籍出版社、安徽教育出版社2010年版,第354页。

与物。学者为学的关键不是对于总体之理的体认,而是对具体事物之中的理的准确把握。朱文公认为,这是李侗学问要旨。不仅如此,后来朱子的学问路数也逐渐倾向于穷格事物之理,应当说也直接得益于李侗的教导。另外,李侗所说的理其实质就是仁,仁即生生之理,仁之体的展开只能体现于个别的、具体的人和物。以此观之,儒家仁学视域中的个体就不仅是一种经验中的事物,而且是一种镶嵌于形而上学的思维方法。路易·迪蒙说:

> 当我们谈到"个体"时,我们同时指两个东西:我们身外的客体和一种价值。比较法迫使我们去分析和区分这两者:一方面是经验主体,它说话、思考,具有意志,即我们在一切社会里见到的人类的个体样本;另一方面是伦理生物,它独立自主,因此是非社会性的,它负载着我们的最高价值,首先存在于有关人和社会的现代意识形态中。从这个观点看,有两种社会。最高价值体现在个体中的,我称之为个体主义;相反,价值存在于整体社会的,我称之为整体主义。[1]

以往我们主要从整体主义、本质主义的视角来审视儒学的价值精神,这种视角因包含明显的批判性而不无创获,但这也主要是一种外在性的考察方法。我们认为,要成功实现儒学的现代转化,必须以一种内在性的视域体察儒学精神价值。应当说,以往外在性的考察方法是"批判地超越"[2]有余,而"同情地理解"不足,而"同情地理解"不足也会直接导致"批判地超越"的不能实现。而从"个体"进至"个体主义",也旨在凸显儒家仁学对于注重考察个体的重要主张。而之所以说这种"个体主义"是仁学的、儒学的,也主要为了彰显这种个体主义与现代西方哲学中绝对化的个体主义的本质区别。可以说,仁学个体主义的"个体"是共同体中的个体,是文化社会学的个体,其个体均具有"社会"的家族相似性。

李泽厚评述新文化运动时说:

> 扔弃传统(以儒学为代表的旧文化旧道德)、打碎偶像(孔子)、全盘西化、民主启蒙,都仍然是为了使中国富强起来,使中国社会进步起来,使中国不再受外国列强的欺侮压迫,使广大人民生活得更好一些……所有这些就并不是为了争个人的"天赋权利"——纯然个体主义的自

---

[1] [法]路易·迪蒙:《论个体主义——人类学视野中的现代意识形态》,桂裕芳译,译林出版社2014年版,第22页。

[2] 方克立:《现代新儒学研究的自我回省——敬答诸位批评者》,载《南开学报》1993年第2期。

由、独立、平等。所以,当把这种本来建立在个体主义基础上的西方文化介绍输入,以抨击传统打倒孔子时,却不自觉地遇上自己本来就有的上述集体主义的意识和无意识,遇上了这种仍然异常关怀国事民瘼的社会政治的意识和无意识传统。[1]

这正是李氏"启蒙与救亡的双重变奏"的思维。实际上,他认为,中国自由主义者最初想要以源于西方的个体主义来摧毁中国传统中——主要是儒家的——整体主义,而其引进西方个体主义失败的根本症结在于这些中国自由主义者头脑中源于国族救亡的整体主义——一种文化的整体主义无法打碎传统中的整体主义。后者即源于国族救亡的整体主义就包含李氏提出的积淀在中国人心中的稳定的文化心理结构。实际上,应当说,新文化运动中的中国自由主义者以及李泽厚本人所指认的所谓儒家的"整体主义"只是一种错会的文化镜像,即无论是先秦原始儒学对于政治大一统的推许,还是宋明新儒学对于天理统一性的承诺,无论在本体还是工夫层面,都包含着对于个体价值的重视,从实际的儒学史上来看,相对于超越的整体性的天道、天理,个体往往被赋予更为重要的位置。所以说,将之表述为一种仁学的个体主义也是合理的。正是个人的而非抽象天道、天理的抉择与行动,成为新的社会培育的渊薮。李强说:"充满悖论意味的是,恰恰由于强调道德是个人的选择,个人主义往往更倾向于孕育社会的道德感。"[2]在积极自由的观念中,其社会向善说正是源于个体的美德及其实践。马塞多认为:

> 从自由主义的政治角度去考察人类事务,就是从一种道德视角去考察。自由主义正义要求我们尊重所有人的权利。在政治身份中,自由主义公民认为他人尽管与自己有着千万种差异,但在本质上,或者在某个决定性方面,与自己是一样的。因此,自由主义政治代表的是一种非个人的视角。从某种意义上说,这种视角要求我们能够推己及人,包括那些在几乎所有的根本志向方面都与我们不同的人。平等的自由主义尊重孕育了人与人的相互尊重。[3]

马多塞认为,积极的自由主义考察政治的方式实际上是从道德的视角去审视。他所说的在自由主义公民各种差异之外,"在本质上,或者在某个

---

[1] 李泽厚:《中国现代思想史论》,生活·读书·新知三联书店2008年版,第6页。
[2] 李强:《自由主义》,吉林出版集团有限责任公司2007年版,第164页。
[3] [美]斯蒂芬·马塞多:《自由主义美德》,马万利译,译林出版社2012年版,第252页。

决定性方面,与自己是一样的"东西是什么呢?应当说,是一种类似内在性的美德。以儒家观之,这种贯通于自由主义者的本质上或曰某个决定性方面相同的东西,可以"仁"来理解。应当说,这也是儒学与自由主义接榫之处之一。相反,以现代视域观之,绝对性的个人主义不唯不能孕育社会所需要的美德与幸福,从根本上讲其存在是不可持续的。李泽厚在一次与刘再复就"个人主义在中国的浮沉"问题的谈话中说:

> 恰恰是那种原子式的个人主义,假个人主义。也就是说,那种绝对孤立的原子式的个人是不存在的。在社会上存在的每一个个人都是与他人共生共在,因此,真正的个人主义,不仅尊重自我这一个体,也尊重社会的其他个体。[1]

这里,在李泽厚看来,真正的个人主义,不仅因为其自身包含仁道、具有美德从而是儒学的,也因具有关怀他人、关怀社会发展而属于社会的,从而,这样的个人主义实质上就可谓一种仁学的个人主义。李明辉在论及以自由主义政治哲学解读儒家学说时说:

> 传统儒学在伦理学的基础和自我观方面与自由主义有可以接榫之处,而在个人与群体的关系及对传统的态度方面又与社群主义同调。个人主义着重个人对社会和历史的超越性,社群主义则强调自我之形成必须内在于社会与历史的脉络;双方似乎都将"超越"与"内在"对立起来。儒家"内在超越"的思想特色为自由主义与社群主义争论提出了一个可能的化解之道:或许双方的争执是一种可以化解的"背反",而非无法调停的"矛盾"。[2]

与19世纪末20世纪初期学者——无论是自由主义者还是儒家传统主义者——相比,当代越来越多的学者认识到应当对自由主义和儒家精神价值进行重估和再审视。自由主义越来越多地被理解和诠释为一种以具有美德的积极的个体的自由主义,儒家仁学也不再一味被理解和诠释为一种整体主义和本质主义,而被把握为一种注重个体主义和基于个人美德且持社会向善论的文化模式。可见,一种可被把握为"仁学的个体主义"的观念呼之欲出,将之作为"社会儒学"的形而上学基础具有比较充分的合理性。

---

[1] 李泽厚:《李泽厚对话集——与刘再复对谈》,中华书局2014年版,第36页。
[2] 李明辉:《儒家视野下的政治思想》,北京大学出版社2005年版,第157页。

三、仁学个体主义的理论实质

表面上来看，儒学的社会学与其形而上学性呈现的是对立的关系，即一个面向流变中的现实社会实践和社会生活，一个则面向恒定的精神基础，而实质上，作为一个现代哲学观念，社会儒学包含社会性与形而上学性。这本身也是对作为哲学概念的社会儒学的证成。社会儒学的社会性与形而上学性是一个观念的两个层面，一个即社会性构成此思潮的"用"，一个即形而上学性构成其"体"，社会儒学的体与用本不相离。而在思想的位阶上，一种思潮的形而上学性越是展开得充分，则其社会性越是落实得具体。

1. 仁学个体主义是一种形而上学

以仁学的个体主义为社会儒学这一哲学观念奠基，首先需要回答这样一个问题：仁学的个体主义是否是一种形而上学？

康德在阐释道德形而上学时认为：

> 一切哲学，就其依据的是经验的根据而言，人们都可以把它们称为经验性的哲学，而把仅仅从先天原则出发阐明其学说的哲学称为纯粹的哲学。后者如果纯然是形式的，就叫作逻辑学；但如果它被限制在一定的知性对象上，就叫作形而上学。以这样的方式，就产生出一种双重的形而上学，亦即一种自然形而上学和一种道德形而上学的理念。[1]

康德依据观念内涵的来源，将哲学划分为"经验性的哲学"与"纯粹的哲学"，进而又将仅从先天原则出发阐明其意义的纯粹哲学，依照内涵的性质是属于纯粹形式的还是被系于一种特定的知性对象上，划分为逻辑学和形而上学。于此观之，应当说，形而上学指的就是仅仅从作为一种特定的知性对象的先天原则出发阐明其学说的纯粹哲学。康德认为，依照这样的方式产生了自然形而上学和道德形而上学。

按照康德这样一种思路考察仁学个体主义，不难发现，个体主义作为一种知性观念对象，不是就其依据的是一种经验的根据，而是仅仅出于这样一种先天的原则，即每一个个体的实在性是包括人类社会在内的共同体发生、发展的终极根源和依据。我们认为，这样一种理论证明了个体主义的形而

---

[1] [德]康德：《道德形而上学的奠基》，李秋零译，载李秋零主编：《康德著作全集》第4卷，中国人民大学出版社2013年版，第394页。

上学性。另外,儒学作为一种具有强烈入世精神的学问,关注的主要领域是人类社会。但儒学囿于其固有的"家国同构"理念,"社会"这一标志着现代公共空间的领域长期以来被家庭和邦国挤占。随着中国社会的现代化演进以及制度儒学的垮塌,儒学的现代转化要求其重思和重构家与国之间的领域。事实上,如果没有社会的良性发展,国家本身的合理性无疑将被打上问号。社会儒学的使命就在于,重新掘发儒学的社会性。这就要求儒学"淬厉其所本有而新之"与"采补其所本无而新之"[1]紧密结合在一起。作为儒学的核心的仁学是"其所本有"的,近代以来儒学与之交流、对撞的现代西方个体主义,正是传统儒学"其所本无"而应当采补吸取的,以其理论的特质,应当被视为中西道德与政治思想交融最卓有成效的理论体系。而这一个体主义正是现代西方以个人主义为核心意涵和理论基点的自由主义的理论基础。以往学界对于个人主义以及个体主义作为自由主义的基础并无异议,但对于个人主义以及个体主义作为自由主义之基础的属性留意不多,即既有研究尚缺乏交代个体主义之于自由主义到底是一种什么样的基础。我们认为,这种基础从来都不是一种纯然形式的,而是被赋予了比如自由、平等等文化色彩的。很显然,这种个体主义就可视为一种康德所诠释的纯粹先天原则所系的知性对象。

但是,社会儒学的发生发展需要的不仅仅是这样一种个体主义。作为儒学的一种时代新形态,社会儒学的儒学特质表现在接引个体主义的仁学上。仁学对个体主义的限定或者说仁学为个体主义输入的新世界观在于德行论或曰美德学说。这样看来,与自由主义对个体主义的限定不同。仁学的个体主义使得个体主义变成持有机世界观的体现者。值得注意的是,仁学个体主义的"仁学"元素不是伦理学层面的,而是本体论层面的。那么,在形而下层面即伦理学层面,则可以说,仁学的个体主义是对"公德"与"私德"的双重承诺。

2.仁学个体主义通过重构"道德"为社会儒学奠基

社会儒学总体上可以说是近代以来传统儒学与西方现代自由主义——二者又主要是仁学与个体主义——交流碰撞的成果之一。应当说,在实质上,仁学与自由主义的着眼点都是人的道德理性与实践智慧,都指向人的自我实现。但是,儒家仁学的自我实现注重的是自我内在道德修养的提升,而

---

[1] 梁启超:《梁启超全集》,北京出版社1999年版,第657、660、714页。

现代自由主义的个体主义的自我实现注重的则是自我存在价值的展现。社会儒学正是注意到儒学与自由主义之间的这一核心张力,才力图将二者加以结合。这样来看,仁学的个体主义是对社会道德的重构,而这一重构也是对于德之内外的重新审视。

这里的问题在于,仁学的个体主义对道德的重构何以可能?在此我们可以引入梁任公关于"私德"与"公德"的探讨。梁启超在其《论公德》中指出:

> 道德之本体一而已,但其发表于外,则公私之名立焉。人人独善其身者谓之私德,人人相善其群者谓之公德。二者皆人生不可缺之具也。无私德则不能立……;无公德则不能团……。吾中国道德之发达,不可谓不早。虽然,偏于私德,公德殆阙如。[1]

梁启超在此提出"道德之本体"概念,指的是道德的应然状态。这种"本体"思维是宋明理学惯用的,常用来指事物的本然状态。这是一种预设思维,既然有本然状态,就有相对的现实状态。故而梁启超将"道德之本体"与道德本体之"发表于外"作了对勘。他认为,人的道德本然的状态是没有差别的,但是道德本体体现于外,于是就有了所谓公德与私德之分别。他认为,从每一个人修养身心的角度可以称之为私德,从人们善待他人的角度又可以称之为公德。梁任公主张私德与公德都是人生命中不可缺少的,没有私德人就难以自立,这与儒家传统讲的"礼"的高度。而如果没有公德,人就不懂得群体生活中的团结互助,这与他经常提到的"群"是一个意思。梁启超说,中国传统道德文化较早就得以发达,尽管如此,他认为传统中国的道德观偏重于修身之私德,而忽略了公德。而在后来的《论私德》中,梁任公又说:

> 就泛言之,则德一而已,无所谓公私,就析义言之,则容有私德醇美,而公德尚多未完者,断无私德浊下,而公德可以袭取者。[2]

梁启超说,概括言之,道德本来没有公私之分。而分析来看,可能出现私德粹美而公德尚待开发的情况,但是却不可能出现私德恶劣而可偶得公德施展的情况。学界以往认为梁启超关于私德与公德的思想有比较大的变化,主要是说他先是强调公德说,后又改而强调私德说。这是一种视域。但

---

[1] 梁启超:《梁启超全集》,北京出版社1999年版,第660页。
[2] 梁启超:《梁启超全集》,北京出版社1999年版,第714页。

整体来看,我们认为,梁启超关于道德本体的思想没有实质上的变化,只是对于现实的认识使他对道德之"发表于外"者即私德与公德有不同的侧重。即在梁启超看来,如果说从道德析为私德与公德的话,那么无疑私德是公德的固有基础,所以培育人之私德是第一要务。公允地说,即便承认梁启超先后的道德理论是连贯的,但其内心对于传统儒学的道德观可以说是有一定保留的。时下社会儒学的开展在实质上也是对梁任公问题的回应,即通过将儒家仁学与现代西方自由主义的个人主义相结合,诠释出"儒学的个体主义"作为社会儒学观念的形而上学基础。质言之,社会儒学首先允诺仁学作为自身的基础,这相当于梁任公对于私德地位的贞定;同时,社会儒学以个体主义作为自己开出公共空间的助缘,这相当于梁任公对于公德作用的强调。以此观之,仁学的个体主义通过对道德的重构而为社会儒学奠定理论基础。

从其本质上讲,应当说社会儒学属于具体的形上学概念。相应地,社会儒学越是能够落实到当代中国的人心世道中去,越能证明其弥散在这一生成性的文化洪流中具有统摄性的道体之存在。社会儒学因具有这一仁学的道体即仁体,才能持守其内生性的思想动能,也才能够始终保证社会儒学的儒学特质。个体主义本身源于现代西方哲学,但用其指称一种实际上已然存在于儒家仁学史中的伦理和政治主体性,具有诠释的必要性和可行性。相应地,社会儒学就可以表述为:一种以仁学的个体主义为形而上学基础的、后共同体时代的、以市民社会为基本立足点的、以非政治化为基本特征的、以人伦日用为基本关注点并可充拓到宇宙万物的新儒学形态。这种基于仁学的个体主义是理—分殊观念模式分判下的理论结果,这种个体主义诠释的必要性是比较显然的,即一种儒学现代化转换的必要途径,而其可行性则在于:历史上的儒家仁学,尤其是宋明理学,总体上表现为仁体建构的过程,此仁体不是一种超绝的形而上的实体,而是体现于、展开于人与万物发生发展的个体化存有历程中。于此观之,社会儒学不唯是调整社会人际之间关系的精神元素,也因仁学本身的普遍性品格,天地间除了人之外的万物也属于社会儒学安排的对象。这样来看,这里"社会儒学"的"社会"概念空间又有了一定的拓展,即从调适人性拓展到安顿物性的理论新境。

论"儒学传统"与"传统儒学"

——社会儒学建构的先行视域

杨 虎[*]

摘要：汉语"传统"的名词义项包括"既有的事情"和"根本的事情"，后者可以体现在前者当中，前者并不全都属于后者。"儒学传统"不等同于"传统儒学"，前者着眼于儒学的共时性观念——儒学之为儒学的根本所在，集中显示为基础观念"仁"（仁爱领悟）与"内圣外王"（一般性地表达为形而上学为形而下学奠基）的一般性思想结构；后者着眼于儒学的历时性开展，是指前现代儒学历史形态。无论是"传统儒学"还是与之相对而言的"现代儒学"都体现了"儒学传统"，传统儒学不因其前现代性观念而丧失历史价值，现代儒学不因其现代性诉求便不再是儒学。在现代生活语境中，社会儒学或者其他儒学理论的建构，既要体现"儒学传统"，又要走出"传统儒学"，致思于儒学与社会的现代转型。

关键词：儒学传统；传统儒学；现代儒学；仁；内圣外王；社会儒学

近些年来，社会儒学成了儒学界关注的一个话题，就现有的讨论来说，几位学者论述的角度与层面各有不同。[1]毫无疑问，社会儒学的思考必须

---

[*] 作者系华侨大学哲学系讲师，哲学博士。本文的删节版以《论"儒学传统"与"传统儒学"》为题名刊发于《宁夏社会科学》2018年第6期。

[1] 李维武先生从儒家"礼"学的层面提出社会儒学的概念；谢晓东先生着重阐发作为一种现代儒学形态的社会儒学；韩星先生从儒学的日常化、社会化角度阐述社会儒学；涂可国先生认为儒学本质上就是社会儒学，并从思想内容、功能实现、存在形态三个方面加以论述。此外，黄玉顺先生虽然没有"社会儒学"的提法，但在"生活儒学"视域下考察了儒家的"社会"观念，指出荀子"群"即"社会"概念，认为群学就是儒家的社会哲学或一般社会理论，并对社会哲学的历史哲学根据和一般哲学原理做出了系统阐明。参见李维武：《儒学生存形态的历史形成与未来转化》，载《中国哲学史》2000年第4期；谢晓东：《"社会儒学"何以可能》，载《哲学动态》2010年第10期；韩星：《社会儒学的逻辑展开与现代转型》，载《东岳论丛》2015年第10期；涂可国：《社会儒学建构：当代儒学创新性发展的一种选择》，载《东岳论丛》2015年第10期；黄玉顺：《儒学的"社会"观念——荀子"群"学的解读》，载《中州学刊》2015年第11期。

社会儒学与儒学的多元开展

处理"社会儒学"(Confucianism on Society)与"儒学"的关系,它不外乎可能表现为共时性关系和历时性关系。本文着眼于儒学的共时性和历时性向度,提出"儒学传统"(Confucianism Tradition)[1]与"传统儒学"(Traditional Confucianism)的区分,一方面旨在阐发现代语境中社会儒学或者其他儒学理论建构的先行视域,另一方面借此对"儒学与现代性"议题进行侧面的讨论。

一、汉语"传统"的名词义项:"既有的事情"和"根本的事情"

汉语"传统"是一个复合语词,它的含义源于"统"字。《说文·系部》:"统,纪也";"纪,别丝也"。统的本义是丝的头绪,引申为系统、统领、根本等含义。就其名词用法来说,既有表示事物连续的义类,例如血统、皇统等;也有表示根本、基础的义类,例如《乾·彖传》说:"大哉乾元,万物资始,乃统天。"这里"统"的动词含义是统合、统贯,名词含义是根本、基础,如郑玄注:"统,本也"[2],天地万物之运化以乾元为"统"、为"本"。

古代汉语的传统一词多是动词用法,例如《后汉书·东夷列传》:"倭在韩东南大海中,依山岛为居,凡百余国。自武帝灭朝鲜,使驿通于汉者三十许国,国皆称王,世世传统。"[3]这里的"传统"是指国统、王统的传续。再如《明史·席书传》记载的席书奏议:"三代之法,父死子继,兄终弟及,自夏历汉二千年,未有立从子为皇子者也。汉成帝以私意立定陶王,始坏三代传统之礼。"[4]这里的"传统"是传嗣的意思,三代传统之礼即说三代的传嗣礼法。这些都指向了对过去的、既有的事情之传续,其名词含义可以表达为"既有的事情",与今天日常语境中的传统文化、传统节日等语词的用法一致。

"传统"的名词含义还包括"根本的事情"。《乾象道》(《古今图书集成》本)有"传统继圣之儒"的说法,对我们颇有启发。在儒学语境中,最能表达

---

[1] "Tradition"既包含已经发生的意义,也包含世代相传的意义,因此"Confucianism Tradition"也可以用来翻译本文提出的"儒学传统"所强调的儒学那"吾道一以贯之"的共时性观念。

[2] 陆德明:《经典释文》,中华书局1983年版,第19页。

[3] 范晔:《后汉书》卷八十五,中华书局1965年版,第2820页。

[4] 张廷玉等撰:《明史》卷一百九十七,中华书局1974年版,第5203页。

"传统继圣"的,莫过于"道统""圣学"说,例如张载"为去圣继绝学"之说表达的正是"继圣"义,儒家"道统"说则指向了"传统"义。在儒家的言说中,圣学是指儒学的根本义理,例如阳明曾说:"后儒不明圣学,不知就自己心地良知良能上体认扩充。"[1]在阳明看来,圣学即本心良知之学,阳明又把"圣学"与"道统"联系起来:"颜子没而圣人之学亡。曾子唯一贯之旨传之孟轲终,又二千余年而周、程续。自是而后,言益详,道益晦,析理益精,学益支离无本,而事于外者益繁以难……而圣人之学遂废。"[2]道统说是宋明理学的重要议题,各家说法稍有出入,例如朱子的道统说就与阳明有所不同:"盖自上古圣神继天立极,而道统之传有自来矣。其见于经,则'允执厥中'者,尧之所以授舜也;'人心惟危,道心惟微,惟精惟一,允执厥中'者,舜之所以授禹也。"[3]其实"继天立极"除了传嗣之义,还可以有另外一种解释,那就是易学阐发的继天道("太极")以"立人极"之意,由"继天立极"而有"道统之传"。换言之便是"传承道统",这也是一种"传统",表达了传承儒学根本义理之义。姑且不论儒学史上各种道统说的差异,"道统"不仅是对儒家传道谱系的概括,而且是对儒家根本之"道"的提炼,一般性地说即儒学的根本义理、根本原理。

因此,从其名词意义来看,传统一词的"既有"义侧重于历时性向度,表示曾经发生过的历史形态,而"根本"义侧重于共时性向度,表示那决定"某事物之为某事物"的根本所在。当然,根本的事情可以体现在既有的事情当中,但既有的事情并不全都是根本的事情,"根本"之传统可以体现在"既有"之传统当中,但"既有"之传统并不全都是"根本"之传统。

本文提出,"儒学传统"不等同于"传统儒学","儒学传统"侧重于儒学的共时性观念,用以描述"儒学之为儒学"的"根本"所在,是指儒学的根本原理;"传统儒学"侧重于儒学发展的历时性向度,用以描述儒学的"既有"形态,是指前现代的儒学历史形态(与"现代儒学"概念相对应)。"儒学传统"既不等同于"传统儒学",又有内在的关联:"儒学传统"显示在"传统儒学"当中,反过来说,"传统儒学"作为一种儒学形态必然体现"儒学传统",但并非

---

[1] 王阳明:《王阳明全集:新编本》,吴光等编校,浙江古籍出版社2011年版,第34页。

[2] 王阳明:《王阳明全集:新编本》,吴光等编校,浙江古籍出版社2011年版,第245~246页。

[3] 朱熹:《四书章句集注》,中华书局1983年版,第14页。

"传统儒学"的所有内容都是"儒学传统"即儒学之为儒学的"根本"所在,例如皇权专制时代儒家的政治哲学、伦理学、价值论等形而下学观念(三纲、四德、五常、六纪等)绝非儒学的"根本"所在,更非"亘古不变""万世不易"的事情。

人们常说,当代儒学的开展应当对传统有所继承,这固然不错,但需要弄清楚所谓的"传统"之意谓,究竟哪些东西才是儒学的根本传统,哪些东西并不是根本的,甚至是我们今天必须解构的。为此,我们首先明确"儒学传统"之意谓,以期赢获儒学之为儒学的根本所在。

二、"儒学传统":儒学根本原理
——仁爱领悟与内圣外王的思想结构

为了从观念上赢获,并确切、极致地展示"儒学传统",我们只能采取思想的"还原"(借用胡塞尔语)或者某种"抽象继承"(借用冯友兰语)方法。如果我们视历史上某个别儒家的,尤其是某些具体的形而下学观念为儒学之根本所在,很难不陷入庄子所谓"我与若与人俱不能相知"[1]的理解悖论。因此,我们不是而且也不可能对迄今为止儒学发展过程中的所有理论内容进行整理,而恰恰是把它们"悬搁"(借用胡塞尔语)起来,还原到不能再还原,才能剥离出、揭示出"儒学之为儒学"的根本所在。

如果说,我们可以把儒学的其他所有理论内容都还原,那么,儒学的基础观念"仁"(仁爱领悟、仁爱的存在领悟)及"内圣外王"的思想结构却是不能被还原的,否则便没有所谓儒家和儒学。"内圣外王"(《庄子·天下》)一语虽然出自道家,但可以用来揭示儒学的一般性思想结构,借此对"儒学传统"进行"抽象继承"。

(一)儒学的基础观念与一般性思想结构

为了赢获"儒学传统",前面提到的宋明儒家"圣学""道统"说只能权作参考,还是要回到孔子儒学的语境来揭明儒学的根本所在。我们并不囿于孔子的具体理论内容(否则还是要陷入无谓的争端和悖论),而是借此引示儒学基础观念及一般性思想结构。

---

[1] 郭庆藩:《庄子集释》,中华书局1961年版,第107页。

论"儒学传统"与"传统儒学"——社会儒学建构的先行视域

一般地说,一个学理系统的建构首先要有它的基础观念(Foundational Idea)。所谓基础观念,是指为一系列概念、范畴系统奠定基础的观念。关于基础观念及其奠基作用,康德曾经打过一个比喻:"在对一门科学进行长期的探讨之后,当人们对其中已经得到如此长足的发展而惊叹不已时候,有人却想到提出这样一门科学究竟是否以及如何可能的问题,这并不是闻所未闻的事情。因为人类理性如此爱好建设,它不止一次已经建造起一座塔,然后又拆掉,以便查看地基是怎么样的。"[1]这里的"科学"是指传统形而上学,康德意图通过纯粹理性的批判工作来为整个形而上学系统奠定"合法"的基础,就像是为一座塔、一座大厦打下一个牢固的地基。

一种思想系统的基础观念,不仅能够支撑起它整个的观念系统,而且能够使它与其他思想系统相区分。拿东方思想的儒、道、释系统来说,如果分别用一个语词来概括儒、道、释的基础观念并借此标识出三者的不同,那么可以说,在佛家就是"空",在道家就是"无",在儒家无疑就是"仁"。尽管在儒、道、释思想系统的发展当中,对于"仁""无""空"可以有不同的理解,但显然不讲"仁""无""空"则必然非儒、道、释无疑。

儒家之"仁",即仁爱领悟、仁爱的存在领悟,这是儒家哲学"吾道一以贯之"的本源事情。《论语》中说"仁"多达百余条,其中最根本的含义便是爱,仁爱领悟是儒学之根本,正如梁漱溟先生所说:儒家教化"以情感为其根本"[2]。有人认为爱的情感并不足以充当基础观念,如小程所说:"爱自是情,仁自是性,岂可专以爱为仁?"[3]小程是在形上与形下区分的语境下来谈仁和爱,在一般语境中,仁爱都被理解为道德情感、伦理精神,就此而言,小程的批评是对的,但是,爱的情感领悟并不仅仅是形而下的对象化的情感意识,也可以描述无分别的、非对象化的本源情感显现(例如宋明儒学的"仁体""一体之仁"说便是朝着这一方向理解和阐释的),是即本源之"仁"或者说"本源性的生活情感"[4]。

从孔子儒学的思想结构可以看出,本源的仁爱领悟并非形而下的伦理德目,而是形而下伦理德目的基础。在孔子看来,本源之"仁"对于形下之

---

[1] [德]康德:《未来形而上学导论》,李秋零译,中国人民大学出版社2005年版,第257页。
[2] 梁漱溟:《中国文化要义》,学林出版社1987年版,第198页。
[3] 程颢、程颐:《二程集》,中华书局1981年版,第182页。
[4] 黄玉顺:《爱与思——生活儒学的观念》,四川大学出版社2006年版,第57页。

"礼"(伦理规范、制度)具有奠基性作用:"人而不仁,如礼何?人而不仁,如乐何?"(《论语·八佾》)这里的观念层序是:仁→礼乐,"→"表示观念的奠基方向。从仁与礼的关系语境推开来看,孔子儒学的基本思想结构就是本源之"仁"为其他诸观念奠基。如果说,源于仁爱的存在领悟所挺立之主体性属于"内圣"层面,那么,礼乐建构则属于"外王"层面。在孔子儒学,虽然没有出现后世那种形而上、形而下截然分明的道器论、性情论、本末论等,"仁"观念尚未形而上学化,但儒家哲学的基本思想结构已初具雏形,形式化地表达就是基础观念→其他诸观念及其逻辑联结。后世儒学则把这种思想结构加以形而上学化,而形而上学又诉诸内圣论,主要表现为心性论形而上学(即一种主体性形而上学形态),形而下的伦理学、政治哲学等属于外王学,所以内圣论为外王学奠基、形而上学为形而下学奠基成了儒学的一般性思想结构。

儒家的仁爱领悟及"内圣外王"或者一般性地说为形而上学为形而下学奠基的一般性思想结构,是儒学的共时性观念结构和儒学之为儒学的根本传统。为了印证这一点,以下将论证这一"儒学传统"毫无例外地体现在儒学的历时开展中。

(二)"儒学传统"的历时显示

根据以上论述,某种思想体系是否为儒学,就可以从其是否体现"儒学传统"来判断,反过来说,"儒学传统"必然显示在儒家哲学的历时性开展当中。就后世儒学的开展而言,儒学基础观念"仁"显示在不同的观念系统中,例如易道生生论(易学系统)、天理本体论(理学系统)、良知本体论(心学系统),这些观念系统都体现了"内圣外王"、形而上学为形而下学奠基的一般性思想结构。

孔子浑沦地说仁,孟子则从恻隐、不忍出发,展开了"尽心、知性、知天"的思想进路,以本源之"仁"(恻隐、不忍)为思想的起点,以内圣论(心性论)为外王学(王政、王道)奠基,奠定了"儒家心性学的宏规"[1]。到了《周易》大传,"形而上"为"形而下"奠基正式成为儒学的思想典范:"形而上者谓之道,形而下者谓之器。"孔颖达疏:"凡有从无而生,形由道而立,是先道而后

---

[1] 杨虎:《心性的牢笼——儒家心性形上学根本传统的一种阐明》,载《当代儒学》2016年第2期。

形,是道在形之上,形在道之下。"[1]孔颖达从王弼哲学的本末论视域出发,从观念的"先后"来解释是对的,一般性地说,"形而上者"即形而上存在者、存在者整体,它在观念层序上先于一切形而下存在者,相应于此,关于形而下存在者的知识、伦理、价值等形而下学也奠定在形而上学的基础之上。后世儒学便在这一思想进路中开展以"仁"为基础的思想观念系统,这里列举迄今为止儒学历时开展中三种代表性的观念系统。

其一,易道生生论系统。《周易》大传哲学形而上学的核心观念是易道生生,故谓:"生生之谓易。"(《周易·系辞上传》)仁爱的存在领悟被表达为天地万物的生生与变易,《周易》大传说:"天地之大德曰生"(《周易·系辞下传》)、"易简之善配至德"(《周易·系辞上传》)。这里所谓"大德""至德"不是形而下伦理层面的德目,而是指生生创造,易道生生即仁,正如大程子所说:"天地之大德曰生。天地絪缊,万物化醇。生之为性,万物之生意最可观,此元者善之长也,斯所谓仁也。"[2]易道生生即"仁"(仁体、性体)的观念显示。《周易》大传通过乾坤并建证立本体,通过阴阳运转说明形而下世界的开显,展开了易道生生论的形上与形下观念系统。[3] 其后,汉唐儒学接续开展了以形而上的天道为形而下的伦理学、政治哲学观念奠基的理路,其中最有代表性的就是董仲舒的易道阴阳论:"君臣、父子、夫妇之义,皆取诸阴阳之道。君为阳,臣为阴;父为阳,子为阴;夫为阳,妻为阴。"[4]君臣、父子、夫妇的伦理、政治秩序奠基于易道阴阳论。

其二,天理本体论系统。首先指出,形上与形下的区分及其内在奠基关系是宋明理学开展的基本思想架构。大程子说:"《系辞》曰:'形而上者谓之道,形而下者谓之器'……惟此语截得上下最分明。"[5]也唯有"上下分明",才能把握形上与形下的内在奠基关系,例如形而上的"理"和形而下的"礼"既是上下两层区分,又具有内在的奠基关系,形而下之"礼"奠基于形而上之"理":"礼者,理也,文也。理者,实也,本也。文者,叶也,末也。"[6]形而下之"礼"为末,形而上之"理"为本,礼奠基于理,但又可以说是理的形而下显

---

[1] 《周易正义》影印十三经注疏本,中华书局1980年版,第71页。
[2] 程颢、程颐:《二程集》,中华书局1981年版,第120页。
[3] 杨虎:《论〈周易〉大传的本体论建构》,载《周易研究》2018年第1期。
[4] 董仲舒:《春秋繁露》,中华书局1992年版,第350页。
[5] 程颢、程颐:《二程集》,中华书局1981年版,第118页。
[6] 程颢、程颐:《二程集》,中华书局1981年版,第118页。

现样式,故又说"礼者,理也"。作为形而上学本体观念的"理""天理",其实也是"仁"(仁体)的观念显示,例如朱子说:"仁者,爱之理,心之德也。"[1]朱子所说的仁之为理,不是指形而下的德目,而是就形而上的仁体、性体来说的。将天理与仁爱领悟贯通的主体性形而上学原则发端于大程子的仁体说,大程子说:"仁者,浑然与物同体,义、礼、智、信皆仁也。识得此理,以诚敬存之而已,不须防检,不须穷索。"[2]这里需要注意,当大程子说"义、礼、智、信皆仁也"时,这里的"仁"便不是指作为"五常"之一的形而下伦理层面的德目,而是指形而上的仁体,一切形而下的伦理德目皆是仁体的显现样式,故说"皆仁也"。在大程子的仁体观念中,仁既是本体(天道、天理)又是主体(仁体、心体)。

其三,良知本体论系统。在宋明理学中,心学一系更为凸显本体论的主体性原则,从主体说本体,良知、仁心即天道本体。阳明说:"盖良知只是一个天理,自然明觉发见处,只是一个真诚恻怛,便是他本体。"[3]阳明这里强调知(良知)、性(天理)、情(恻隐)不二,良知即天理,又即仁心显现,良知之真诚恻怛即仁心感通无妄,故感通于天地万物则有一体之仁的呈现:"大人之能以天地万物为一体也,非意之也,其心之仁本若是,其与天地万物而为一也。岂惟大人,虽小人之心亦莫不然,彼顾自小之耳。是故见孺子之入井,而必有怵惕恻隐之心焉,是其仁之与孺子而为一体也……见瓦石之毁坏而必有顾惜之心焉,是其仁之与瓦石而为一体也;是其一体之仁也,虽小人之心亦必有之。是乃根于天命之性,而自然灵昭不昧者也,是故谓之'明德'。"[4]阳明这里特别强调一体之仁"非意之也",这并非某种所谓的"应当意识",见孺子、草木、瓦石之恻怛,不是说"应当"恻怛,而是说呈现了恻怛,故"致良知"于天地万物,即通过我们的仁心呈现出天地万物一体共在的本源存在情境。在良知论系统中,关乎形而下存在者的知识、伦理、价值等形而下学观念都奠基于形而上的良知本体论。现代新儒家唐君毅先生、牟宗三先生等人以儒家心学传统为主要的思想资源,重建仁心感通论、良知本体论为基础(牟宗三先生所谓"基本存有论"),以建构新的形而下学(现代性的伦理学、政治哲学等),即所谓"内圣开出新外王",也典型地体现了以仁爱领

---

[1] 朱熹:《四书章句集注》,中华书局1983年版,第48页。
[2] 程颢、程颐:《二程集》,中华书局1981年版,第16~17页。
[3] 王阳明:《王阳明全集·新编本》,浙江古籍出版社2001年版,第92页。
[4] 王阳明:《王阳明全集·新编本》,浙江古籍出版社2001年版,第1015页。

悟为基础的儒学"内圣外王"的一般性思想结构。

要而言之,"儒学传统"集中体现为儒学以"仁"("仁"有不同的观念显示样式,例如生生、天理、良知等)为基础观念与"内圣外王"的一般性思想结构(并不囿于某个时代或某个别儒家的具体理论内容),这在儒学的历时开展中是皆无例外的。

三、"传统儒学":前现代儒学历史形态

在"传统"与"现代"相对的语境中,"传统儒学"就是指前现代的儒学历史形态。从哲学系统的观念层级来看,传统儒学理论涉及本源的仁爱领悟、形而上学基础以及伦理学、政治哲学、价值论等形而下学。着眼于儒家哲学的现代转型,可以说传统儒学在伦理、政治方面的基本价值取向是"前现代性"的,而现代儒学之为现代儒学正在于它的现代性诉求。

虽然有关"现代性"的定义非常多,涉及哲学、社会学、政治学、经济学等众多学科和视角,但着眼于社会主体的角度,则可以说"现代社会转型的本质就是社会主体的个体性转向"[1]。现代社会生活诸领域无不透显着个体性观念,包括家庭生活形态、社会政治主体、社会组织形态等。现在的家庭形态不再是过去的宗族或家族,社会政治的主体是公民,而公民概念显然是以个体性观念为前提的,今天的社会组织也不再依托于宗族或家族,而是由独立的个体所组成的社会活动共同体。正因此,现代儒学倡扬现代个体性观念,着力建构现代性的政治哲学、伦理学等"新外王",并重建儒家形而上学来为之奠基。

显然,传统儒学并不具有这些现代性观念。从其相应的社会主体及社会生活样态来说,传统儒学可以分为两个大的历史阶段,轴心时代的原始儒学和秦汉之后中华帝国时代的儒学。着眼于观念史与社会史的相应发展角度,这并不是一种外在的谈论,而是一种内在的印证关系。如果我们能够不对社会生活做出形而下的理解,而做出本源性、基础性的理解,即理解为本源的存在显现、生活显现,那么可以说儒学理论正是对存在领悟、生活领悟的理论化表达。从哲学存在论的层面看,儒家仁爱领悟所揭示的也是本源的生活境域,例如我们前面提到的"一体之仁"说,仁心感通所呈现的正是本

---

[1] 杨虎:《论易学哲学的现代转型》,载《中州学刊》2017年第8期。

源的生生共在之境。

儒学的原创期正处于中国社会第一次大转型时代,从社会主体来看,这次社会转型的本质性征就是从宗族社会转变为家族社会。关于"宗族"与"家族"的区别,学界有所争议,笔者认为:"家族和宗族最主要的区别在于:宗族既是一种家庭形态,同时也是整个社会的政治组织和政治结构;而家族并非如此,社会政治结构也已经不再是按照家族血亲来安排的。"[1]周代社会"家国一体"的社会结构到了秦汉之后便出现了"家"与"国"的分离,从社会政治结构的变化来说,"周秦之变"就是从"宗法封建社会"[2]走向君主专制时代,家庭和政治实现分离,这里举一个典型的例子,在宗法封建社会,孝、忠本是一体,而秦汉之后之所以强调"移孝作忠"观念,正是由于家庭和政治的分离所导致的"孝""忠"之分离。[3]

众所共知,"三纲"是秦汉之后君主专制时代的核心政治哲学观念,相应于这次社会转型,最迟从《周易》大传开始,儒学便为后世"三纲"观念作了铺垫,如《周易·序卦传》所说"夫妇然后有父子,有父子然后有君臣,有君臣然后有上下,有上下然后礼义有所错",由《周易》的"阳尊阴卑"观念大体可知夫妇、父子、君臣的伦理安排,只是它并未把"君臣"置于首位并明确提出三纲的说法,我们前面提到了董仲舒儒学也是这一思路,到了《白虎通》则明确地提出三纲说:"君为臣纲,父为子纲,夫为妇纲。"(《白虎通·三纲六纪》)

相应于家族社会生活方式,中古时代的儒学在形而下学层面建构了以三纲、四德、五常、六纪为核心价值观念的伦理学、政治哲学,这些都凸显了以家族为社会主体的生活方式。为此,中古时代的儒家建构了不同的形而上学系统来为之奠基。例如周敦颐建构了"诚"本体论来为以"五常"为核心的社会伦理奠基:"诚,五常之本,百行之源也。五常,仁、义、礼、智、信,五行之性也。百行,孝、弟、忠、信之属,万物之象也。"[4]"诚"贯天道与人道,五行源于太极之阴阳动静,周敦颐把五常归为五行之德,以"诚"为本源即以太极之道为本源,由此,形而下的伦理便获得了形而上学的奠基。不唯"五

---

[1] 杨虎:《左氏易传——〈左传〉〈国语〉易学研究》,山东大学博士学位论文,2017年,第177页。

[2] 晁福林:《夏商西周的社会变迁》,中国人民大学出版社2010年版。

[3] 杨虎:《〈左传〉的"孝"观念:从祭祀义向"养""敬"义的转换》,载《中国社会科学报》2018年2月。

[4] 《周敦颐集》,中华书局1990年版,第14~15页。

常","三纲""四德""五伦"等中华帝国时代核心的伦理、价值观念都被纳入宋明理学的论证当中,例如朱子说:"仁莫大于父子,义莫大于君臣,是谓三纲之要、五常之本。"[1]为了给这些形而下的伦理奠基,朱子视它们为"天理"的显现:"仁义礼智,岂不是天理？君臣、父子、兄弟、夫妇、朋友,岂不是天理？"[2]其实,四德、五伦都是形而下的伦理观念,都属于"礼"的层面,朱子之所以把它说成是"天理",严格说来是"天理"在形而下层面的显现样式,这样它们便获得形而上学的奠基和"合法性"说明。

从价值取向上看,传统儒学在轴心时代和中古时代的开展,显然不可能具有现代性观念,这是由当时的社会生活方式所决定的,传统中国社会以宗族或家族为主体的生活方式,决定了传统儒学缺乏个体性观念,相应地也不会有彻底的个体自由、民主政治等现代性伦理、政治、价值观念,这些价值观念是由现代个体性的生活方式所铸就的。直到阳明心学及其后学,儒学才开始明显地出现个体性观念倾向,为社会主体的个体性转向作了观念上的准备,这也是现代新儒家推崇阳明学的学理因缘(从阳明心学出发整合儒学资源更易走向建构现代性之路),20世纪现代新儒家学派和现代新儒学的建立,标志着儒学从"传统儒学"开始转型为"现代儒学"。当然,儒学的现代转型,正如中国社会的现代转型一样,仍然"在路上"。

传统儒学相应于当时的社会生活,建构了一系列的思想理论系统。这其中,有些观念是需要解构的,有些观念则可以经过形式化、抽象化之后进行创造性的现代诠释和重建。例如20世纪现代新儒学对传统儒家形而下学观念(三纲五常等中华帝国时代的伦理价值观念)进行解构,力图建构现代性的政治哲学、伦理学,并重建儒家形而上学来为之奠基,便是朝着这一方向的努力。

四、建构社会儒学的先行观念

现代生活语境中的社会儒学建构必须厘定它与"儒学传统"和"传统儒学"的关系,不仅要体现出"儒学传统",也要走出"传统儒学"。

---

[1] 朱熹:《朱子全书》第20册,安徽教育出版社2002年版,第633页。
[2] 朱熹:《朱子全书》第23册,安徽教育出版社2002年版,第2837页。

(一)"社会儒学"应当体现"儒学传统"

任何一种儒学理论形态,它要么整全性地体现儒学根本原理,要么层面性地体现儒学根本原理。但不论是哪种情况,它都应当具有儒学根本原理的整全性视野。

其一,整全性地体现儒学根本原理。举例来说,宋明理学和现代新儒学的主要儒学理论系统都整全性地体现了儒学根本原理,不仅包括对儒学基础观念"仁"的阐释("仁体""天理""良知"等),而且有其"内圣外王"的形而上学、形而下学系统建构。也正因如此,其理论标签不必出现儒学的字眼,例如朱子理学、阳明心学、牟宗三"道德的形上学"等。反倒是,如果出现儒学的字眼,就很难直接地体现儒学根本原理的整全性来,它就要求核心观念具有明显的奠基意义,例如"良知本体"(阳明)、"本心"(熊十力)、"生命存在"(唐君毅)这样的观念在哲学语境中都具有明显的奠基意义。而"社会"观念只能作为形而下学观念来理解,不具有形而上的奠基意义,"社会儒学"这样的理论标签很难直接地体现出儒学理论的整全性来。

其二,层面性地体现儒学根本原理。韩星先生在论述"社会儒学"时指出:社会儒学"以日常伦理为基本构成"[1],这实际上是把社会儒学限定于儒家伦理学层面,层面性体现了儒学理论。李维武先生说:"礼学实际上是一种社会儒学,所考虑的就是通过礼乐文化建立一套完备的人与人的社会关系"[2],这里的社会儒学也是指儒家伦理学层面的理论而言。尽管如此,社会儒学的建构仍然要有儒学理论的整全视域,正如韩星先生所指出的:"心性儒学是内圣之学,政治儒学与社会儒学是外王之学"[3],因此政治儒学、社会儒学的建构不能以心性儒学的缺席为前提。

从理论关注点来看,社会儒学可以标识为"儒家社会哲学"或"儒家社会理论",属于儒学"外王"或者一般性地说为形而下学层面的思考。根据儒学的根本原理,"外王"奠基于"内圣",社会儒学应当注意到本源仁爱领悟的奠基性、社会儒学的形而上学基础等问题。例如黄玉顺先生在生活儒学视域

---

[1] 韩星:《社会儒学的逻辑展开与现代转型》,载《东岳论丛》2015年第10期。
[2] 李维武:《儒学生存形态的历史形成与未来转化》,载《中国哲学史》2000年第4期。
[3] 韩星:《内圣外王之道与当代新儒学重建》,载《新疆师范大学学报》2016年第6期。

下对儒学"社会"观念和荀子"群学"观念的解读便提供了这样一种思路,认为"群"即"社会"概念,荀子"群学"可以理解为"基于生活方式转换的社会哲学或一般社会理论"[1]。社会哲学或一般社会理论着眼于共时性和历时性两种向度,对社会的存在、发展、转型及其历史哲学根据进行阐发。[2]

(二)"社会儒学"应当走出"传统儒学"

在现代语境中,社会儒学的建构要致力于儒学和社会的现代转型,为此就要走出"传统儒学"。走出并不意味着决裂,而是要避免原教旨主义的倾向,儒学不会故步自封,而是不断地"与时""变易"。诚然,儒学历来就有社会生活的关切和理论建构,但并不是传统儒学所有的社会价值观念都可以直接拿来进行当下的"儒学社会化",其实也本无所谓"化"(这恰恰意味着儒学与社会生活本来不相干)的问题,问题的关键在于如何在现代生活语境中重建儒学关于社会生活的形而下学理论(伦理学、政治哲学等)。

就此而言,谢晓东先生关于社会儒学的思考有着重要的思想价值。谢晓东先生提出了社会儒学的三种含义,并强调最为根本的是:"社会儒学是一种后共同体时代的、以市民社会为基本立足点的、以非政治化为基本特征的、以人伦日用为基本关注点的儒学形态。简单地说,社会儒学是以社会为存在和发展途径的现代儒学形态。"[3]这里明确地把社会儒学归结为一种现代儒学形态,其理据有二:一是根据德国社会学家滕尼斯关于"共同体"与"社会"的区分[4],着眼于人类社会从"共同体时代"向"社会时代"的转型,谢晓东先生认为传统儒学缺乏社会一环,今天的儒学应该"从共同体儒学转

---

[1] 黄玉顺:《儒学的"社会"观念——荀子"群学"的解读》,载《中州学刊》2015年第11期。

[2] 黄玉顺先生概括了迄今为止的"社会形态"包括"王权社会""皇权社会""民权社会",相应于此解释了儒学"社会"观念从传统儒学向现代"民权社会"的转型,为一般社会理论的思考提供了历史哲学的根据(黄玉顺:《儒学的"社会"观念——荀子"群学"的解读》,载《中州学刊》2015年第11期)。

[3] 谢晓东:《"社会儒学"何以可能》,载《哲学动态》2010年第10期。

[4] 显然,在谢晓东先生的论证中,"共同体"与"社会"的区分至关重要,谢晓东先生又引证李国鼎先生提出的"第六伦"概念解释"社会"不同于传统"共同体",第六伦是"针对五伦而提出来的",因而与传统"五伦"的宗族或家族本位的关系面向不同,是典型的现代个体本位的关系面向。正如涂可国先生所指出的:"谢晓东所理解的'社会'不过是现代性视野下的狭义形态。"(谢晓东:《第六伦与社会儒学》,载《东岳论丛》2015年第10期;涂可国:《社会儒学建构:当代儒学创新性发展的一种选择》,载《当代儒学》2015年第1期)

型为社会儒学";二是现代儒学的目光应该从政治转向社会,社会儒学的立足点是现代市民社会,基本关注点是日常社会伦理。谢晓东先生关于社会儒学的论述着眼于儒学的现代转型,力图对如何走出"传统儒学"做出理论说明,但缺失了儒家仁爱领悟及形而上学的奠基,这与谢晓东先生试图转换儒学"内圣外王"的思想结构,平行审视社会儒学(外王学)与心性儒学(内圣论)的思考有关。其实,儒学的现代转型要求"新外王",但并不意味着要放弃"内圣论"的奠基,只是需要相应于当下的生活领悟、仁爱领悟而建构"新内圣",即新的主体性形而上学,形而上学是不可避免的,我们今天依然需要坚持某种基础主义的思想道路[1],而关于儒家仁爱领悟的奠基性及其对现代生活的意义则另行再论。

综上所述,在现代语境中,社会儒学乃至任何一种儒学理论的建构既要体现"儒学传统",又要走出"传统儒学",致思于儒学与社会的现代转型。

最后指出,本文关于"儒学传统"与"传统儒学"的一般性思考,对于"儒学与现代性"问题的思考或有裨益。不无遗憾的是,时至今日还有很多人习惯于把儒学和现代性对立起来,其中最为常见的理解就是把儒学与现代性分别等同于中国文化与西方文化,而当说到中国文化与西方文化时,他们所说的却是"前现代"的"传统儒学"与"现代"的"西方文化"。于是,一系列看似很强有力但实则非常荒谬的推论便自觉、不自觉地形成:(中古时代的儒家形而下学有维护皇权专制的观念,所以)儒学是维护皇权专制的;(现代西方文化是倡扬自由、民主的,所以)西方文化是倡扬自由、民主的;所以,儒学与西方文化是对立的,西方文化是现代性的,儒学是反现代性的。当我们明白了标识儒学之为儒学的"儒学传统"并不等同于标识儒学历史形态的"传统儒学",便不难理解儒学与现代性并不必然对立,相应于传统生活方式有传统儒学,相应于现代性生活方式也可以有现代性的儒学形态。当代儒学可以在继承"儒学传统"的同时,避免"传统儒学"的前现代性观念,植根于当下的生活建构现代性的价值观念体系。

---

[1] 杨虎:《从无生性原在到有死性此在——重读海德格尔的"存在论区分"》,载《河北学刊》2015年第4期;《哲学的新生——新基础主义道路:传统基础主义与反基础主义之"后"》,载《江汉论坛》2016年第10期。

理学视域下的《吕氏乡约》

刘学智[*]

摘要：与以往从社会学角度研究《吕氏乡约》不同，本文将《吕氏乡约》置于宋明理学学术史视域下进行考察。《吕氏乡约》是关学学人在张载以礼为教、笃行践履的关学精神熏陶下的产物和表现。南宋朱熹对乡约进行增损所成的《增损吕氏乡约》，或隐或显地体现了性理学的某些特征；明代王阳明的《南赣乡约》则是在《吕氏乡约》的基础上，将阳明心学与明代乡村治理实践相结合的产物；在乡约创制和实践中，道德教化和乡村自治的文化精神则一以贯之。

关键词：《吕氏乡约》；宋明理学；道德教化；乡村自治；吕大钧；朱熹；王阳明

熙宁九年（1076），陕西蓝田吕大钧（字和叔，1029—1080）创制《蓝田吕氏乡约》（下文简称《吕氏乡约》），是中国古代第一部成文乡约。对《吕氏乡约》及其后乡约在明清时期的传播、演变与推行，从20世纪30年代以来一直就有学者关注和研究，涌现出诸多研究成果。[1] 以往研究，多从社会史、

---

[*] 作者系陕西师范大学政府管理学院教授，孔学堂签约入驻学者。本文发表于《陕西师范大学学报》（哲社版）2018年第3期。

[1] 早在20世纪30年代学界对《吕氏乡约》以及明清乡约的研究已经开始，如杨开道《乡约制度的研究》（原载《社会学界》1931年第5卷）、《中国乡约制度》（山东省乡村服务人员训练处1937年编印，今有商务印书馆2015年版），吕著清《中国乡约概要》（《河北学刊》1936年第4期），王兰荫《明代乡约与民众教育》（《师大月刊》1935年第21期）等。近有牛铭实《中国历代乡约》（中国社会科学出版社2014年版）、朱鸿林《孔庙从祀与乡约》（生活·读书·新知三联书店2015年版）等。相关论文发表有曹国庆《明代乡约研究》（《文史》第46辑，中华书局1998年版）、杨建宏《〈吕氏乡约〉与宋代民间社会控制》（《湖南师范大学社会科学学报》2005年第5期）、周扬波《乡约及其社会教化》（《史学集刊》1996年第3期）等。可以看出，新中国成立以前的乡约研究，多关注乡约的历史传承与功能，而近年的研究，则更多地关注乡约的演变、属性与职能以及不同特点等。

政治史视角展开,本文试图在宋明理学的视域下,探讨《吕氏乡约》在宋明演化过程中与学术思想史的关联,以期揭示《吕氏乡约》蕴涵的思想以及在乡约演变的不同阶段其思想的主要特征。

《吕氏乡约》是宋代关中乡村出现的社会文化现象,它不同于一般的乡规民约,是在民间规约基础上发展出的一套社会组织和管理体系,亦即由乡贤、乡绅主导,基于地缘和血缘关系而形成的,以劝勉和道德教化为主的乡村基层组织形式。其功能正如梁漱溟所说,是一个"地方自治团体",一个"很好的地方自治组织"。[1] 从这个意义上说,从社会学、政治学或社会儒学的视角对其进行研究也许更能切近它的本质。[2] 目前流行的几种关于乡约研究的论著,也多是从社会学角度切入的。[3] 但是,从另一方面说,《吕氏乡约》无论就其作者、思想渊源、内容特征以及其演化的过程看,都与中国古代思想史及其发展演变有着密切的关联。《吕氏乡约》产生的前身与汉代礼教相联系,其本身又是由宋代理学的一个地域性流派——关学学人所创制,后由宋代理学的集大成者朱熹加以"增损"而得以广泛传播,再后经过明代心学大儒王阳明的发展和推广,明清时得以广泛流传和推行。可见,《吕氏乡约》在其形成和发展的历程中,总是与中国学术思想史的演变发生着或隐或显的联系。所以,从思想史的视域来研究乡约,是一种必要的和可行的路径。

一、"乡约":植根于儒家礼学思想和文化

《吕氏乡约》的产生有着深厚的儒家传统思想根基。

首先,它与周代曾有过的"读法"有着渊源的关系。学界一般把乡约教化追溯到《周礼》的"读法"。《周礼·地官司徒》说:"各属其州之民而读法,

---

[1] 梁漱溟:《乡村建设理论》,载《梁漱溟全集》(第2卷),山东人民出版社1990年版,第321页。

[2] 谢晓东在《"社会儒学"何以可能》一文中提出"社会儒学"概念,并指出"儒学缺乏'社会'这一环",但也有例外,这就是"儒家对乡规民约就很重视",只是需要将其"提升到理论层面"(谢晓东:《"社会儒学"何以可能》,载《哲学动态》2010年第10期)。

[3] 如杨开道《乡约制度的研究》和《中国乡约制度》等论著就有这样的倾向。从思想史角度的研究有代表性的,如曹国庆《王守仁的心学思想与他的乡约模式》(《社会科学战线》1994年第6期)。

以考其德行道艺而劝之,以纠其过恶而戒之。"[1]这里所说的"读法"本指宣读法令,即地方官员在履行行政职责之外,还负有教化民众的职责。古人主张通过考察乡民的德行和道艺以劝勉,纠正过错和恶行以惩戒,说明"读法"具有道德指引和"防邪"之堤的双重意义,这就为乡村提供了一种可资借鉴的社会治理模式。

其次,乡约与古礼中的"乡饮酒礼"有着密切的渊源关系。《礼记·经解》说:"乡饮酒之礼,所以明长幼之序也。"[2]古代重视礼文化,其礼的重要内容就是明长幼之序,并以饮酒之礼等仪式加以贯彻和强化。可见饮酒之礼是古代和谐人际关系的重要礼仪。《礼记》有专论《乡饮酒义》一篇,旨论乡饮酒礼与伦理的关系,指出"教之乡饮酒之礼,而孝弟之行立矣"[3]。《礼记》将"乡饮酒义"视为"政教之本"[4],说:"乡饮酒之礼废,则长幼之序失,而争斗之狱繁矣。"[5]古人认为这一礼仪非常重要,如果饮酒之礼被废弃,那么长幼之序的伦理也就随之瓦解,由此人与人之间的争斗也就随之加剧。所以,《礼记》特别指出,乡饮酒礼"非专为饮食也",乃为促成"致尊让""致敬"风气的形成,为减少"争斗"而不致"狱繁",从而促进社会和谐秩序的形成。宋人黄干评价《跋南康胡氏乡约》说:"此乡饮酒遗意也,古之人于其乡党平居,则相友相助,有急则相救相赒,其情谊之厚如此,故其暇日相与为饮酒之礼,以致其缱绻之情,而因以寓其尊卑长幼之序,如是风俗安得而不厚哉!"[6]《近思录集释》卷八谓"读法如今州县官讲乡约之类"[7],视乡约与古之"读法"相类。黄干以为乡约为古代乡饮酒礼的"遗意",可见《吕氏乡约》是受传统"读法""乡饮酒礼"的启示而成的,并"以寓其尊卑长幼之序"[8]的伦理于其中。关于《吕氏乡约》与古礼特别是乡饮酒礼的关系,杨开道先生认为,"乡约制度是脱胎于古代的乡饮酒礼,而乡饮酒礼为乡约制度的前驱,是的确可靠的"。[9]他得出这一结论的理由有二:一是"《周礼》

---

[1] 孙诒让:《周礼正义》,中华书局1987年版,第861页。
[2] 孙希旦:《礼记集解》,中华书局1989年版,第1257页。
[3] 孙希旦:《礼记集解》,中华书局1989年版,第1248页。
[4] 孙希旦:《礼记集解》,中华书局1989年版,第1433页。
[5] 孙希旦:《礼记集解》,中华书局1989年版,第1257页。
[6] 黄干:《勉斋集》卷二十二,文渊阁四库全书本,上海古籍出版社2003年版。
[7] 张京华:《近思录集释》(下),岳麓书社2010年版,第672页。
[8] 《蓝田吕氏集》,曹树明点校,西北大学出版社2015年版,第795页。
[9] 杨开道:《乡约制度的研究》,载《社会学界》1931年第5卷。

乡饮酒礼和和叔的《乡约》根本的原理是相同的,他们都是以礼教民,用精神的感化而不是法律的制裁,甚至和叔所采的乡仪,也是根据《仪礼》和《礼记》所载的乡饮礼,而有许多相似的地方"[1];二是吕大钧不仅是"复古派的学者",还是"复古派的领袖"张载的弟子,所以《吕氏乡约》的"思想"和"办法",都"直接间接"地"是从三礼里面转变来的",并以范育为吕大钧所写《墓表铭》为据:"始居谏议(父追赠谏议大夫)丧,衰麻敛奠葬祭之事,悉捐习俗事尚,一仿诸礼,后乃浸行于冠昏饮酒、相见庆吊之间,其文节粲然可观。"[2]可见,"三礼"特别是乡饮酒礼是《吕氏乡约》的重要思想和文化渊源。

其实,在《吕氏乡约》产生之前,宋代民间已出现了一些民间自发的社会组织,吕大钧在与友人的书信中曾提及"今小民有所聚集,犹自推神头、行老之目"[3],在与刘平叔书信中亦说:"今庠序则有学规,市井则有行条,村野则有社案,皆其比也,何独至于《乡约》而疑之乎?"[4]可以看出,这些对乡约的形成无疑具有一定的启示作用,也说明《吕氏乡约》之所以在宋代关中首先出现,除了关学的思想基础外,亦与当时已有的民间组织的存在有关。

二、《吕氏乡约》:张载关学精神的产物和表现

《吕氏乡约》的渊源是儒家十分推崇的古礼,而其内容和实施也充分体现了重礼的精神,这正与张载关学躬行礼教、笃行践履的特点密切相关。

关于《吕氏乡约》的作者,其原序文末尾署"熙宁九年(1076)十二月初五日汲郡吕大忠白"[5],言作者为时在汲郡任职的吕大忠,时间是熙宁九年十二月初五日。《吕氏乡约》序文又曰:"人之所赖于邻里乡党者,犹身有手足,家有兄弟,善恶利害皆与之同,不可一日而无之。不然则秦越其视,何与于我哉!大忠素病于此,且不能勉,愿与乡人共行斯道。"[6]意思是说,乡村邻里乡党之间的和谐关系至为重要,"不可一日而无之"。但是实际生活则不尽然,善恶利害常与此有悖,吕大忠对此极为担忧,故制此乡约以与乡人共

---

[1] 杨开道:《中国乡约制度》,商务印书馆2015年版,第12页。
[2] 《蓝田吕氏集》,曹树明点校,西北大学出版社2015年版,第987页。
[3] 《蓝田吕氏集》,曹树明点校,西北大学出版社2015年版,第798页。
[4] 《蓝田吕氏集》,曹树明点校,西北大学出版社2015年版,第799页。
[5] 《蓝田吕氏集》,曹树明点校,西北大学出版社2015年版,第797页。
[6] 《蓝田吕氏集》,曹树明点校,西北大学出版社2015年版,第797页。

勉，以"成吾里仁之美"。

此序文认定《吕氏乡约》为吕大钧长兄吕大忠所作，而实际情况则不是这样。朱熹在增损乡约时，在乡约之后有一个"识文"，其中说"此篇旧传吕公进伯（大忠）所作"，后发现《吕氏乡约》"载于其弟和叔文集"中。从吕大钧《答伯兄》《答仲兄》《答刘平叔》诸书信可以看出，《吕氏乡约》其实是吕大忠弟吕大钧所作。其篇末所以署名吕大忠，乃"意以其族党之长而推之使主斯约故尔"[1]。从朱熹的识文看，今所见乡约文本和真正的作者为吕大钧，这是由朱熹考定的。明代王承裕谓《吕氏乡约》"盖吕氏兄弟相与论定者"[2]，其实是时人概而论之的说法。吕氏兄弟中有三人从张载学，其重视古礼的倾向也确实受到张载的影响，故《宋史·吕大防传》称："（大防）与大忠及弟大临同居，相切磋论道考礼，冠昏丧祭一本于古，关中言礼学者推吕氏"[3]。这里未提及吕大钧，看来在朱子未考定之前，多模糊地指认吕氏兄弟所为。在《吕氏乡约》之外还有《乡仪》。《乡仪》主要是一些有关乡村礼仪的规约，包括《宾仪》《吉仪》《嘉仪》《凶仪》四个部分。据朱熹于淳熙乙未年（1175）所考，"此篇旧题《苏氏乡仪》，意其为苏昞季明博士兄弟所作。今按《吕和叔文集》乃季明所序，而此篇在焉，然则乃吕氏书也"[4]，即曾有文献记《乡仪》为苏昞所为，此亦为误传。也就是说，《乡约》《乡仪》均为吕大钧所作，后世多认同此说，如《宋史》卷二〇五："《吕氏乡约仪》一卷，吕大钧撰。"[5]

辨明《吕氏乡约》《乡仪》作者均为吕大钧，是朱熹的一大贡献，这一点至为重要。[6]《乡约》《乡仪》的创制者当是一位重礼的关学学人；《吕氏乡约》的实践者，一定是笃于践行，勇于担当的人，而吕大钧正是这样一位关学学人。吕大钧为人质厚刚正，初学于横渠张子，后又卒业于二程子。他与张载同为嘉祐二年（1057）进士，当他感受到张载的深邃学识时，"遂执弟子礼"，毅然从学张载，是张载的第一位入室弟子。时张载"以礼教为学者倡"，故程

---

[1]《蓝田吕氏集》，曹树明点校，西北大学出版社2015年版，第799页。
[2]《蓝田吕氏集》，曹树明点校，西北大学出版社2015年版，第800页。
[3] 脱脱等：《宋史》，中华书局1977年版，第10844页。
[4] 朱熹：《朱熹集》，四川教育出版社1996年版，第5682页。
[5] 脱脱等：《宋史》，中华书局1977年版，第5176页。
[6] 杨开道认为，"朱子在《和叔文集》里面，找出吕氏乡约全文，并有致伯兄、仲兄、刘平叔三书，才断定乡约为和叔所定，而非大忠进伯所定。"这是"朱子编辑考订吕氏乡约的贡献"（杨开道：《中国乡约制度》，商务印书馆2015年版，第93页）。

伊川称赞张载"以礼教学者,最善,使学者先有所据守"[1]。然当时年轻学子,多蔽于时尚,有才华者尝求于功名,而那些智力"昏塞者"又对其学难以理解,于是造成张载学说"寂寥无有和者"[2]的情况。作为张载"同年友"的吕大钧,对张载的学识非常敬佩,且亦如同张载一样推尊古礼,故对张载之学"独信之不疑"。《宋史·吕大防传》附传载:(大钧)"从张载学,能守其师说而践履之。居父丧,衰麻葬祭,一本于礼。后乃行于冠昏、膳饮、庆吊之间,节文粲然可观,关中化之。尤喜讲明井田后制,谓治道必自此始。"[3]张载躬行礼教,推崇古礼,喜讲明井田,吕大钧亦如之,且能付诸实践,这对关中民风产生了较大影响。其所以动意制《吕氏乡约》,其愿望既要以礼化俗、以德化民,同时也试图在乡间建立一种能推行礼制的基层组织,以促使儒家之德润泽民心。由是《吕氏乡约》在吕大钧的努力下呼之而出。

《吕氏乡约》的纲要和核心内容是:"德业相劝,过失相规,礼俗相交,患难相恤"这十六个字,以及关于这四句纲要的解释性细目,其全文纲举目张。所谓"德",即"谓见善必行,闻过必改。能治其身,能治其家;能事父兄,能教子弟;能御僮仆,能事长上;能睦亲故,能择交游。能守廉介,能广施惠;能受寄托,能救患难,能规过失,能为人谋;能为众集事,能解斗争,能决是非;能兴利除害,能居官举职";所谓"业",即"谓居家则事父兄、教子弟、待妻妾,在外则事长上、接朋友、教后生、御僮仆。至于读书治田、营家济物、好礼乐射御书数之类,皆可为之。非此之类,皆为无益"。[4]"德业相劝",就是通过一定的社会组织形式,要求入约者须相互劝勉,以彰善瘅恶,使入约者有一种正确的道德引领,从而确立起合乎德性的修为和生活原则,以在乡村形成良好的道德堤防及和谐的邻里秩序。所说的"过失"指六种"犯义之过"(涉及酗博斗讼、行止逾违、行不恭孙、言不忠信、造言诬毁、营私太甚等违背道义的过失)、四种"犯约之过"(即违背上述四项所约的过失)和五种"不修之过"(即个人修行所犯之过,涉及交友不慎、游戏怠惰、动作无仪、临事不恪、用度不节等)。"过失相规",是要通过一定的组织形式,使邻里之间相互规劝,以纠正过失,赏善罚恶,移风易俗,旨在要求约众不仅要约束自己的行

---

[1] 程颢、程颐:《河南程氏遗书》,载《二程集》,中华书局1981年版,第23页。
[2] 张载:《张载集》,中华书局1978年版,第422页。
[3] 脱脱等:《宋史》,中华书局1977年版,第10847页。
[4] 《蓝田吕氏集》,曹树明点校,西北大学出版社2015年版,第793~796页。

为,以至少犯错误,还要履行帮助他人改正错误的道德义务。"礼俗相交",即"谓婚姻、丧葬、祭祀、往还书问、庆吊之类",皆一遵循礼制。"患难相恤",即邻里之间凡偶遇如水火、盗贼、疾病、死丧、孤弱、诬枉、贫乏等"患难"之事,同约者应相互告知,共当"救恤"。这一点,鲜明地贯彻了儒家惠民、济困、互助的仁爱传统,特别体现了张载关学倡导的"民胞物与"、天下一家的精神。可见,《吕氏乡约》所约之内容,乃以道德教化为主,辅之以制度约束,以期把儒家的德性伦理、正义原则、礼教秩序、内省修养等价值观,落地生根,贯彻乡里。同时,《吕氏乡约》中明确规定设"约正"一二人,专"主平决赏罚当否";设"直月"一人,"主约中杂事",说明乡约具有民间组织的性质和职能。

《吕氏乡约》不同于以往的乡规民约之特质在于:其一,乡约其实质是一种"区域性的基层教化组织形式"[1],尤具有乡村自治的特征;其二,乡约的主要目的和职能是在乡村进行道德教化。它力图把儒家伦理具体化为诸多可操作性的规约,从而达到社会教化的目的。从这个意义上说,乡约可视为儒家礼治在乡村的重要实践,并显示出道德教化、乡民自治、社会调解和控制等方面的功能。这和张载关于教化、刑罚与礼治关系的论述及其实践相通。张载说,"治民则教化刑罚俱不出于礼外"[2],他在知云岩当县令时,尝"以敦本善俗为先,每以月吉具酒食,召乡人高年会于县庭,亲为劝酬,使人知养老事长之义"[3],反映了张载对周代"乡饮酒礼"的高度认同与提倡。显然乡约是沿着张载的礼教实践,通过立规约、建组织以明教化而善其俗的。可以说,乡约正是吕大钧将儒家礼治和德治传统用之于乡村道德实践和秩序建构而进行的一大创造。

任何创新性成果的出现都不是一帆风顺的,思想的冲突避免不了,这尤其需要创造者的勇气和担当精神。在《吕氏乡约》形成和实施过程中,不仅社会上有不同的看法,即使在吕氏兄弟之间,其意见也不尽一致。首先,其友刘平叔提出质疑,认为《吕氏乡约》"强人之所不能,似乎不顺;非上所令而辄行之,似乎不恭"[4],即认为乡约有强人所难的意味,故"不顺";其又非国

---

[1] 杨念群:《论十九世纪岭南乡约的军事化——中英冲突的一个区域性结》,载《清史研究》1993第3期。
[2] 张载:《张载集》,中华书局1978年版,第264页。
[3] 张载:《张载集》,中华书局1978年版,第382页。
[4] 《蓝田吕氏集》,曹树明点校,西北大学出版社2015年版,第799页。

家之法令,强制推行又有对国家政权"不恭"之嫌。对此,吕大钧反驳说:谓其"不顺""不恭",是因为其未对乡约深入考察的缘故。所谓"强人之所不能",是从人的才性能力而言的,其实,乡约所约众者,无非是"孝弟忠信"之类,其"动作由礼,皆人所愿",即使有"力有不勉"者,然心亦向往之。且乡约不过是"就其好恶,使之相劝相规而已",哪里有"强所不能"的事呢?至于说乡约"非上所令而辄行",也不是那回事。上之所令禁止的,都是"聚萃群小,任侠奸利,害于州里,挠于官府之类",而乡约所涉及的无非是"礼俗患难,人情素相问遗赒恤"等,[1]所以也绝非有对上令"不恭"之嫌。况且,在乡约所行之前,民间早已有相类似的组织规约存在,如"庠序则有学规,市井则有行条,村野则有社案,皆其比也"[2],所以乡约并非"异事",为什么单单怀疑乡约呢?另有李纯之者,曾担心乡约陷入如汉之党争之类以遭刑祸,其兄吕大防也对此表示担忧。于是吕大钧遂指明汉之党祸的实质,认为乡约与此绝不相类相近。况且乡约所言患难相恤诸事乃"自来人情所共恤,法令之所许"[3],不会引起党争之事。其次,关于乡约的具体内容,在吕氏兄弟之间也有不同的看法。吕大忠认为《吕氏乡约》中的条款有"绳之稍急者",希望吕大钧能"改更从宽"。吕大钧则回复,乡约所规者,本"来者亦不拒,去者亦不追"[4],已是很宽松的了。二兄吕大防建议将乡约改为"家仪"或"乡学规"之类,以符习俗,以免是非,甚至希望他能入仕,"欲令保全,不陷刑祸",而吕大钧则指出,乡约中所列诸如"礼俗相成,患难相恤"[5]等项,并不适合于家人之间。至于改为"乡学规",虽有可行之处,但约中所设"约正""直月"等,已与"学中学正、直日"相类,故没有此必要。至于入仕之劝,在吕大钧看来,"盖人性之善则同,而为善之迹不一:或出或处,或行或止",故又"何必须以出仕为善乎!"[6]他没有听从二兄的善意劝告。

可以看出,《吕氏乡约》是在激烈的争议中确立下来并付诸实行的。也可看出,《关学编》所谓吕大钧"与兄进伯、微仲、弟与叔,率乡人为乡约以敦

---

[1] 《蓝田吕氏集》,曹树明点校,西北大学出版社2015年版,第799页。
[2] 《蓝田吕氏集》,曹树明点校,西北大学出版社2015年版,第799页。
[3] 《蓝田吕氏集》,曹树明点校,西北大学出版社2015年版,第798页。
[4] 《蓝田吕氏集》,曹树明点校,西北大学出版社2015年版,第797页。
[5] 《蓝田吕氏集》,曹树明点校,西北大学出版社2015年版,第795页。
[6] 《蓝田吕氏集》,曹树明点校,西北大学出版社2015年版,第798页。

俗"[1]的说法,不完全符合实际。吕大忠主张《吕氏乡约》应缓行,吕大防对《吕氏乡约》颇有担忧,而吕大临则沉潜于道学,似未有多少参与,《吕氏乡约》的真正制定和推行者是吕大钧。《宋史》称他重礼的思想"虽皆本于载"[2],但又"能自信力行",其制定和推行乡约是顶着各种压力以实现自己的愿望的,这需要多大的勇气和坚毅的担当精神!《吕氏乡约》成于熙宁九年(1076),即张载逝世的前一年,张载应是看到了的,所以他赞叹吕大钧"勇为不可及"[3],张载说:"秦俗之化,和叔有力。"[4]清人陈弘谋言及《吕氏乡约》制作者"推己及人,为善于乡"的无私无畏精神时说:"可见古人为学,不肯独善其身,亦不必居官,始可以及人也。"[5]可见,中国首部乡约出现在关中绝非偶然,显然受到张载以礼为教、笃行践履的关学精神的熏陶,也受到张载"于公勇,于私怯,于公道有义,真是无所惧"[6]的人格境界的感召。《吕氏乡约》由于吕氏在当地的推行,收到了较好的效果,黄宗羲在《宋元学案》中称:"横渠之教以礼为先,先生(大钧)条为乡约,关中风俗为之一变。"[7]

《吕氏乡约》后被历代关学学人力加推行。有明代三原关学学人王承裕者,其"教人以礼为先,凡弟子家昏丧祭,必令率礼而行。又刊布《蓝田吕氏乡约乡仪》诸书,俾乡人由之。三原士风民俗至今贞美"[8]。高陵学人吕柟在谪官山西解州时,将《吕氏乡约》与解州乡俗结合,制定了《解州约》,并推行于当地乡里。明泾阳学人吕潜亦在其乡间"率乡人行乡约,人多化之"[9]。蓝田人王之士在《吕氏乡约》的诞生地蓝田推行乡约,并著有《正俗乡约》。他在"诸洒扫应对,冠婚丧礼久废"之时,"每率诸宗族弟子,一一敦行之。于是蓝田美俗复兴"[10],至今蓝田县仍保留有明代的一口乡约钟,牛

---

[1] 冯从吾:《关学编》,载《冯从吾集》,西北大学出版社2015年版,第422页。
[2] 脱脱等:《宋史》,中华书局1977年版,第10847页。
[3] 脱脱等:《宋史》,中华书局1977年版,第10847页。
[4] 冯从吾:《关学编》,载《冯从吾集》,西北大学出版社2015年版,第4页。
[5] 陈宏谋:《训俗遗规》,载《四库全书存目丛书》(子部)第158册,齐鲁书社1995年版,第607页。
[6] 张载:《张载集》,中华书局1978年版,第292页。
[7] 黄宗羲:《宋元学案》,中华书局2013年版,第1096页。
[8] 冯从吾:《关学编》,载《冯从吾集》,西北大学出版社2015年版,第446页。
[9] 黄宗羲:《宋元学案》,中华书局2013年版。
[10] 冯从吾:《关学编》,载《冯从吾集》,西北大学出版社2015年版,第461页。

兆濂曾亲往视之。可见,关学学人不仅是乡约的创造者,也是其重要的实践者。

三、朱熹《增损吕氏乡约》与宋代理学

理学在宋代的集大成者是朱熹。朱子承继了二程关于理的思想以及修养工夫论,建立了博大精深的理学思想体系。在本体论上,主张"天人一理","万一山河大地都陷了,毕竟理却只在这里"[1],即以理为宇宙万物的本原。又说:"理则为仁义礼智"[2],遂将必然之理与当然之则加以贯通,建立起天人合一的思想体系。在工夫论上,他接受了程子的"涵养须用敬,进学则在致知"[3]的思想,尤强调"致知、力行,用功不可偏"[4],且要分得个轻重,说"论先后,当以致知为先;论轻重,当以力行为重"[5]。正因为朱子主张力行为重,故强调仁、义、礼、智等道德伦理要尽力贯彻到社会生活中去,所以他十分关注《吕氏乡约》。在南宋,朱熹是自乡约创制以来关注并增损完善乡约最为重要的一位学人。

从《朱子语类》看,朱熹与其弟子问答似未提及过《吕氏乡约》。乾道二年(1166),朱熹在《答张敬夫》中对张栻(敬夫)说:"《乡约》之书,偶家有藏本,且欲流行,其实恐亦难行,如所喻也。"[6]当时他有将《吕氏乡约》推之社会的愿望,又担心其难以实行。不过他肯定了"前辈所以教人善俗"的良好用心,于是出于一种责任心,他对《吕氏乡约》进行了增损,此即《增损吕氏乡约》。他说:"今取其他书及附己意稍增损之,以通于今。"[7]

《增损乡约乡仪》与原乡约主体部分虽然基本精神和框架大致相同,但在内容上有较大的差异。从增损的内容看,朱子所"增损"的原则主要是:一是"通于今",也就是要适应于新的时代;二是合乎"理",如在"德业相劝"条,增加了"能肃政教""畏法令,谨租赋"等内容,注意了乡约与政府权力的协

---

[1] 黎靖德:《朱子语类》,中华书局1986年版,第4页。
[2] 黎靖德:《朱子语类》,中华书局1986年版,第3页。
[3] 黎靖德:《朱子语类》,中华书局1986年版,第188页。
[4] 黎靖德:《朱子语类》,中华书局1986年版,第148页。
[5] 黎靖德:《朱子语类》,中华书局1986年版,第148页。
[6] 朱熹:《朱熹集》,四川教育出版社1996年版,第5682页。
[7] 朱熹:《朱熹集》,四川教育出版社1996年版,第3910页。

调,既合法又合理。在"过失相规"条,把比较抽象的"逾违多端",改为"逾礼违法",强调礼法的重要性。在该条后面原有"每犯皆书于籍,三犯则行罚"一段,朱熹则删去了,改为"同约之人,各自省察,相互规劝。小则密规之,大则众戒之",对于"不听"者则由"约正以义理诲谕之"。这里去掉了处罚,而贯穿了涵养省察的理学修养工夫和以义理诲谕的精神。朱熹对"礼俗相交"条有较多的增补,规定较细,尤其体现了重礼的传统。对于原约中的处罚内容,朱熹采取了极为谨慎的态度,他从南宋社会贫富不均的实际情况出发,主张删去罚金的内容。他在《答吕伯恭》中做了这样的说明:"熹欲修《吕氏乡约乡仪》及约冠昏丧祭之仪,削去书过行罚之类,为贫富可通行者。"[1]于是《增损吕氏乡约》删去了原约中"罚式"一项。重要的是,增加了"月旦集会读约之礼"的内容,注意发挥约众的主观能动性,从而突出了对约众道德自律的要求,此点尤为后世重视。由于朱熹在增损《吕氏乡约》时自觉或不自觉地贯彻了涵养、致知、力行的理学精神,所以,到永乐年间,明成祖曾"表章《家礼》及取蓝田《吕氏乡约》列于性理成书,颁降天下,使诵行焉"[2],显然,明朝廷注意到了《吕氏乡约》的性理学特征。

朱熹虽增损了《吕氏乡约》,但他本人却并未真正付诸实行。不过因朱熹的重视,其在南方还是发生了广泛的影响,如曾从朱子游的怀安人潘柄(字谦之),即尝"取圣贤格言为训,又以《吕氏乡约》隐括继其后。凡存心养性之道、律己治人之方,条目具列,终身所行,不出于此"[3]。其乡约亦确实有人施行了,如巴州(今重庆)人阳枋就是其典型的一例。据阳枋《字溪集》记:阳枋因疾"乡人或有以饥渴为心害者",于是"乃与弟全庵南午、侄存庵醇、友人宋君如山、罗君仲礼、朝宗陈君晰之、黄君应发,举《蓝田吕氏乡约》,推前进士黄君应凤为长,合同志行之,正齿位,劝德行,录善规过,又与李君发明讲明乡饮之礼",看来乡约由阳枋确实实行了,并收到了良好的效果,"于以维持孝弟忠信之风,一乡化焉"[4]。

---

[1] 朱熹:《朱熹集》,四川教育出版社1996年版,第1450页。
[2] 王樵:《金坛县保甲乡约记》,载高德贵、张九徵:《镇江府志》,朱霖等增纂,清乾隆十五年(1750)增刻本。
[3] 李清馥:《闽中理学渊源考》,徐公喜等点校,凤凰出版传媒集团2011年版,第363页。
[4] 阳枋:《字溪集》卷十二,文渊阁四库全书本。

四、《南赣乡约》与阳明心学

乡约于明正德之后在南方广泛流行,这得益于明代心学大家王阳明的关注,著名的《南赣乡约》[1]即为王阳明所作。据王阳明《年谱》所记,正德十三年(1518)十月,王阳明在大征之后,"以为民虽格面,未知格心,乃举乡约告谕父老子弟,使相警戒"[2],并悟出"破山中贼易,破心中贼难"[3]的道理,主张只有"举乡约",方可"和尔乡里,齐尔姻族,德业相劝,过失相规,敦礼让之风,成淳厚之俗"[4],从而作《南赣乡约》。

《南赣乡约》应是受《吕氏乡约》和朱子《增损吕氏乡约》的启发,将其心学思想融入其中而形成的。邹守益说:"此中丞阳明公参酌蓝田乡约,以协和南赣山谷之民也。"[5]王阳明是一位事功与学问兼得之人,其"事功远过朱子",而"学问也近似朱子"[6]。正德十二年(1517),王阳明至赣,时汀、漳诸郡多"流寇"肆劫,王阳明采取剿抚并施的方针,致其溃散。为了对乡间进行有效治理,他于是年行"十家牌法",其法即"编十家为一牌,开列各户籍贯。姓名、年貌、行业,日轮一家,沿门按牌审察,遇面生可疑人,即行报官究理",并告谕父老子弟,"务要父慈子孝,兄爱弟敬,夫和妇随,长惠幼顺",强调乡民须"勤谨以办国课,恭俭以守家业,谦和以处乡里","见善互相劝勉,有恶互相惩戒;务兴礼让之风,以成敦厚之俗"[7]。王阳明所行"十家牌法",固然重视在乡村建立严密的组织,但是更看重道德教化,这已有与《吕氏乡约》相似的某些特征。之后,他在平定漳州及横水、左溪、桶冈、俐头等地"诸寇",于正德十三年(1518)四月班师后,认为时"民风不善,由于教化未明",宜先"就其浅近易行者,开导训诲",于是立即"兴立社学,延师教子,歌诗习礼",以便"雍雍然渐成礼让之俗"[8]。王阳明是一位心学大家,他在此

---

[1] 王守仁:《王阳明全集》,上海古籍出版社2011年版,第599~604页。
[2] 王守仁:《王阳明全集》,上海古籍出版社2011年版,第1386页。
[3] 王守仁:《王阳明全集》,上海古籍出版社2011年版,第188页。
[4] 王守仁:《王阳明全集》,上海古籍出版社2011年版,第590页。
[5] 邹守益:《乡约跋》,载《东廓邹先生遗稿》,光绪三十(1904)年版,1926年重印本,第842页。
[6] 杨开道:《中国乡约制度》,商务印书馆2015年版,第108页。
[7] 王守仁:《王阳明全集》,上海古籍出版社2011年版,第1366页。
[8] 王守仁:《王阳明全集》,上海古籍出版社2011年版,第1252页。

时已提出"心即理"和"知行合一"等重要命题,并试图把心学思想与乡村治理实践相结合。在是年所写的《训蒙大意示教读刘伯颂等》中说:"讽之读书者,非但开其知觉而已,亦所以沉潜反复而存其心,抑扬讽诵以宣其志也。"[1]"开知觉""存其心""宣其志"等,都强调内心的省察和了悟,强调人内在的道德自觉。这一年里,王阳明虽然以更多的精力"出入贼垒",但其仍"讲聚不散",与诸弟子讲学,"日与发明《大学》本旨,指示入道之方",并把当年在龙场所疑"朱子《大学章句》非圣门本旨"的思想加以发挥,刻古本《大学》及《朱子晚年定论》,并指出世间所传朱子《集注》《或问》"乃其中年未定之说",所传《语类》,亦为其门人"挟胜心以附己见"而成,与朱子平日所讲"大相缪戾"。[2]他所悟者,以为圣人之学"本简易明白",其"格物本于诚意","以良知指示至善之本体,故不必假于见闻",[3]也就是说,虽然他明确提出"致良知"是在三年后的正德十六年(1521),但在此时王阳明的心学思想体系已基本形成。

《南赣乡约》与《吕氏乡约》《增损吕氏乡约》之间当有诸多不同。对于此约与后两者特别是与朱子《增损吕氏乡约》的差别,杨开道先生早在20世纪30年代已从制度层面做过翔实的考察,[4]此不赘述。笔者在此拟从如下四个方面说明,作为心学背景下的《南赣乡约》,是如何以心学思想为指导,吸收吕氏和朱子乡约的理论和实践,将其贯穿在明代南安、赣州一带的乡村治理中的。

第一,王阳明从心学人性论出发,指出:"蓬生麻中,不扶而直;白沙在泥,不染而黑。民俗之善恶,岂不由于积习使然哉!"[5]他认为人生而有良知,都有善的本心,但是由于受到环境的染污和积习,善的本心不能得以彰显,于是才有"民俗之善恶"差异,才有"寇贼""四处为暴",然这并非说其人性与众不同,而由于"其人之罪"所致。

第二,王阳明指明,之所以出现善恶之异,与"司治之无道,教之无方"有关,由于没有有效的乡村社会治理,没有良好的教化之方,"遂使之靡然日流于恶",此强调了乡约制度建立的必要性和重要性。他指出"今特为乡约"的

---

[1] 王守仁:《王阳明全集》,上海古籍出版社2011年版,第99页。
[2] 王守仁:《王阳明全集》,上海古籍出版社2011年版,第268页。
[3] 王守仁:《王阳明全集》,上海古籍出版社2011年版,第1953页。
[4] 杨开道:《中国乡约制度》,商务印书馆2015年版,第110~125页。
[5] 王守仁:《王阳明全集》,上海古籍出版社2011年版,第664页。

目的在于:"以协和尔民,自今凡尔同约之民,皆宜孝尔父母,敬尔兄长,教训尔子孙,和顺尔乡里,死丧相助,患难相恤,善相劝勉,恶相告戒,息讼罢争,讲信修睦,务为良善之民,共成仁厚之俗"[1],即主张通过乡约的形式约束乡民,以孝老敬长,和睦邻里,德业相劝,患难相恤,善相劝勉,恶相告戒,使乡民回归良善的本性,乡邻酿成仁厚的习俗。

第三,王阳明的"立言宗旨"是"知行合一"。所谓"知行合一",就是"正要人晓得一念发动处,便即是行了。发动处有不善,就将这不善的念克倒了。须要彻根彻底,不使那一念不善潜伏在胸中。此是我立言宗旨"[2]。所以王阳明在《南赣乡约》前序中,特别强调"人之善恶,由于一念之间",如果"彼一念而善,即善人矣""尔一念而恶,即恶人矣"。[3]心之"一念"即有善恶,这正是王阳明心学的"易简觉悟"之说,亦"与阳明居夷之后,亦专以先立乎其大者教人"[4]的思想相通。

第四,王阳明乡约不同于吕氏之重要一处,即对善的奖励与对恶的惩戒直接书之于乡约的条款中。如约中规定,"因尔一念之善,贷尔之罪;当痛自克责,改过自新"[5],此种强调让入约者通过自我反省以改过自新的做法,极具心学特征。他还强调通过一定的程序,当众"举善"或"改过",把《吕氏乡约》"能修其身"通过一定程式具体化,如让"同约之人,明听申戒":"人孰无善,亦孰无恶;为善虽人不知,积之既久,自然善积而不可掩;为恶若不知改,积之既久,必至恶积而不可赦。今有善而为人所彰,固可喜;苟遂以为善而自恃,将日入于恶矣! 有恶而为人所纠,固可愧;苟能悔其恶而自改,将日进于善矣! 然则今日之善者,未可自恃以为善;而今日之恶者,亦岂遂终于恶哉? 凡我同约之人,盍共勉之!"[6]为了使乡约能够得到有效的实施,他特别强调在教育方法上要温情平和,说:"彰善者,其辞显而决;纠过者,其辞隐而婉,亦忠厚之道也。"[7]可见王阳明的乡约总是本着惩前毖后、治病救人的目的进行的。总之,王阳明的《南赣乡约》与其"心即理""知行合一"的

---

[1] 王守仁:《王阳明全集》,上海古籍出版社 2011 年版,第 665 页。
[2] 王守仁:《王阳明全集》,上海古籍出版社 2011 年版,第 196 页。
[3] 王守仁:《王阳明全集》,上海古籍出版社 2011 年版,第 665 页。
[4] 王守仁:《王阳明全集》,上海古籍出版社 2011 年版,第 1806 页。
[5] 王守仁:《王阳明全集》,上海古籍出版社 2011 年版,第 665 页。
[6] 王守仁:《王阳明全集》,上海古籍出版社 2011 年版,第 664 页。
[7] 王守仁:《王阳明全集》,上海古籍出版社 2011 年版,第 665 页。

心学思想相通。

阳明心学对明代乡约的影响,在此后学者所立新的乡约中得以充分体现。自王阳明行《南赣乡约》之后出现一个新的情况,就是在组织形式上,乡约与保甲、社仓、社学等相结合,且相辅为用,但乡约则为之纲,其中的心学精神则一以贯之。王阳明的三传弟子、泰州学派的代表罗汝芳,主张孝悌慈本性人人现成,本自具足,无须外求。他常深入民间,教化士民,尤以发人"良知"和济人急难闻名于世。他在出守宁国府时尝"以讲会乡约为治"[1]。吕坤在其乡间推行乡约保甲法亦颇有影响,他"申明乡约保甲,以善风俗,以防奸盗事",指出"劝善惩恶,莫如乡约;缉奸弭盗,莫如保甲"[2]。之后刘宗周亦倡导和推行乡约,说"安之之道,除前项轻徭薄赋外,莫若有司躬先教化,讲乡约以蒸善良,行保甲以戢奸宄"[3]。其所提出的乡约方案,虽不尽与《南赣乡约》同,然主旨则基本一致。

五、结　　语

乡约在宋明经历了关学的《吕氏乡约》,朱子《增损吕氏乡约》,到王阳明的《南赣乡约》几个重要发展阶段,亦分别有着与张载关学、朱子性理学和阳明心学或隐或显的思想联系。虽然乡约在各个不同时期表现不尽相同,但其一以贯之的精神都是通过一定的民间组织进行社会道德教化和实现乡村自治,以和睦邻里、抑恶扬善、敦本善俗来保持乡村的和谐与安宁。乡约作为一种乡村自治的组织形式和规约,在历史上的作用是积极的和有效的。借鉴和吸收《吕氏乡约》及其在历史上不同时期的演变和实践经验,摒弃其过时的成分,发掘其超越性的意义和价值,进行乡约的现代转化,以服务于新时代的乡村文明建设,是我们今天应该做的一项重要工作。

---

[1] 黄宗羲:《宋元学案》,中华书局2013年版,第760页。
[2] 吕坤:《实政录》,载《四库全书存目丛书》(子部)第164册,齐鲁书社1995年版,第342页。
[3] 刘宗周:《刘宗周全集》(第3册),上海古籍出版社2007年版,第97页。

乡村儒学与乡土信仰重建

赵法生[*]

摘要：传统乡村的人生信仰，是一种由私塾学堂、宗族祠堂和民间道堂复合而成的精神生态系统，为传统乡村大众提供了安身立命之地。这一系统近代以来被摧毁，导致了乡村的价值真空和文化荒漠化，急需在乡村重建新的教化体系加以填补。本文通过对于传统乡土文化的研究，结合当代乡村儒学的实践经验，提出了在目前乡村建构儒学讲堂、公共祠堂和民间道堂三堂合一的教化体系的构想，通过乡土文化的返本开新，为乡土文明重建提供了一条可资借鉴的路径。

关键词：乡村儒学；私塾；公共祠堂；道堂；乡村教化体系

　　传统乡村的人生信仰，是一种由私塾学堂、宗族祠堂和民间道堂构成的精神生态系统，主要内涵是敬天、法祖、崇圣、礼神，这一信仰是以儒释道为代表的大传统与民间信仰小传统结合的产物，是数千年华夏文明在乡土社会的结晶，是维系民间社会人生意义的生命线。经过一个多世纪的反复破坏，到"文革"时期，这套乡村文化信仰体系被完全摧毁。但是，毁易成难，现代中国人尴尬地发现，我们以运动的方式摧枯拉朽式地铲除了传统的乡土信仰，却无力在乡村提供一套同样行之有效的替代物，广袤的乡村地区因此而陷于真正的精神空白。精神信仰的缺失，过大的城乡差距，以及一代又一代有文化的青年人离开乡村，适彼乐土，一去不返，使得乡村沦为文化沙漠，其始料未及的后果也逐步显现出来。当前乡村的文化重建需要输血式的急救。乡村儒学实验的结果表明，儒学讲堂可以部分替代传统私塾在乡村的教化功能，再与村庄公共祠堂的慎终追远功能以及民间道堂安身立命功能

---

[*] 作者系中国社会科学院世界宗教研究所儒教室副研究员。本文发表于《孔子研究》2018年第2期。

相结合,实现三堂合一的乡土信仰系统重构,有可能为乡土文化重建探索一条新路子。

一、重塑乡村价值 复兴乡村学堂

私塾在我国起源历史悠久,私塾类的民间教学机构在西汉已经出现,魏晋南北朝时期社会的长期动荡导致官学凋敝,民间私塾反而有长足发展。唐以后,科举制度的逐步成熟,给予民间私塾以新的推动力量,至明清而步入全盛。

依据童蒙养正的古训,私塾教学首先以三、百、千(《三字经》《百家姓》《千字文》)等传统蒙学教材培养孩童的人文基础和人生礼仪,然后,殷实人家的子弟继续诵读四书五经,为科举考试做准备,而"市井乡村贫穷儿童"等则继之以《四言杂字》一类,期"能识日用字,写柴米油盐账而已"[1]。梁漱溟先生曾经批评科举制下私塾的经学教学模式过于僵化,违背了孔子教学的真精神,表明了这一教育制度的历史局限,但它在传统乡里人文化方面的积极作用却不容忽视。

私塾教育本质上是修身做人的教育,学生中的一小部分晋升士大夫阶层,退休之后依然回到乡村,兴学办道,回报桑梓。没有通过科举考试者,也能知荣辱廉耻,明是非之道,大多成为乡绅,承担起乡村的教书、写信、写对联、说书,以及庙会祭祀和红白喜事的执礼功能,成为乡里的文化人。可见,正是私塾培养了乡里生活所需要的读书人。

传统私塾教育的这一功能,正是今天的学校教育所缺乏的。今天乡村中小学的应试教育,不但与修身做人无关,而且与农民的日常生活也几无关系,无法满足农村的文化需求。胡适从美国留学回来时已经注意到:"如今中学堂毕业的人才,高又高不得,低又低不得,竟成了一种无能的游民,这都由于学校里所教的功课,和社会上的需要毫无关涉"[2],说明此种情况由来已久。农民含辛茹苦培养的读书子弟,不管从知识结构上还是人格心理上,都已经与乡村完全疏离,他们唯一的渴望是摆脱脚下的黄土地,到都市去寻

---

[1] 刘成禺:《世载堂杂忆》,辽宁教育出版社1997年版,第2~3页。转引自罗志田:《科举制度废除在乡村中的社会后果》网络版。

[2] 胡适:《归国杂感》,《胡适文存》卷四,转引自罗志田:《科举制度废除在乡村中的社会后果》网络版。

找他们的远大前程。

晚清废私塾书院,以行政手段废除了数千年的学统,新学堂的兴建却并没有带来预想中的成果,至于其中的原因,梁漱溟先生在80多年前已经作了深入反思。他认为,新式学堂只是学来了西方学校的形式,却没有学到它的精神,即培养孩子的个性与创造精神;它同时也丢掉了数千年儒家教育的优长,即人格养成和性情教育。梁漱溟认为,这种教育既不合教育的道理,又不合人生的道理,故"痛切言之,现在学校教育,是使聪明的人变愚笨,使有能力的人变成无能力的废物"[1]。有人会以为这是极端之词,而梁漱溟认为这是中国现代教育体制的必然结果。他认为,青少年时期正是人身心发展困惑和苦恼最多的时期,而现代学校教育对学生生命中的问题不闻不问,"一任学生身心荒芜粗暴",使得人的生命力消沉无力,所学知识技能还有什么用呢?[2]于是,他将现代中国教育称之为不中不西的教育[3],这其实是预先回答了钱学森之问。令人意想不到的是,近年来中国农村大规模撤并学校之后,乡村甚至连这样的学校也没有了,乡村在丧失了私塾后再度失去学堂,剩下"白茫茫一片大地真干净"。

承担着私塾教育职责的,是一个在传统中国地位远远谈不上显赫的群体:私塾先生。在《聊斋志异》和《儒林外史》中,私塾先生大多是一副穷愁潦倒的形象,这虽然客观地反映了他们的经济处境,却不足以反映他们的历史地位。正是这些看上去固陋寒酸的民间读书人,不但培养了整个国家的公务员队伍即士大夫阶层,还培养了负责基层社会自治的乡绅阶层,他们是广袤乡野中的人生导师,是名副其实的灵魂工程师,是传统乡里修身做人的"教父"。他们这两方面的历史作用,实在是远远超过了基督教世界的牧师。与基督教牧师不同的是,私塾先生手里缺少一把打开天国之门的钥匙,却握有一把打开此岸世界飞黄腾达的钥匙,不幸的是,他们手中的这把金钥匙,命中注定只能为他人打开幸福之门,而他们自己则沦为科举考试的失败者。于是,他们"孩子王"的社会地位,就这样被尴尬地决定了。历史的不公由此

---

[1] 梁漱溟:《抱歉—苦痛——一件有兴味的事》,载马勇主编:《梁漱溟教育思想研究》,辽宁教育出版社1994年版,第301页。

[2] 梁漱溟:《办学意见述略》,载《梁漱溟全集》第6卷,山东人民出版社1991年版,第62页。

[3] 梁漱溟:《东西两方教育所注重之不同》,载马勇主编:《梁漱溟教育思想研究》,辽宁教育出版社1994年版,第62页。

可见一斑。

民国以来,由于乡村的凋敝,许多地方的劣绅取代乡绅成为乡村行政主导力量,这固然与乡村经济的凋敝有关,更与儒家教育的式微互为因果。就此而言,没有乡村私塾的存在,已经没有了培育乡绅阶层的温床。所以,在用政治运动消灭了传统乡绅阶层之后,当代国人突然开始呼吁乡绅归来,这不过是一种茫然的怀旧情绪而已,因为孕育乡绅阶层的社会文化基础早已被铲除干净。在文化荒漠一般的乡村呼吁乡绅降临,就如同那个守株待兔的宋国人一样可笑。

当然,废除私塾的历史并不如人们想象的一帆风顺。1901年,清廷下兴学诏,拉开了中国近世教育改革的大幕。1903年,"癸卯学制"颁布推行,1905年,清廷宣布废除科举制度,20世纪前半期,全国出现了三次私塾改良高潮,但直1935年年底,全国依然有私塾101027所。直到1959年以后,私塾才最终被彻底废除。私塾改造的进展缓慢,一方面是由于知识界儒家经典教育意义的认知分裂,许多知识人士意识到修身教育在国民教育中的重要性,同时也是由于农民本身对于私塾教育的留恋。大量的民间私塾顽强存活到20世纪40年代,笔者在福建霞浦县调查时,一位年近80岁老者,回忆起他当年在山村私塾读书,遇到上级来检查,就将四书藏到书桌底下,开始大声朗诵新式课本的故事,并深情地用当地口音背诵了一遍《大学》,音调曲折顿挫,令人回味。

我们无意为消失的私塾先生唱一出无尽的挽歌,更不想将中国社会拉回到政教合一的帝国时代。从某种意义上,在德赛二位先生传入中国之际,私塾的历史命运已经确定,因为其所依赖的君主专制制度本身已经丧失了历史合理性。但是,既然私塾制度的意义并不仅限于政治领域,它们还是广大乡野人生价值的重要来源,我们就不能不考虑它们离场后,乡村所面临的价值真空该如何填补,这一问题的严重性随着时间的流逝而愈发突出。

从2013年年初,一些学者在曲阜尼山开始进行乡村儒学实验,主要是组织儒学志愿者,在乡村开设儒学讲堂并定期讲授《弟子规》《三字经》《千字文》等蒙学教材,辅之以家教、家礼和《了凡四训》《太上感应篇》等劝善典籍,有时也向村民讲解一些生活所需的农业、医疗等知识。授课开始时半月一次,后来发展为每周一次,志愿者还经常帮助乡村留守老人、儿童,将儒学传播和乡村公益相结合。乡村儒学不是学历教育,而主要是修身做人教育,目的是要在儒学传统中断百年之后,填补私塾废除之后的空白,重建儒学在乡

村的教化体系,所走的是大众儒学的路子,就此而言,它是明代泰州学派的精神传人。

结果表明,只要儒学讲堂的工作能够扎实持续一年左右,都有较为明显的教化效果,各村庄的成效也大致相同,主要表现在以下几个方面:一是孝道状况明显好转,公开打骂老人现象消失,许多不孝子女开始躬行孝道,家庭纠纷减少而和谐度增加;二是邻里关系改善,村民纠纷减少,一些因矛盾多年不来往的邻居一起赶集了,有的甚至一起参加村里的救老扶贫义工队伍;三是村风好转,如小偷小摸减少、骂街的少了、卫生状况改善了。这说明历史悠久的儒家教化依然具有不可忽视的当代意义,而人心本具的良知良能是可以唤醒的。不过,这有赖于儒学义工团体脚踏实地和持之以恒的不懈努力,一旦表面化形式化就会前功尽弃。

二、重构家庭伦理　兴建公共祠堂

在传统中国乡村,私塾先生在传播儒家道德观念方面发挥了重要作用,至于道德习惯的养成,主要通过包括冠、婚、祭、丧的人生礼仪来完成,这些礼仪实践的主要组织者是宗族,主要平台则是宗族祠堂。

传统中国社会组织形态是宗法制度,从历史发展看,中国宗法制度经历了两个不同阶段,即分封制下的宗法制和后分封制下的宗法制度。前者以西周的宗法制度为代表,后者则是在秦以后逐步形成的。到宋代,以祠堂的兴起为标志,宗法制度发展进入了一个新阶段。如果说,传统的宗法制度是礼不下庶人,那么,新型宗法制度的特点正是要将礼落实到庶人的生活世界。以家庙为例,在宋代以前,家庙的设立有严格的等级限制,《礼记·王制》规定周代庙数制度是"天子七庙,诸侯五庙,大夫三庙,士一庙。庶人祭于寝",庶人被禁止设庙,只能在正室内祭祖。宋代礼典依然遵从周制,不许庶人立家庙。历经唐末五代的长期动乱,即使官宦世家的家庙也大多损毁,只能在家中设立影堂祭祖。司马光《书仪》将影堂祭祖明确规定下来,朱熹在《家仪》的基础上撰作《朱子家礼》,设计了适应士庶各阶层的祠堂制度,并整理了冠婚丧祭等重要人生礼仪范本,使得原本属于贵族的礼乐在全社会范围内普及开来。从以家庙为核心的宗法制,到以祠堂为核心的宗法制,是在儒家士大夫的推动下,中国宗法制由古典形态演变为中古形态的重要标志,也是儒家礼制和儒教形态的一次重要变革。

另外,朱熹将祠堂置于《家礼》开端,因为它是传统家礼制度的灵魂所在。从《家礼》礼制看,所有家礼仪规都以祠堂为中心,告庙和祭祖是各项家礼的最重要环节,祭祀活动的主祭人是族长。宗法制度中最重要的是祭祀权,在古典宗法系统中,只有宗子才能祭祀父祖,其他兄弟则在宗子祭祀时敬侍宗子。李塨指出:"祭礼通俗谱曰:'祭必以子',子必有兄弟,周制兄弟严嫡庶,而嫡庶又严长次,惟长嫡可以主祭,次嫡与庶皆名支子,皆不得主祭。盖封建之世,天子诸侯大夫惟长嫡得袭位,次嫡即不袭,故古之重嫡即重贵也。"[1] "祭必以子"与嫡长子制度的结合,实现了族统与祭统的整合,是宗法制度的核心建构。从兄弟关系来讲,古典宗法的特征在于以兄统弟,借以完成宗族支系之间的整合,以宗子为中心,整个宗族合成一个有机的血缘型社会组织。

中古的宗法制度下,以兄统弟的制度已经终结,原来意义上的宗子不复存在,每一房的统领者由兄变父,宗族的规模大为缩小,新的族长在宗权方面已经无法与古代宗子相比,但依然是宗族祭统的代表,因此也是族田的管理者和族法族规的执行人。因此,新族长只是在以弱化的形式复制了周代的宗子制度。

春秋时期,诸侯宁愿放弃军政大权也不放弃祭祀权,说明了传统宗法制的宗教性,新的宗法制度依然继承了这种精神。库朗热认为在基督教兴起之前,古希腊、古罗马的家庭本身就是一种宗教性组织,他称为家庭宗教。[2] 那么,传统中国的宗族也是一种宗法性宗教,它远比前者具有更为系统发达的组织和信仰系统。但是,传统宗法性宗教又不是基督教和佛教意义上的宗教,它的主要内容是道德教化,如牟宗三先生所说的"道德宗教"。

儒家教育是以孝悌之道为根本,以推己及人求扩充,它在传统乡村依靠的不是天道性命的学理言说,而是人伦日用的礼仪实践,《朱子家礼》中以祠堂为平台的人生礼仪设计,每一种礼仪都指向孝亲尊祖的意义关切,因为"慎终追远,民德归厚矣"(《论语·学而》),所以说"礼有五经,莫重于祭"(《礼记·祭统》)。如果说孝悌为仁之本,而慎终追远则是孝悌之本,祠堂则是慎终追远教育之根本所系。

---

[1] 瞿同祖:《中国法律与中国社会》,中华书局2003年版,第21页。
[2] 库朗热:《古代城邦》,谭立涛等译,华东师范大学出版社2006年版,第31页。

社会儒学与儒学的多元开展

在持续深入的反传统运动中,各地祠堂普遍被毁,不仅动摇了儒家在乡村的根基,而且对家庭伦理观念产生了深刻影响,随着社会经济条件的变化,中国逐渐从中古家族宗法制度进入了单元家庭时代,构成了继古典宗法制和中古宗法制度之后的中国家庭制度的第三次历史变革。宗法组织的解构使得单元家庭失去了宗族整合功能,祠堂被毁则使它失去了祖宗神灵的护佑,中国历史上首次出现了原子化的家庭,原子化的家庭里面则是原子化的个人,因为这些家庭成员不但失去了曾经赖以安身立命的信仰支撑,也丧失了可以遵循的人伦道德。以祠堂为平台的传统家礼制度所维系的不仅仅是宗法制度,同时也维系着乡里父慈子孝、兄友弟恭、夫妇和顺的家庭秩序,以及礼义廉耻的人伦道德底线,这些精神价值同样也是维系单元家庭的稳定所必须的,除非我们有基督教那样的一神教信仰。所以,完全裸露的单元家庭,在同时失去了传统人伦道德的精神滋养和家族的整合后,必然会继续风化瓦解,继续进行其无法自已的解构过程,直至将每个家庭成员变成精神上的单子,乡村完全原子化,家庭本身也陷入伦理失序的冲击之中,加以青壮年农民进城打工所导致的留守老人、妇女和儿童现象,家庭问题也随之大量出现。30多年来,此一进程由于过度和片面的市场化进程而加速,并由此而导致一系列社会后果,尤其是乡村老人困境与家庭伦理问题。

许多乡村老人处境艰难,我们在山东济宁乡村调查时发现,村里老人房很多,许多80多岁的老人都在老人房独居,其中许多并非孤寡老人,而是有多名子女在村里生活,子女的住房一般都离老人较远,许多老人因为子女不在身旁而出事,也有死在家里几天才被发现者。中国乡村居民至今无法享受到与市民同等的社会保障,在这样的情况下,儿女的孝心就成了乡村老人唯一的"社保",可是,在传统文化遭受长期破坏,甚至连"孝子贤孙"都成了贬义词,哪里还是孝道的栖息地?孔子当年曾说"至于犬马,皆能有养"(《论语·为政》),可是,在拜金主义压倒了血缘亲情后,村民们宁愿养犬马而不愿意养老人,因为后者赔钱。近年来,农村自杀问题引起了社会关注。《中国青年报》2014年7月30日报道,武汉大学社会学系主持的国家社会科学基金项目"农村老年人自杀的社会学研究",对湖北、山东、江苏、山西、河南、贵州等11个省份的40多个村庄进行调查,发现从1990年开始,中国农村老年人自杀率大幅上升,2000年以后又进一步提升,湖北京山地区的老人自杀率竟然达到了令人震惊的30%,农村老人自杀最主要的原因是生存困难,其次是为摆脱疾病的痛苦[1],专家将湖北京山老人自杀的原因归结为"老无所依"[2]。我们在山东乡村调研时,老人自杀事件也时有所闻。可以想见,如果传统的宗族组织及其救助功能尚存,乡村老人也不至于走上绝路,乡村老人自杀是乡土信仰解构和乡村社会保障缺位的结果。

鉴于祠堂在乡村儒家教化中的重要意义,在乡村儒学取得初步成效之后,通过重建祠堂以恢复礼乐教化,便成为乡村儒学第二阶段的重要任务。不过,由于北方乡村的祠堂基本被毁,村民大多已经对祠堂本身丧失了文化记忆,加以家庭结构和土地制度的变化,在北方重建单姓氏祠堂可能性已经不大。为了提升村庄文化空间和公共理性,参照广东省近代曾经出现过多姓祠堂的案例,我们在尼山两个村庄建设公共祠堂,将祠堂作为村里各姓氏祭祖与人生礼仪实践场所。各姓氏供奉本村一世祖与五服内的宗亲牌位,其他族亲牌位在祠堂内保存。公共祠堂的主神龛平日是空的,哪一姓氏祭祖时可将本姓氏始祖和宗亲牌位移入使用。目前,两个村的公共祠堂建设已经完成,各姓氏续谱工作接近完成。公共祠堂的建成将使乡村儒学实验推进到一个新阶段。

三、重视民间信仰　建设乡村道堂

除了宗族祠堂外,传统中乡土社会还有一种分布广泛的民间道堂,供奉着儒释道神灵与地方色彩的民间信仰神灵,在乡民的精神生活中发挥着重要作用,其中许多神灵在华夏民族信仰史上可谓源远流长。

从新石器时代晚期开始,中华先民就开始有了自然神灵崇拜,后来逐渐形成包括自然与社会神灵在内的丰富的多神崇拜体系:日月星辰、风雨雷电、山川湖海、动物植物、火石灵石、社神稷神、鬼魂神灵、祖先神灵以及各种各样的图腾崇拜和生殖崇拜等,[3]均包括在祭祀范围。《尚书·舜典》说舜"肆类于上帝,禋于六宗,望于山川,遍于群神",表明大舜所祭祀的已经是一个包括上帝在内的复杂的神灵系统。殷商卜辞为我们留下了殷代祭祀的重要实证资料,殷人祭祀的对象包括天神、人鬼、地祇三类,囊括了天地人三才

---

[1]《中国青年报》2014年7月30日。
[2]《三农中国》网站,2014年,4月12日。
[3] 牟钟鉴、张践:《中国宗教通史》上卷,社会科学文献出版社2003年版,第4～68页。

的众多神灵。《礼记·祭法》说:"山林、川谷、丘陵,能出云,为风雨,见怪物,皆曰神。有天下者,祭百神。"

唐代以后,随着儒释道三教合一格局之形成,民间信仰又与儒释道信仰相结合,内容更加丰富多彩。这一神灵谱系中的不少自然神灵,从西方宗教学标准看,未免给人以神灵世界中的下里巴人之感,属于偶像崇拜范畴。欧洲古代也曾经存在自然神崇拜,但是,随着基督教一神教的兴起,它们已经清除干净。可是,在中华文明史中,它们的历史已达数千年之久,历经多次冲击破坏依然顽强地存活在民间,成为大众信仰的重要构成部分。

实际上,中国人对于自然神灵的信仰,固然包含对于人格化的自然力量的敬畏与祈福保佑的动机,更体现了中国古代报本反始的思想。中华先民历来重视事物的本末先后,《礼记·大学》说:"物有本末,事有终始,知所先后,则近道矣。"《礼记·礼器》说:"礼也者,反其所自生;乐也者,乐其所自成。"《礼记·乐记》则说:"乐也者,施也。礼也者,报也。乐,乐其所自生;而礼,反其所自始。乐章德,礼报情,反始也。"将礼乐视为关联到生命本源的文化建构,体现了先民对于生命本源的拳拳感恩与报答之心。报本反始体现了古人对于自身与生命本源内在联系的觉悟,体现了轴心期的哲人探寻文明本源的形上努力。报本反始主要通过祭礼来完成,所祭祀的对象范围之广,种类之多,正反映了先民对于天地万物敬畏与感念,说明中华民族曾经是情感丰富且具有感恩意识的民族。在这里,宗教虔敬与崇德意识密不可分地结合在一起,构成了华夏民族文化心理的重要内涵。将民间信仰作为迷信,其实是用西方一神教裁量中华传统信仰的结果,体现了对中华传统文化理念的隔膜与无知。这种观念至今还支配着包括地方官员在内的许多人的思想。

根据杜赞奇的研究,1900—1942年间的华北农村,村庙是最为普遍的信仰场所。每个村大多有一到数座村庙,各地村庙神灵并不完全一致,包括土地爷、五道和地藏菩萨等,[1]亲人死后亲属要向土地爷报丧,然后由庙神转报城隍爷,由城隍爷决定如何处理死者的灵魂。这样,村民通过死亡便与更高一级的神灵发生了联系。也有村庙供奉玉皇、关帝、观音和三圣(孔老佛)。如此看来,除了祖神之外,还有跨宗族的区域性神灵城隍在行使惩恶

---

[1] [美]杜赞奇:《文化、权力与国家——1900—1942年的华北农村》,王福明译,江苏人民出版社1996年版,第116页。

扬善的功能。鉴于庙里供奉着全村的神灵,所以这类信仰是全村庄的公共信仰,村庙为每个人提供了死亡安顿所需要的公共服务。

传统乡土神灵大致可以分为三类:一是像三圣、关帝这样的道德神,他们是道德的化身,是儒家道德深入民间信仰的表现,同时又是村民的保护神。二是像玉皇大帝、土地爷、五道神(以及与之有关的小鬼、判官)、灶神这样主管赏善罚恶和生死荣禄的神,以及泰山老母、观音菩萨、地藏菩萨这类救苦救难的神,这些体现因果报应的神灵使乡人知所敬畏,能够自我约束并积德行善以蒙获福佑。三是像山神、河神、牛神、火神这样的自然神,也是人们祈福的对象。

笔者去年到河南中牟和山东邹平乡村讲解乡村儒学时,两位 80 岁以上的老人分别回忆起村里曾有的村庙,比如河南中牟的某个村有河神庙、牛神庙、土地庙,山东邹平某村除了有多家祠堂外,还有娘娘庙、火神庙、关帝庙、土地庙等,与杜赞奇的叙述基本相仿。笔者所读的小学,即村里的一座古庙。当时已经是"文革"后期,庙里的菩萨和关帝塑像等已经被毁,只剩下带有廊柱的三间北屋和三间西屋以及宽大的院落。小学撤并后又改建为村卫生室。从村庙到小学再到卫生室,村庙已经完全消失在村庄的历史视野中。

如果说祠堂的消失与宗族的瓦解,使得乡下人失去了仅存的社会组织而趋于原子化;而对于乡村传统宗教信仰的扫除,则切断了他们与天地神明的关联,颠覆了数千年来举头三尺有神明的观念。从此以后,为善将不再有好报,作恶也无须成本,乡村由此进入了一个没有神灵、没有敬畏、没有是非和无所畏惧的时代,人们生不得其道,死不得其所,生命陷于无意义的虚空之中,人性的潘多拉魔盒由此被打开。这种精神的凋敝与贫困,再加上城乡巨大的经济差距,是中国乡村日渐混乱和荒芜的重要原因所在。

因此,"文革"以后,南方中国乡村自发兴起的祠堂与民间信仰复兴并非偶然,这是人性本身的自然诉求,度过有限人生的痛苦与曲折,离不开神明的安慰与保佑,所以陀思妥耶夫斯基才说,即使世界上果真没有上帝,也要造一个上帝出来。对于广大乡野中那些现代文化知识很少的村民,来自祖先与神灵的保佑尤其重要。另外,从华夏文化体系的构成来看,这些天生缺乏高大上外观的民间信仰体系,其实是中华文化的草坪和灌木,发挥着涵养文明地表水土的重要作用,失去了它们的护持,文化土壤将会沙漠化,那些高大的乔木只能枯萎而死。台湾一位学者曾经指出,日本殖民统治台湾 50 年间,禁止学校学习中国传统经典,但其之所以灭亡中华文化的目的没有得逞,是因为台湾发达的民间宗教保留了中华传统文化的基因。相反的教训是,大陆的北方乡村基本扫荡了传统民间信仰,却迎来了外来宗教的大发展。目前,许多地方政府虽然口头上重视传统文化,却依然在延续着破四旧的思路,不断打压残存无几的民间信仰,其实是在继续摧残破坏传统的文化根基。

就目前情况看,如果乡村儒学仅仅停留在伦理说教层面,也会有一定效果,但要想最终在乡村落地生根,实现从外部输入型到乡村内生型的转变,就必须完成从一般道德说教到人生信仰的提升。在这方面,民间信仰将发挥重要的桥梁与媒介作用。历史悠久的行善积德观念与儒家道德教育的结合,将使得礼义廉耻不但是合理的伦理规范,同时也是他们人生蒙受福佑的条件和保障,从而真正成为百姓人伦日用和人生幸福的内在需要,这也是民间儒学和士大夫儒学的重要差异之一。对全国各地乡村儒学发展情况的调查也证明,凡是民间信仰保留较好的地区,也是儒学传统恢复较快的地区。经过历史上长期的互动,大小传统之间已经形成了一荣俱荣一损俱损的关系。

在这方面,福建霞浦县儒家道坛是较为典型的例子。该县10多年来已经设立了10多家儒家道坛,道坛里供奉有孔子与四配、太上老君、神农上帝、土地神、观世音菩萨等,儒释道三教合一的痕迹明显。道坛既给村民讲解《弟子规》《三字经》等儒家蒙学经典,也讲授善书,在促进传统文化复兴和改善村里的道德状况方面取得了显著成果。[1] 另外,福建莆田三一教,由明代士绅林龙江所创,倡导儒释道三教合一而归宗于儒,在今天的莆田地区依然拥有广泛信众,并在化民成俗方面发挥了重要作用。

笔者分析了传统私塾、祠堂和民间道堂在乡村教化和乡土信仰方面所发挥的作用,对于它们的历史局限着墨不多,这并不是为了将历史拉回到古代,而是考虑如何弥补它们步入历史后在乡村留下的精神空白。乡村可以没有私塾,但不能没人向村民讲述修身做人之道;乡村可以没有宗族祠堂,但总得有个祭拜祖先的地方;相对于那些制度化宗教,乡土信仰或许显得过于弥散化,需要变革提升,但村民不能没有神灵的保佑。乡村儒学讲堂、公共祠堂和民间道堂的三堂合一模式,正是为了整合三者在历史上的有益功能,提升它们公共性,使之与现代社会有效衔接,实现儒家道德、人生礼仪和

---

[1] 杨莉:《从民间信仰到儒教》,载《儒道研究》第二辑,社科文献出版社2014年版。

民间信仰有机结合,把村民的道德教化转变为他们的生命关切,以有效应对乡村文化的沙漠化困局。关于三堂合一后的教化内容,应当遵循返本开新的理念,实现传统与现代的有机结合。至于三堂合一的具体形式,根据各地条件,既可以三堂合于一院,分别承担讲学、祭祖和民间信仰功能,也可以三堂并于一室,将各项功能集中于一室之内来完成。新形式的三堂合一建构,将使得乡村居民得以再度与圣人同在,与祖先同在,与数千年来护佑着中华民族的神灵同在,荒芜的精神家园将因此而重新焕发生机,人们的心灵将不再流浪,乡土文明的重建将因此而获得稳定的价值支撑。

儒家政治哲学的人格指向：以君子人格为例

朱 承[*]

摘要："理想的社会应该由什么样的人组成"，是政治哲学的核心问题之一。在思想史上，儒家政治哲学对于这一问题的回答有着丰富的回答。以"君子"人格为例，"君子"不仅是个体的修养指向，更是公共生活中对人的要求，具有公共性、导向性、规范性和评价性等政治哲学意义。研究儒家政治哲学，有必要关注理想人格观念对于儒家式公共生活的意义。

关键词：儒家；政治哲学；理想人格；君子

近年来，学术界有一种观点，认为儒家哲学主要是从心性方面展开的，缺乏政治的维度。实际上，传统儒家哲学具有充分的政治哲学意蕴，如从自然天道角度论证儒家等级秩序的合理性，从通经致用的角度推动儒家经典参与政治现实，从王道霸道的争论中讨论哪一种政治治理方式更加具有合理性，从人性善恶的设定上寻找社会治理手段的有效性，从礼乐制度的制定中为社会生活提供规范和划定边界，从大同小康的社会设计中描绘理想社会的可能性等。除了体现在自然天道、通经致用、王道霸道、人性善恶、礼乐制度、大同小康等方面外，儒家哲学的政治哲学色彩还体现在对理想人格的追求上。在儒家看来，只有具备儒家理想人格的人越来越多，好的政治、好的社会才是可能的，"善人多，则朝廷正而天下治矣"[1]。因而，往什么方向塑造人、以什么样的品质培养人，就不仅是道德心性的问题，更是一个社会政治的问题。在这个意义上，儒家的理想人格追求具有政治哲学意义。

儒家政治哲学强调"内圣外王"，认为道德人格的成就是政治社会理想

---

[*] 作者系上海大学哲学系教授，哲学博士。本文曾刊于《探索与争鸣》2018年第5期，略有改动。

[1] 周敦颐：《周敦颐集》，陈克明点校，中华书局2009年版，第20页。

实现的前提,故而,在儒家哲学里,圣人、贤人、君子等人格话语都具有政治哲学的意味,而儒家政治哲学也在理想人格的设定、养成中得以展开。儒家认为,一个"理想"的社会,应该由"理想"的人组成,只有"人"能做到个体的善,公共之善才能实现,"故人不独亲其亲,不独子其子,使老有所终,壮有所用,幼有所长,鳏寡孤独废疾者皆有所养,男有分,女有归。货恶其弃于地也,不必藏于己;力恶其不出于身也,不必为己。是故谋闭而不兴,盗窃乱贼而不作,故外户而不闭。是谓大同"(《礼记·礼运》)。我们看到,在《礼记·礼运》篇里,大同理想社会的出现,其前提在于个体的"人"能落实"不独亲其亲,不独子其子"等要求,个体的"人"在理想社会的构建中发挥着前提性的作用。孔子提出,"修己以安人""修己以安百姓"(《论语·宪问》),同样将个体的"修养"作为社会安定的前提。类似的,诸如"行有不得者,皆反求诸己"(《孟子·离娄上》),"天下壹是皆以修身为本"《礼记·大学》,"成己,仁也;成物,知也"(《礼记·中庸》),等等,在儒家的经典里,都倾向于将个体人格的修养作为良好公共生活的前提,将个体的道德修养作为社会政治治理的预设。由此足见,在儒家政治哲学思想里,人格追求是其重要内容,体现着儒家对于"理想的社会应该由什么样的人组成"这一政治哲学问题的回答。

关于儒家的理想人格,在思想史上,一般有圣人、贤人、君子等诸多概念来指称。由于儒家高度的历史主义特质,其中"圣贤"往往特别用来指称历史上具体的伟大人物,如尧舜禹、汤文武周公、孔孟朱王等,孟子还曾经对历史上的圣贤之特点做过逐一的分析,"伯夷,圣之清者也;伊尹,圣之任者也;柳下惠,圣之和者也;孔子,圣之时者也"(《孟子·万章下》)。可见,在儒家思想史上,圣贤往往都是有所"具体特指"的人格形象,更多的具有历史意义,体现了对历史上伟大人物的追溯。为了更好地呈现儒家理想人格的现实性意义,本文将以"君子"这一更具有现实意义的儒家观念为例,从公共性、导向性、规范性、评价性四个维度来理解儒家人格理论何以成为一种政治哲学观念,并在此基础上讨论儒家政治哲学在理想人格维度的体现。

一、人格观念的公共性维度

在儒家哲学话语体系里,人格观念不仅属于私人修养领域,更属于公共生活的论域。以"君子"人格为例,"君子"人格不是个人的偏好,而是公共生活对人的诉求。在中国传统儒家文化的语境中,"君子"往往指的是品德高

尚、能力出众的个体。"君子",既是人们对于理想人格的一种指称,也是人们对日常生活中德性和能力出众之人带有赞美性意义的评价。宽泛地看,在中国思想史上,"君子"已经成为具有符号性意味的概念,可以看作是理想人格的符号,同时也是公共生活中带有评价性意味的符号,也是日常人际交往中对某些具体人的指称符号。儒家经典文献中给予了"君子"概念以丰富的内容和意义,后世人们又以经典文献中"君子"概念的抽象规定性来评价、范型、约束现实生活中具体的、活生生的人,以此来验证和发展经典文献中对于"君子"的各种规定。在这样的过程中,"君子"逐渐成为既有抽象指导性又具有现实规范性的价值符号,具有参与到公共生活的政治哲学意味。

作为价值符号的"君子"观念,其发挥效用的场域,既在个体的私人伦理生活中,又特别体现在政治活动、人际交往的公共生活中。众所周知,儒家道德规范和伦理原则比较多地体现在人际交往中,如"孝弟"体现在家庭成员的交往中,"忠信"体现在政治生活与社会生活中的人际关系中,礼乐制度更是主要针对人际交往的等级、秩序而言的。从现代公私关系的视阈来看,儒家经典中提到的人际交往,既有私人性的领域,如父子、夫妻、兄弟等;也有公共性的领域,如君臣之间、乡党之间、同僚之间等。《中庸》里曾列举了国君修身、待人、治理国家天下的九个主要领域,"凡为天下国家有九经,曰:修身也,尊贤也,亲亲也,敬大臣也,体群臣也,子庶民也,来百工也,柔远人也,怀诸侯也"(《礼记·中庸》)。如上所引,除了修身、亲亲具有个体性、私人性、家庭性以外,其他七个方面都涉及公共生活、政治生活。上述这段话,从文字上看,主要是对国君说的,但在长期的思想史发展历程中,也逐渐具有一般性的泛指意义,对于社会生活中从事社会活动的普通个体也有一定的针对性,个体在日常生活中要参与到各种各样的公共场域中,在公共生活中应对不同身份的人。个体在社会上生存,除了私人生活之外,还有更为广泛的公共生活,要在公共生活的各种场景中履行各种身份职责,与不同的人发生不同的伦理关系,承担不同的道德义务。儒家对个体生活规范的要求,很大一部分发生在公共交往、公共生活中,公共生活是儒家伦理原则和礼仪规范产生作用的主要场域。具体到"君子"观念上,"君子"不仅要"慎其独也"(《礼记·中庸》),更要在公共生活中以儒家的伦理原则和礼仪规范要求自己,"成为君子"既意味着以一种"慎独式"的方式对自己严格要求,也意味着要在公共生活中约束自己和将自己修养的成果展示出来,最终"成己成物",实现理想人格在公共生活中的示范和引导作用。换言之,"君子"人格既具有"个体性"意义,也具有"公共性"意义,"君子"应该具有公共关怀并且积极地参与公共生活。就"个体性"而言,"君子"观念主要涉及个体的道德修养,如何"克己复礼"、如何"格物致知、正心诚意"而拥有"君子"的品行;就"公共性"而言,"君子"观念主要涉及人们在公共生活中如何恰当地待人接物、如何影响他人、如何参与构建更好的公共生活。在《论语》中,子路曾经问孔子何为"君子":"子路问君子。子曰:修己以敬。曰:如斯而已乎?曰:修己以安人。曰:如斯而已乎?曰:修己以安百姓。修己以安百姓,尧舜其犹病诸。"(《论语·宪问》)在孔子与子路这段步步递进的对答中,可以看出,在孔子看来,"君子"不仅要修己,更为重要的是应该拥有强烈的公共关怀,要将"君子"之德在人际交往、公共政治生活中体现出来,实现社会和政治意义上的效果,只有这样,才是真正的"君子"品格之完成。可见,"君子"就不仅是个人德性的问题,还要涉及"如何落实自己的公共关怀以及如何在公共生活中发挥效用"的政治哲学问题。

正是因为"君子"人格不仅具有"个体性"意义,更具有"公共性"意味,而且,作为一种经"比较"(如"君子"之可贵,正是因为"小人"的广泛存在才衬托出的)而指称出来的话语,更需要放在"公共"的政治视阈中来看待之。故而,我们在讨论儒家"君子"人格时,特别要注意"君子"人格对于公共政治生活的意义。换言之,理想人格参与公共生活的"公共性"维度,使得儒家理想人格学说具有政治哲学意义。在现代社会生活中,政府利用国家宣传舆论平台公开提倡的"模范""楷模""标兵"以及"向某个具体人物学习"的口号等,"模范"们的品德成为公共模仿的对象,希望社会上更多的人成为"模范"们所代表的具体品德,从而有利于社会的进步与和谐,乃至政治上的安定与有序。这与儒家树立"君子"人格观念,在某种意义上具有共通性。

二、人格观念的导向性意义

公共生活所要求的"人格",意味着人们应该要具有某种"人格"。具体到"君子"人格,其"导向性"意义就意味着"应该成为君子"。儒家的"君子"观念,其首要意义在于给人们的自我修养提供一种理想信念意义上的导向。这种"导向"作用,体现在公共生活中,就是让人们知道朝什么方向努力,知道何种人格是值得追求的,社会共同体对个体的人格期望是什么?政治社会对于个体的修养成就的总体性要求是什么?在儒家话语体系中,"君子"

等理想人格观念,体现了这一公共生活的价值导向,也体现了儒家政治哲学所倡导的"理想共同体成员"的具体样式。我们常常说"学以成人","君子"人格就最为基础地体现了"理想人"的内涵。

在儒家经典文献里,早期的"君子"观念是具有身份性质的,在《诗经》里的"君子",很多时候都是指贵族男子,如"窈窕淑女,君子好逑"(《诗经·国风·关雎》),这里的"君子"就是一种贵族男子的代称,更多地具有社会地位的意义而较少地具有道德品质意味。到了孔子那里,"君子"逐渐具有道德品质的蕴含,而且成为具备儒家道德品质的人格代名词,"子贡问君子。子曰:先行其言而后从之"(《论语·为政》)。在这里,"先行其言而后从之"是一种品行,意味着言行一致、行胜于言等优良品质,孔子认为,拥有这样的品行的人才能称为"君子",显然,"君子"就不再是一种身份,而是指拥有某种品行的人,具有强烈的道德指称意味。儒家赋予"君子"以道德意味并进行阐扬,通过反复阐扬来强调"君子"品德的重要性,其最大的意图在于要求人们"成为君子",也就是把"君子"作为值得追求的理想人格。孔子说,"圣人,吾不得而见之矣;得见君子者,斯可也"(《论语·述而》)。进一步把"君子"作为现实的人格、能够实现的理想来对待之,这就更加增强了"君子"观念的现实典范意义。质言之,孔子认为,圣人可能只存在历史叙事中,如早期儒家心目中的尧舜禹、汤文武周公,而"君子"则现实地存在于生活世界,是那些我们能接触到的修养自我、服务公众的品行高洁之人。在公共生活中,人与人在各种生活场景中进行广泛的交往,为了引导人们朝向一种好的秩序,需要在共同体内部树立一种人格典范,使得大家有所效法,而"君子"就因为其品行高尚、能力出众,而成为公共生活中的典范,引导着其他人向其学习。

在公共生活中,"君子"为什么会值得共同体成员去效仿?在儒家看来,最重要的是因为"君子"品德高尚,孟子说:"君子所以异于人者,以其存心也。君子以仁存心,以礼存心。仁者爱人,有礼者敬人。爱人者人恒爱之,敬人者人恒敬之。"(《孟子·离娄上》)在孟子看来,"君子"作为一种人格,之所以异于常人,是因为能够将"仁""礼"的观念长存于心。"君子"因心存"敬爱"也能被人们所"敬爱",故而值得人们效仿。另外,"君子"不同于众人,还是因为他有出众的能力,如《中庸》里说:"故君子尊德性而道问学,致广大而尽精微,极高明而道中庸。"(《礼记·中庸》),君子在德性修养、生活智慧上都显示了超出众人的能力,具有典范性的意义,故而也值得效仿。君子在品德上、能力上的出众,使得君子具有被"效仿"的资质,"是故君子动而世为天下道,行而世为天下法,言而世为天下则"(《礼记·中庸》)。"君子"的言行举止为人们所效仿,就此而言,"君子"是具有典型导向性意义的人格指称。成为"君子",就不再仅仅是个人的事情,而是关系到共同体集体生活的问题。因为君子品德高尚、能力出众,值得人们学习和模仿,故而在公共生活中要引导大众都成为"君子",这样,优秀的个人道德品质、良好的公共生活秩序、大同的社会理想都可能得以实现。出于这种政治和伦理关怀,儒家文献里不厌其烦地以"成为君子"作为人们德性修养的指向。"君子"观念与"成为君子"的追求始终是联系在一起的,当儒家提到对"君子"的各种要求或者"君子"的各种德性的时候,其潜台词是说,"君子"是值得追求的人格,人们都要努力地成为"君子"。正是在这个意义上,我们说,"君子"人格具有"导向性意义"。在公共生活特别是政治活动、社会交往活动中,树立和弘扬"君子"观念,有益于人们明确哪些德性、能力是人们值得追求和效仿的,便于人们明确言行的指南,从而以此指南引导自己的德性修养与言行举止。任何社会都需要并且建构"导向性"意义的人格品质,这种人格可能体现在"领袖""英雄"身上,也可能体现在"模范"身上,甚至可能体现在"文艺体育明星"身上,主流的舆论会推动"导向性"人格的宣传,放大"导向"效应,从而通过改造社会成员的品格来引导政治社会的走向。

从一般意义上来讲,政治哲学具有定向和导向的作用,为社会和人的发展提供方向。政治哲学往往是通过思想实验,为未来筹划一定的方向。正是在这个意义上,我们认为,儒家经典和儒家学者不断强调"君子"人格的重要性,实际上是在落实儒家政治哲学的"成己""修己"指向,并希望以自己个人的完善来实现公共之善。理想人格的设定,为共同体成员描绘可以模仿的对象,为成员的价值同质性、行为一律性提供保证,有利于共同体的治理和秩序的稳定,因而具有政治意蕴。当然,对这种一律性人格的追求,往往可能会损害社会多样性的原则,也是值得注意的。

三、人格观念的规范性意义

儒家的人格观念不仅是一种"导向",在公共生活中,它还代表着一种"规范"。当我们在描述和赞美"君子"人格时,同时还将"君子"的人格要求当作一种"规范"。"君子"人格的相关观念还内在地包含了"如何成为君子"的问题,而"如何成为君子"直接关涉着"成为君子要遵守哪些要求和规范"

"成为君子须要满足哪些必要条件"等具体问题。这也就是说,儒家的"君子"观念,不仅是描述和导向的,而且可以成为共同体对个人的具体言行要求,可以成为一种无形的社会生活规范为人们所遵守。当我们在描述"什么样的品质才是君子的品质"的时候,实际上,已经内在地蕴含了如何利用规范来约束人们"成为君子"。在这个意义上,"君子"人格的描述已经起到了"以言行事"的现实效果。

儒家对"君子"的言论、行动做了多重方面的规定,有的是从正面来讲君子应该如何,如"天行健,君子以自强不息""地势坤,君子以厚德载物"(《周易》),"君子务本,本立而道生"(《论语·学而》),又如"君子食无求饱,居无求安,敏于事而慎于言,就有道而正焉,可谓好学也已"(《论语·学而》),"君子之道者三,我无能焉。仁者不忧、知者不惑、勇者不惧"(《论语·宪问》),"君子有三畏:畏天命,畏大人,畏圣人之言"(《论语·季氏》)。这样从正面予以引导的话语,都告诉我们"成为君子"应该具有何种德性与品质。也有从否定角度来讲君子不应该如何,如"君子不器"(《论语·为政》),又如"君子不忧不惧"(《论语·颜渊》),"君子不以言举人,不以人废言"(《论语·卫灵公》),"君子有三戒:少之时,血气未定,戒之在色;及其壮也,血气方刚,戒之在斗;及其老也,血气既衰,戒之在得"(《论语·季氏》),等等,这些反面的禁止性话语,告诉人们"成为君子"不应该做什么事。儒家经典从多个维度规定了"君子"的德性应该包括哪些方面、应该遵守何种原则。除此之外,儒家还在日常具体的生活规范中对"君子"有所要求,如孔子说"君子不以绀緅饰,红紫不以为亵服"(《论语·乡党》),孟子说"君子远庖厨"(《孟子·梁惠王上》),这些话语甚至"规定"了人们最细微的日常行止。类似这样从正面或者反面以及日常生活规范中来要求"君子"应该做什么、不该做什么的话语,在儒家经典文献里十分多见。这就说明,在儒家的"君子"观念里,特别是在公共性人际交往中的"君子"言行的描述中,已经内在地承担了对于行为的规范功能。提到"君子",就意味着人们有必要遵守关于"君子"的规范,因此,在儒家的经典里,"君子"观念所呈现的不仅是描述"君子是什么",还通过"君子"形象的刻画来告诉人们应该如何去做,在那些对"君子是什么"的描述中内在地含有"应当做什么"的要求,因而具有规范性意义。个体在自己的私人生活中,可能不能明确地、公开地向外界展示如何落实"应该做什么"的情况,但在公共生活中,人们在公共交往中,将会清楚地展示如何落实"应该做什么"的情况。因而,在公共生活中,"君子"的规范性意义将体现得更为明显,人们往往以"君子"的标准规范和约束人们在公共活动中的行为,以此实现有秩序的公共生活。

规范的存在是社会之所以延续的重要保障。在一个社会中,有的规范是以制度、法律的成文形式出现,有的规范是以道德自律和他律的隐形形式出现。"君子"人格观念更多地因道德自律和他律的形式而具有规范意义,以对"君子"人格的理性认知和认同作为保障。当人们对"君子"人格有了理性认知,并且实现认同之后,就有可能依照"君子"的标准来要求自己,从而实现自我的"规范"。王阳明努力提醒人们发现自己的良知,正是希望人们以良知的要求来实现自己的道德自律。这是儒家"理想人格"理论所希望实现的效果,也是儒家政治哲学对于个体自我约束的期待。如果说,政治哲学要承担一定的"规范性"功能的话,那么儒家的理想人格理论在描述"理想人"的时候,也同时承担了提醒"人应该做什么"的"规范"功能。这对现代社会生活也具有启发意义,现代社会生活中,对于因为身份带来的人际分层、职业差异,也要特别强调,在对某种身份进行"描述"的时候,其实同时也是一种"规范"。

四、人格观念的评价性意义

人格观念在公共生活中,除了引导、规范之外,还能成为对公共生活中的人进行评价的工具。因此,当我们在运用"君子"人格的时候,也内在地包含了"如何在日常生活中运用君子观念来调节人们的品行"的问题。在传统儒家文化里,"君子"人格还具有评价性意义,可以作为对于人的德性、德行的评价性话语,参与道德评判并用来引导人的行为。在公共生活中,"慎独"是一种崇高的理想,真正发挥作用的还是人际交往中的道德评价。道德评价特别是从人格上对人进行评价,在很大程度上参与了社会秩序的建构与维护。

在公共生活中,当人们称"某种行为"是"君子之行",或者称"某个人"是"君子"的时候,实际上是在嘉许这种行为,称赞这个人,并通过肯定这种行为、肯定这个人来引导公众向其学习,从而知道哪些行为、哪种人是公共生活中需要的。《论语》首章里就说:"人不知而不愠,不亦君子乎?"(《论语·学而》)如果能做到"人不知而不愠",在公共交往中展现个体的宽容与自信,就是"君子"。显然,"君子"在这里指的是对人具有宽容自信这种美德的褒

扬。再如,"曾子曰:可以托六尺之孤,可以寄百里之命,临大节而不可夺也,君子人与？君子人也"(《论语·泰伯》)。对人的道义担当与否,也会做出是否是"君子"的评价,也就是说,在人际交往中,那些敢于担当、忠于所托、在生死存亡面前不屈服的人,就可以称之为"君子",这种表彰和语词,显然也是一种道德的赞美,可以鼓动人们去勇敢担当。另外,在儒家经典文献里,还有很多地方以"君子""小人"对举,以对比性描述来彰显具有"评价"意义的"君子"观念,如"君子怀德,小人怀土；君子怀刑,小人怀惠"(《论语·里仁》),"君子喻于义,小人喻于利"(《论语·里仁》),"女为君子儒,无为小人儒"(《论语·雍也》),"君子坦荡荡,小人长戚戚"(《论语·述而》),"君子之德风,小人之德草"(《论语·颜渊》),"君子中庸,小人反中庸"(《礼记·中庸》)。诸如此类的描述,都明显是在进行一种道德评判。在儒家的这些描述里,"君子"意味着具有高尚品行的人,小人则反之。不过,儒家将"君子""小人"对举的时候,其实也是一种对相关言行的道德评价,符合儒家道德标准的就是"君子",不符合的就是"小人"。在后世的传习中,关于"君子""小人"的这些描述就变成了具有"评价性"意义的话语,具有评价的功能。当某人有某种言行时,人们往往会搬出经典话语,进行"君子"或者"小人"的判别和评价。这种评价是具有现实效力的,"君子"会获得道德荣誉,而"小人"则会受到舆论谴责。在公共生活中,这些关乎"君子""小人"的道德评价,深刻地影响着人们的言行,不管人们是否在心里具备某种"君子式"美德,由于公共道德评价的存在,大多数心智健全的人都会按照"君子"之道去行事,即使某些人仅仅是在"表演"君子之道,也会由于"君子""小人"的道德评价存在,而有所收敛。毋庸赘言,在儒家话语体系里,"君子""小人"是一种道德判断,是对于人格属性的道德评定,当然,这种评定也具有前文所说的"导向性"和"规范性"意义,也即用道德荣誉、道德积极评价来引导"人们应该成为君子",并具体指导"成为君子应该如何"。因此,就"君子"观念的"评价性"而言,还内在地包含了"导向"和"规范"的意义。由此可知,在儒家式的公共生活里,人格评判是秩序建构和维护的重要环节,通过人格评判,可以引导和规约人们遵守共同体所倡导的价值。正是在这个意义上,我们认为,人格评判具有政治哲学的意蕴。

社会评价是维持公共生活秩序的重要途径之一,人们之所以能够在公共生活中遵守秩序,按照公序良俗安排自己的行动,是因为社会评价在其中起到了非常重要的作用。儒家伦理道德的有效性,在实际生活中,都集中地体现在它们能够禁得起公共生活领域内的评价。儒家心目中理想的公共生活,是共同体成员内部互相进行道德约束,而人格评价就是其中约束的机制之一。在当前的政治文明建设中,对社会成员特别是对政府公务人员进行人格评价,也多次在各类政府文件、通报中经常出现,在一定意义上,也是对儒家政治哲学中的人格理论的某种回应。不过,对于公共生活中与私人生活中的人格品质如何划分界限并进行评判,这依然是儒家和当代政治哲学的重要问题之一。

五、结 语

贝淡宁曾指出,"贤能政治"是中国政治文化的核心,[1]他对中国政治中的"尚贤"传统多有发挥。实际上,中国政治上的"尚贤"传统,就包含儒家理想人格理论的因素在其中,是儒家人格理论在政治实践中的运用。当然,传统儒家理想人格理论不仅是对少数"圣贤"的期待,而且更多是对共同体成员普遍性人格的期望,现实中的人不一定都能达到"圣贤"的政治地位,但可以成为具有"圣贤"品质的"君子"。也就是说,不需要每个人都具有"圣贤"的地位,但可以使得每个人都具有"圣贤"的品质,如此,整个社会的道德风气、道德品质就会得到根本性改善和提高,于是,类似于"三代之治"的大同理想政治社会就会实现,这是儒家政治哲学在人格理论上的突出特点。儒家政治哲学对于人的"理想"就在于希望人们具备某种人格品格,在社会上造就一大批具备理想人格的"贤能",如此,我们就能理解儒家心学所讨论的"满大街都是圣人"的社会期望。在心学视域里,"满大街都是圣人",意味着人们都能按照自己的良知塑造自己,成为理想中的人,由这样一些发觉良知、践行良知的人组成的社会,自然就是理想的社会。个体通过"立德立功立言"的现实努力,以成圣、成贤、成为君子,超越自己的有限性,为良善的公共生活贡献自己,这正是儒家政治哲学在人格上的指向所在。

正是从这个意义上,我们认为,理想人格理论是儒家政治哲学的重要组成部分。政治社会、公共生活由一个个具体的人组成,正是个体之善才汇聚成公共之善。在儒家政治哲学思想里,"君子"人格正是这种个体之善的象征和符号。"君子"人格的"公共性"意义,使得"君子"人格不单是个人的心

---

[1] [加]贝淡宁:《贤能政治》,吴万伟译,中信出版社2016年版。

性修养追求,而且成为公共生活中的重要内容;在公共生活中,"君子"人格的"导向性"意义具体体现为人们要在公共生活中规约自己的言行,努力成为公共生活所需要和期待的"君子"。其"规范性"意义体现为,人们在公共生活中知道如何去做是符合"君子"标准的,明确了"哪些事该做""哪些事不该做",也就是明确了公共生活的规范;而其"评价性"意义则在于,在公共生活中,如何运用"君子"这一评价工具来影响社会的伦理道德建设,明确了人们行为是否合乎"君子"标准,通过道德褒奖和道德批判等评价行为来约束和引导人们的行为,将有利于共同体成员的大同团结和互相协作。"君子"在公共生活中的多重意义,显示了"君子"不单是个心性修养的问题,更是政治建设所关注的问题。

传统儒家所讨论的理想人格,主要是以是否合乎儒家道德伦理原则作为最终标准,其诉求是在公共生活中塑造符合儒家要求的"合乎道德的人"。随着现代社会的到来和现代性价值的滥觞,以道德作为轴心的传统公共生活方式不断变化,而以制度、法律作为公共生活基本准绳的现代公共生活逐渐形成。如果说儒家的人格符号还将继续发挥作用,政治社会还对理想人格有所期待,类似于"君子"等人格观念还可以作为共同体优秀成员的指称,那么在现代性背景下,我们对儒家理想人格理论就应该具有批判性反思的意识,反思儒家人格观点中的"泛道德主义"倾向,将现代法律、制度意识充实到传统人格理论中去,塑造现代性人格。[1] 具体来说,就是儒家人格观念中所包含的内容应该随着时代的变革而变化,除了包含传统的道德因素以外,还要增加现代性的精神与价值因素,如民主、科学、自由、平等、公正、法治等现代性观念,这些现代性观念应该作为现代理想人格或者现代合格公民所应该拥有的基本价值。这样,作为公共生活中的人格符号,儒家的人格追求,将会依然有效地发挥公共性、导向性、规范性、评价性等多重功能。从这个意义上讲,儒家理想人格在其价值内容随着时代变化而变化的前提下,具有某种"超越时空"的符号性特质,可以为"理想的社会应该由什么样的人组成"这一政治哲学问题提供思想资源。

---

[1] 如冯契先生所提出的"平民化的自由人格",就是这种现代性人格诉求的一种哲学表达。冯契:《人的自由和真善美》,华东师范大学出版社 2015 年版。

澄清不同层面的"群己权界"

——基于严复《群己权界论》的分析

郭 萍[*]

摘要：严复将现代自由的要旨归结为"群己权界"，由于其论述的"群"实质指代国群、市民社会、政治国家三个不同的概念，因此相应存在着三个不同层面的"群己权界"。其中，国群层面的"群己权界"是通则，需要通过市民社会和政治国家层面的"群己权界"来具体落实；而后两个层面的"群己权界"既相对独立，不能互相取代，又密切相关，互有交叠。然而，不论严复，还是当前的相关讨论，都未从学理上澄清不同层面"群己权界"的内容，因此造成了研究阐述中的淆乱和认识的偏误，有必要加以明辨。

关键词：群；群己权界；国群；市民社会；政治国家

近代思想家严复借助对 J.S.密尔 *On Liberty* 一书的翻译，将现代自由的要旨归结为"群己权界"，就此为个体自由的实现提供了一个现实性的操作原则。由此至今，"群己权界"已成为中国思想界探讨现代自由以及群己关系问题的一个极具代表性的观点。

然而，不论严复本人，还是当今学界，都不曾意识到《群己权界论》中的"群"实质指代着国群、市民社会、政治国家三个不同的概念，这也就意味着相应存在着三个不同层面的"群己权界"。由于严复并没有从学理上对这三个层面加以澄清，因此造成其论述的淆乱和认识的偏误。反观当前，这些淆乱和偏误依然广泛存在，因而也直接妨碍了对相关问题的深入思考。有鉴于此，笔者拟以严复《群己权界论》为分析对象，从学理上对不同层面的"群己权界"做一番必要的澄清。

---

[*] 作者系山东社会科学院国际儒学研究与交流中心副研究员，哲学博士。本文获教育部人文社会科学重点研究基地重大项目资助（批准号：16JJD720010）。本文发表于《中国哲学史》2019 年第 1 期。

一、"群"所指称的不同概念

在中国哲学中,"群"是一个古老的概念。就"群"字的本义而言,三个及其以上的禽兽皆可称"群",即如《国语·周语》所言:"兽三为群。"但严复提出的"群己权界"作为一种人伦层面的思想学说,那么"群"就自然不是泛泛地指禽兽或普通生物群体,而是指人类群体,也即人们通常所说的"社会"。事实上,严复的"群"概念就是英文"society"的对译词,虽然现今通行地将"society"译为"社会",乃是沿用了近代日本学者的翻译[1],但仍然可以表明"群"概念与"社会"概念确乎具有相当的对应性。对此,不仅有学者从学理上做过考证和阐释,[2]而且还有学者直言:"在某种意义上说,'社会'的本质规定性就是'群'或'群体'。"[3]

然而,细究之下,笔者发现相关讨论中的"社会"概念,其内涵往往并不一致。与此相应,严复的"群"概念也存在着类似的问题。根据"社会"概念的不同,严复的"群"概念至少具有如下四种含义:

(一)群:广义的人类社会

以"群"指称广义的人类社会,乃是指有别于禽兽等生物群体的人类生活组织形式,其现实存在形态就是人们基于地域、血缘、文化的缘由,或出于目的性选择,而形成的人类群体(group),或者人类生活共同体(community)。[4]在这个层面上,"群"概念已经为先秦儒家广泛使用,如孔子曰:"诗,可以群"(《论语·阳货》[5]),"群居终日,言不及义"(《论语·卫灵公》[6]);又如荀子曰:"人能群,彼不能群也","人生不能无群,群而无分则争"(《荀子·王制》[7])等。这里"人能群"作为与其他生物的根本差别,不

---

[1] 日本学者将英文"society"译为しゃかい,也即社会。

[2] 黄玉顺:《儒学的"社会"观念——荀子"群学"的解读》,载《中州学刊》2015 年第 11 期。

[3] 涂可国:《社会儒学视域中的荀子"群学"》,载《中州学刊》2016 年第 9 期;《社会儒学建构——当代儒学创新性发展的一种选择》,载《东岳论丛》2015 年第 10 期。

[4] 这里的"生活共同体"不同于滕尼斯从前现代意义上提出的"共同体"概念。

[5] 《十三经注疏·论语正义》,中华书局 1980 年版。

[6] 《十三经注疏·论语正义》,中华书局 1980 年版。

[7] 王先谦:《荀子集解》,中华书局 2013 年版,第 194 页。

仅指人具有组织分工的智力、技能,而且也因为人类组织分工具有兽群所没有的伦理意味。尽管在历史上组建人类社会的伦理基础,整体经历了从"身份到契约"[1]的转变,使人类社会在前现代阶段一直是以血缘联结的社会(例如传统的氏族、宗族、家族社会,种族意义上的族群社会等),而在现代阶段转变为以契约联结的社会。但是,不论古今,一切人类社会,作为一种人类群体生活组织形式,都具有其他生物群体所不具备的伦理意义,此谓广义的人类社会,也是"群"所指称的外延最大的"社会"概念。

就严复而言,他是以自然生物进化论为依据对人类社会问题进行的分析考察,所谓"自群学生学之相为发明如此,则知非生学之理明者,群学之理无由明也"[2]。因此,他将"生理",也即生物界的种群生存竞争、进化发展的规律,演绎为"群理",也即古今中外的一切人类社会的发展规律。这里的"群学""群理"之"群"首先就是指有别于"生学""生理"之"生"的概念,也即有别于一般生物群体的广义人类社会。

(二)群:国群

"群"指称人类群体生活组织形式的一种建制化存在形态,也就是通常被称为国家(country)意义上的人类社会。尽管人类社会不一定都是国家,国家也并不是社会存在的唯一形态,[3]但这都不妨碍"国家"也是一种"群",只不过国家社会,收窄了广义人类社会的外延,且赋予了人类社会更多的内涵,也即人类社会不仅是一个靠伦常习俗维系的生活共同体,也不仅是一种广义的文化共同体,同时也是一个政治法律共同体。那么,在国家社会的意义上,"群"被严复称为"国群",更具体地说,他所谓的"国群"是指人类社会发展到近代以来出现的现代民族国家(modern nation-state)。

这是因为,历史上的"国群"在现实中的具体存在形态不是一成不变的,而是随着生活的变迁,社会群体生活的组织建制总是会随之转变。概括说来,中国前现代的"国群"就是一种传统宗族、家族社会生活的组织建制形态。我们知道,荀子提出的"明分使群"(《荀子·富国》),若从基础伦理学或政治哲学的意义上理解,这其中的"群"就不单指与兽群相分的人类社会,而

---

[1] [英]梅因:《古代法》,中国社会科学出版社2009年版。
[2] 严复:《群学肄言》,商务印书馆1981年版,第260页。
[3] 当代思想家所勾画的超越民族国家理论,正是寻求国家之外的另一种建制化的生活共同体模式。

 社会儒学与儒学的多元开展

且也指战国后期的"国群",即以家族为主体而组建的国家社会,所谓"君者,善群也"(《荀子·王制》)就具有明显的政治意味,其背后传达的是一种与家族社会、宗法国家("国群")相匹配的伦理、政治思想。而现代性的"国群"则是一种现代市民社会生活的组织建制形态,也就是共同体意义上的现代民族国家(modern nation-state),有学者也称之为"国族"。

需要补充说明的是,由于现代性的"国群"是以公民个体为主体的社会,因此,也被很多学者称为"市民社会"(或译为"公民社会",英文"civil society")。这里的"市民社会"是一个与政治共同体的国家(the state)重叠在一起的概念,二者可以相互替用,其实质是相对于前现代的宗族社会、家族社会而言的现代性"国群",而不是一个与政治国家二元分立的概念(下节详述)。这是在黑格尔之前"市民社会"概念的传统用法,我们看到,"阿奎那、布丹、霍布斯、斯宾诺莎、洛克和康德等人将'政治的'或'公民的'(civil)作为其同义词"。[1] 在当今学界,将社会与国家重叠在一起的观点依然比较常见,如金观涛说:"现代社会的组织模式就是作为民族国家的契约社会。"[2] 这里的"民族国家"与"契约社会"是统一在一起的,即国家即社会。

在中国近代思想家中,除严复之外,梁启超、康有为、章太炎等也都经常在这个意义上使用"群"概念,这也是近代中国的历史境遇使然。严复曾在"国群"意义上,对"群"概念做过专门的阐释:

> 荀卿曰:民生有群。群也者,人道所不能外也。群有数等,社会者,有法之群也。社会,商工政学莫不有之;而最重之义,极于成国。尝考六书文义,而知古人之说与西学合。何以言之? 西学"社会"之界说曰:民聚而有所部勒(东学称组织)祈向者,曰社会。而字书曰:邑,人聚会之称也。从囗,有区域也;从卪,有法度也。西学"国"之界说曰:有土地之区域,而其民任战守者,曰国。而字书曰:国,古文"或";从一,地也;从口,以戈守之。观此可知中西字义之冥合矣。(《群学肄言》译余赘语)[3]

这里的"群"就不是广义的人类社会,而是社会与国家合一的"国群",其本身涵盖着政治、经济、文化等各个领域,每个领域之中又有各种组织团体,

---

[1] 丛日云:《论黑格尔的"市民社会"概念》,载《哲学研究》2008年第10期。

[2] 金观涛:《现代民族国家与契约社会》,载《中国法律评论》2017年第2期。

[3] 《论世变之亟——严复集》,胡伟希选注,辽宁人民出版社1994年版,第126页。

所谓"商工政学莫不有之",这些作为次生的"群"皆从属于"国群"。

(三)群:与政治国家分立的市民社会(civil society)

上述两种意义上的"群"概念古已有之,但是在近现代学术中,"社会"概念有了进一步的细分,以"群"指代的"社会"也有了另外的含义。

前文曾言,"市民社会"与"国家"概念长期重合,但近代以来,不少思想家逐步清晰地表现出将二者分离的倾向,例如英国思想家潘恩就认为"社会愈完善,自己就愈多地调整自身的事务,亦就愈少地留有机会和空间给国家"[1]。不过,直到黑格尔才正式从学理上将"市民社会"确立为一个与政治国家相对的概念。[2] 自此之后,思想家虽然对"市民社会"作了诸多不同于黑格尔的阐释,但已普遍在社会与国家二分的意义上使用这个概念了。[3] 其中,英国思想家密尔(1806—1873)On Liberty 一书中所谓的"社会"在很大程度上是一个独立于政治国家的市民社会概念,而严复的《群己权界论》作为密尔 On Liberty 的译述,在不少篇幅中,"群"就是指二元分立意义上的市民社会。

此外,当代的政治学家又在二分法的基础上,进一步提出"市民社会"是独立于政治、经济社会的第三个领域(the third realm)。但不论是二分法,还是三分法,其最根本的转变就是市民社会与政治国家的分离,因此,当代学界所指的"市民社会"通常是"国家控制之外的社会和经济安排、规则、制度",也即"当代社会秩序中的非政治领域"。[4] 不过,人们对这个"非政治领域"的内容并没有明确的界定和统一看法。我们知道,黑格尔提出的"市民社会"主要指向商品经济活动,而到 20 世纪中叶之后,"市民社会"概念则转向政治公共领域(political public sphere),最具代表性的阿伦特的公共领域(public realm)理论和哈贝马斯的公共领域(public sphere)理论,都是指

---

[1] 邓正来等编:《国家与市民社会——一种社会理论的研究路径》,中央编译出版社1999年版,第84页。

[2] N.Bobbie: Gramsci and the Concept of Civil Society, m J. Keane, ed.; Civil Society and the State, 1988. pp.79-80.

[3] 黑格尔赋予了 civil society 一词近现代意义,即从社会与国家二元分立的层面上运用,这也奠定了西方市民社会理论的基石。林喆:《黑格尔的法权哲学》,复旦大学出版社1999年版,第315页。

[4] [英]戴维·米勒、韦农·波格丹诺主编:《布莱克维尔政治学百科全书》,邓正来等编译,中国政法大学出版社1992年版,第125~126页。

"政治权力之外,作为民主政治基本条件的公民自由讨论事务,参与政治的活动空间"[1]。如哈贝马斯解释说,公共领域本来就是私人领域的一部分,是由自由个体组成的公众,兼具公众和私人的双重性,承担着市民社会的一切政治功能,主要是用公共性原则来反对现有权威。事实上,不论对于哈贝马斯,还是对于黑格尔,现代的"市民社会"概念虽然指向政治国家之外的领域,但其内容却无不与政治国家密切相关。

(四)群:政治国家(political state)

在市民社会与政治国家二分的意义上,人们所指的"国家"就不再是国家社会(国群),而往往是专指政治国家(political state)。在各种关于个体与国家关系的讨论中,不少学者一致认为,政治国家是国民群体权力最集中的体现。据此而言,政治国家的权力与国民个体权利之间的关系也是"群己权界"所包含的重要内容。在这个意义上,政治国家,也就成为严复"群"概念的第四种含义。

所谓政治国家,在很大程度上就是指政府(government),这其实也是政治国家在现实中的实体性存在形态,它主要由政党、选举规则、政治领导、政党联盟、立法司法机关等构成,其实质是全体国民权力的行使机构。关于政治国家在行使群体权力的同时,是否作为群体权力的所有者而存在,则有两种不同观点:一种是以卢梭的观点为代表,认为国民个体以契约方式将权力"让渡"(alienation)给了政府,也即倾向于将政治国家视为群体权力的所有者;另一种是以洛克等人的观点为代表,认为国民个体只是将权力"信托"(trust)给政府,也即倾向于政治国家只是代理行使机构,国民个体始终是权力的真正所有者。

但不论在理论上权力归属于谁,在现实中,由于政治国家直接面对国家法律和政治制度的设计和实际执行,其内容广泛涉及经济、道德、文化等社会生活的各个领域。因此,政治国家总是与市民社会密切互动,时有冲突,也时有联合。而相对于市民社会以舆论风化等柔性方式发挥作用,政治国家则主要是依靠行政执法,乃至军队、法庭等刚性方式发挥公权力的作用。

---

[1] [德]哈贝马斯:《公共领域的结构转型——论资产阶级社会的类型》,学林出版社1999年版。

澄清不同层面的"群己权界"——基于严复《群己权界论》的分析

二、国群层面的"群己权界"

由"群"概念的不同含义可知，即便在广义人类社会层面上，也存在着"群己权界"问题。但《群己权界论》作为一部现代自由主义理论译著，并不是在广义人类社会层面泛泛而论，而是基于当时中国由传统帝国迈向现代民族国家的语境进行的一种具体的论说。所以，严复在其中所指的"群"主要具有后三种含义，也即一方面，他在社会与国家重合的意义上，以"群"指称现代性的国群——现代民族国家共同体；另一方面，他又在社会与国家二分的意义上，以"群"分别指称市民社会和政治国家。这也就意味着，严复实际阐述了三个不同层面的"群己权界"，即（1）国群的"群己权界"；（2）市民社会的"群己权界"；（3）政治国家的"群己权界"。这三个层面互有关联，但不能相互替代，需要逐一阐明。

其中，国群的"群己权界"代表着严复论说整体的立意宗旨，他在《群己权界论》首篇开头就说：

> 群理之自繇，与节制对。今此篇所论释，群理自繇也。盖国，合众民而言之曰国人（函社会国家在内），举一民而言之曰小己。今问国人范围小己，小己受制国人，以正道大法言之，彼此权力界限，定于何所？……[1]

对照原著便可以发现，严复并没有将密尔原著中的"society"或"civil society"译为"社会"或"公民社会"，而是译为"国群""国""国人"。相应地，他也没有将原著中的"civil or society liberty"译为"公民的或社会的自由"，而是译为"群理自繇"。在笔者看来，这种对译大概出于三种可能原因：其一，密尔所论述的英国已经完成了现代民族国家的基本建制转向深入发展阶段了，而"近代欧洲历史中的那种社会国家的二元论无法描述晚清中国的历史条件"，[2]具有明确现实意图的严复是有意以"国群"表达当时中国亟待建构现代民族国家的诉求。其二，密尔本人所使用的"市民社会"概念并没有严格地与政治国家概念二分，如高全喜所说："这个'政府'在穆勒那里

---

[1] 严复：《群己权界论》，商务印书馆1981年版，第3页。
[2] 汪晖：《现代中国思想的兴起》，生活·读书·新知三联书店2004年版，第840页。

社会儒学与儒学的多元开展

已经因民主政体的有序运作而大大地同于社会",[1]这复又将政治国家与社会合一的意味,故严复译为"国群"也无不妥。其三,从其后续论述中看,严复也使用"社会"一词,但大都限定在社会、国家二分的意义上。

但不论怎样,这里严复所说的"群"即"国群",就是以现代民族国家为形态存在的国家社会。相应地,"群理自繇"就是指国群层面上的自由,其对立面就是由"治权之暴横"造成的"干涉""节制"(英文:Authority)。

> 与自繇反对者为节制(亦云干涉)。自繇节制,二义之争,我曹胜衣就傅以还,于历史最为耳熟,而于希腊罗马英伦三史,所遇到尤多。民之意谓,出治政府势必与所治国民为反对,故所谓自繇,乃裁抑治权之暴横。[2]

既然如此,那么如何能现实有效地"裁抑治权之暴横"呢?严复给出的一个基本原则就是"使小己与国群,各事其所有事",[3]此所谓"群己权界",也即"凡事吉凶祸福,不出其人之一身。抑关于一己为最切者,宜听其人之自谋,而利害或涉于他人,则其人宜受国家之节制"[4]。

当然,这一原则在实践中并不好把握,于是,他又进一步归纳了两条应用性的准则:

> 曰以小己而居国群之中,使所行之事,利害无涉于他人,则不必谋于其群,而其权亦非其群所得与,忠告教诲,劝奖避绝,国人所得加于其身者尽此。过斯以往,皆为蔑理,而侵其应享之自繇权者。此所谓行己自繇之义也。乃至小己所行之事,本身而加诸人,祸福与人共之,则其权非一己所得专,而于其群为其责。使国人权利,为其所见侵,则清议邦典,皆可随轻重以用事于其间,于以禁制其所欲为,俾其人无由以自恣,此所谓社会干涉之义也。[5]

由此可见,"群己权界"作为实现个体自由的基本原则,并不是要取消公权力,更不是纵容个体为所欲为(所谓"干之云者,使不得惟所欲为"[6]),而

---

[1] 高全喜:《为什么我们今天依然还要读穆勒》,孟凡礼译《论自由·导读》,广西师范大学出版社2011年版,第7页。
[2] 严复:《群己权界论》,商务印书馆1981年版,第3页。
[3] 严复:《群己权界论》,商务印书馆1981年版,第81页。
[4] 严复:《群己权界论》,商务印书馆1981年版,第81页。
[5] 严复:《群己权界论》,商务印书馆1981年版,第100页。
[6] 严复:《群己权界论》,商务印书馆1981年版,第10页。

澄清不同层面的"群己权界"——基于严复《群己权界论》的分析

是以保护个体权利为目的,将公权力限定在不戕害个体自由的范围之内,其底线就在于不干涉个体生命、财产和思想言论的自由。与此同时,也需要保有群体的正当干涉权,以将个体自由限定在不损害他人利益的范围内。如此一来,通过保护每一个体的自由,最终也保障了国群的群体自由。"群己权界"作为基本原则对于个体自由与群体自由是一种持中对待的立场。如上所提及,就其当时的语境而言,严复特以"群"指称"国群",实质寄托着他建构现代民族国家的价值理想,这意味着国群的存在本身就代表着一种主体价值。可以说,严复从国群层面阐发"群己权界",是基于现代民族国家共同体与个体同为价值主体的预设,对他而言,实现民族解放、国家独立的群体自由与实现个体自由同等重要,故而,严复也将自由称为"絜矩之道"。不过,严复在"国群"之外,也从社会、国家二分的意义上使用"国家"一词,同时还时常以单音节的"国"替代"国群"或"国家",这样在论述中就不免存在着混乱和矛盾。(后文详述)

在国群的层面上,严复特别强调"群己权界"的价值普遍性,将其视为文明之通义。这一方面是从一般伦理学的意义上讲,"群己权界"代表着一种现实的伦理价值观念;另一方面是从广义政治哲学的意义上讲,"群己权界"代表着一种基本的政治原则和政治主张。因此,他指出:"在小己国群之分界。……理通他制"[1],"学者必明乎己与群之权界,而后自繇之说乃可用耳"[2]。

不过,在更为具体的阐述中,严复并没有继续在国群层面上进行通论,而是指出,国群"函社会国家在内",要进一步探讨"群己权界"就要分别"问以国家而待人民,以社会而对小己,何时可以施其节制?何事可以用其干涉?或以威力,如刑律之科条,或以毁誉,若清议之沮劝,则将有至大至公之说焉。"[3]显然,这里出现的"社会""国家"与"国群"并不是同一层面的概念,而是涵盖在"国群"之下的次一级概念,而且他将"社会"与"国家"分立并举,也意味着"社会"与"国家"并不是合二为一的,而是各有所指的两个概念。据此逻辑可以推知,严复从国群的意义上提出"群理自由"要"裁抑治权之暴横"实际包括两种治权,即社会治权和国家治权,而国群的"群己权界"

---

[1] 严复:《群己权界论》,商务印书馆1981年版,《译凡例》第 IX 页。
[2] 严复:《群己权界论》,商务印书馆1981年版,译者序。
[3] 严复:《群己权界论》,商务印书馆1981年版,第10页。

社会儒学与儒学的多元开展

作为通则,也需要进一步落实为市民社会(社会)的群己权界和政治国家的"群己权界"。

三、市民社会层面的"群己权界"

严复尽管没有从学理上明确地将社会与国家分离开来,但在其论述中已经表露出这一思想倾向。事实上,他通篇所使用的"社会"大都是指与狭义政治国家二分意义上的"市民社会",也正是因此,他才特别声明"个体对于社会之自由"是伦理学意义上的个体自由,而非"政界自由"。他曾在《政治讲义》中专门指出:

> 盖政界自由,其义与伦学中个人自由不同。仆前译穆勒《群己权界论》,即系个人对于社会之自由,非政界自由。政界自由,与管束为反对。政治学所论者,一群人民,为政府所管辖,惟管辖而过,于是反抗之自由主义生焉。若夫《权界论》所指,乃以个人言行,而为社会中众口众力所劫持。此其事甚巨,且亦有时关涉政府,然非直接正论,故可缓言也。[1]

这二者的不同主要体现在干涉的方式和内容上。他指出:

> 盖谓一人所为,使利害止于其身,所受罚于群者,止于称誉之不隆,与其相因而起之不便耳,过斯以往,社会无此权也。[2]

> 事立而于人有不利,如此则施者之身,虽为国律所不必及,可以为清议所不容。[3]

其中,"止于称誉之不隆"即表明社会(治权)干涉的方式主要是舆论批评,而社会干涉的内容,除了"公恶",还有国家法律未明确涉及的内容。对此,他讨论最多的是关于思想言行的"群己权界",同时也延伸到社会议政和经济贸易的"群己权界"等。虽然他将这些内容划到了国律之外,但据此认为,市民社会的自由只是间或与政治相关,却是与其整体论述相抵牾,而且也不符合社会实情。

首先看个体思想言行的自由。严复将言行自由视为"民直"(也即公民

---

[1] 严复:《政治讲义》,载王栻主编,《严复集》(第五册),中华书局1986年版,第1282页。
[2] 严复:《群己权界论》,商务印书馆1981年版,第84页。
[3] 严复:《群己权界论》,商务印书馆1981年版,第82页。

权利),同时强调坚持保有个体自身的独特性乃"民德之本"。因此,在市民社会中,只要个体的思想言论与他人利益无损,社会就绝无权进行干涉,更无权要求"一一必俯循乎国俗"。[1] 这意味着是否侵害他人的权利是社会施用公权力的唯一正当依据,而流俗的纲常伦理并不能作为评判个体思想言行与否的标准,更不能作为社会施用公权力的理由。

进一步地,思想言论自由不仅是个体应享的权利,而且对社会、国家无不有益;相反如若人人美俗,民德泯然大同,社会反倒失去了活力。

> ……民德最隆之日,在在皆有不苟同不侨俗之风。而如是之风,又常与其时所出之人才为比例。心德之刚健,节操之坚勇,其见于历史者,皆在自繇最伸之日。惟今日敢于自异者之无人,此吾国所为可大惧耳。[2]

然而,在现实中,人们往往将特立独行、与众不同的个体视为异端,"将其得罪于俗之深,不仅蒙讥而已,行且以彼为狂人,甚或夺其财产,畀其戚属,使为主之"[3]。严复认为,这种公众舆论并不是真正的共识,而只是奉行纲常名教的强势者通过舆论引发"庸众"的跟风造势所致,所谓"向使萃千百之庸人,篡一时公论之名,于一切有劫持之势"。[4] 除了各种"舆论暴力",更有甚者是,有人据此为由侵害个体的生命、财产,这也就是社会治权之暴横。严复在这个意义上强调,保障个体思想言行的自由首先是要警惕来自市民社会内部的公众对异己思想的侵犯。

不过,在他进一步的论述中却表明群体对个体言行最严重的干涉,往往由政治行政权力所为。他以罗马帝国的明君奥勒留为例,详细论述了其如何以高尚而坚定的道德主张扼杀了个体思想言行的自由,并得到了民众们的赞同。[5] 而在中国历史上也不乏此例,明清的专制统治者也以高尚的"天理"道德扼杀着个体的正当欲求。这实际反映出市民社会中群体对个体自由的干涉,与政治权力之间的密切关系:一方面,占据优势的社会力量会借助政府权力党同伐异;而另一方面,政府或借助社会舆论等世俗力量,或

---

[1] 严复:《群己权界论》,商务印书馆1981年版,第61页。
[2] 严复:《群己权界论》,商务印书馆1981年版,第73页。
[3] 严复:《群己权界论》,商务印书馆1981年版,第75页。
[4] 严复:《群己权界论》,商务印书馆1981年版,第73页。
[5] 密尔原著是针对西方社会中宗教伦理的钳制而论,严复自言中国实情与西方不同,故将"religion"(宗教)皆译为"名教"。

社会儒学与儒学的多元开展

自己充当流俗纲常伦理的强力维护者,由此介入市民社会,干涉个体言行自由。这虽然更深刻地说明社会群体侵害个体自由的后果,但其内容实质已经溢出了对市民社会内部横暴的警惕。也就是说,这已然不单纯是一个伦理意义的个体自由问题,而且同时是一个政治意义上的个体自由问题。

不仅如此,严复对于市民社会中的议政与经贸方面"群己权界"的论述,更明显地超出了所谓"伦学自由"的范围。要知道,严复所言"清议"不仅指社会群体对于个体道德言行的舆论,而且指民间对于政事的议论。在他看来,在政府之外,保有个体对政事的不同论议,这不仅是个体自由的基本内容,而且可作为"他山之石"促进国家行政的完善。因此,政府都不宜干涉。他说:

> 是故自繇之国,欲政府常有与时偕进之机,道在使居政府以外之人,常为之指摘而论议,其政府必有辞以对之。其人之才力聪明,又实与政府比肩,而无多让,而后足为其他山之石。[1]

而如果政府将"通国人桀,尽入其縠中","久乃益深民之奋发务进取者,莫不喁喁,惟政府是向,甚且向其将为执政之党人,必然之势也。"[2]这反倒不利于国家的发展。这些内容同样具有明显的政治意味,实与哈贝马斯等人的公共领域理论颇为汇通。另外,他关于经济贸易"群己权界"的论述也主要是反对政府以行政执法权干涉自由经济。他说:

> 货之攻盬,市价之平倾,若任物自趋,而听售与沽者之自择,国家执在宥之义,而杜垄断抑勒之为,则其效过于国家之干涉者远。于是经累叶之争,而卒之有自繇通商之法制。[3]

由此可以看出,严复所论的市民社会的"群己权界",并不只是限制市民社会自身的群体权力,而是在相当程度上涉及政治国家权力的限制,事实上,市民社会的自由内容根本无法在脱离政治的语境下界定清楚。据此而言,这实质已经不是市民社会内部的"群己权界"了,而是关于市民社会与政治国家的权界划分问题了(下文详述)。其实,严复还曾自相矛盾地说:

> 三,以限制政府之治权为自由。此则散见于一切事之中,如云宗教自由,贸易自由,报章自由,婚姻自由,结会自由,皆此类矣。而此类自

---

[1] 严复:《群己权界论》,商务印书馆1981年版,第118页。
[2] 严复:《群己权界论》,商务印书馆1981年版,第116页。
[3] 严复:《群己权界论》,商务印书馆1981年版,第101页。

由,与第二类之自由,往往并见。……今定从第三类义,以政令简省,为政界自由。[1]

显然,这已经将市民社会的自由统统归为政界自由了。由此表明,严复阐述的市民社会的"群己权界",不仅与政治国家密切相关,而且其内容本身也是政治自由的必要涵项。

四、政治国家层面的"群己权界"

"国群"所包含的"国家"乃是与市民社会分立的狭义政治国家,而其现实的实体形态就是政府。事实上,严复对于英文"government"一词的翻译,有时译为"政府",有时也译为"国家"。显然,这个意义上的"国家"也就是狭义政治国家,或者说就是政府。因此,他对政府权力与个体权利关系的论述,实际也就是政治国家层面上的"群己权界",也即严复所谓的"政界自由"。

上节引文曾指出,"政界自由,与管束为反对。政治学所论者,一群人民,为政府所管辖,惟管辖而过,于是反抗之自由主义生焉"[2]。因此,他强调"以政令简省,为政界自由",[3]那么,限制政府权力也就是政治国家层面"群己权界"的主要内容。不过,由于原著作者密尔是洛克一路发展出来的英国古典自由主义集大成者,而且严复也对卢梭的思想多有批评,[4]所以他应该更倾向于国民个体是权力的真正所有者。这也就意味着政治国家(政府)作为全体国民的国家治理权的代行机构,其自身并不是政治权力的所有者,因此,对政府权力的限制实质并不是限制全体国民的政治权力,而是限制政府代理行使权力的范围和内容,与其他两个层面的限制不同。

严复基于国民个体与政府的委托与授权关系,提出需要制定宪法,将国

---

[1] 严复:《政治讲义》,载王栻主编,《严复集》(第五册),中华书局1986年版,第1290页。

[2] 严复:《政治讲义》,载王栻主编,《严复集》(第五册),中华书局1986年版,第1282页。

[3] 严复:《政治讲义》,载王栻主编,《严复集》(第五册),中华书局1986年版,第1289页。

[4] 严复对卢梭的批评主要集中在《政治讲义》和《〈民约〉评议》中。

民个体权利和政府行政权力共同置于宪法的规定之下。[1]根据"群己权界"的通则,这可以对个体权利与政府权力同时起到限制和维护的作用:其一,通过宪法的限定确保个体自由始终"游于法中",既如休谟所说的"据法自由"(freedom under the law)[2]而不致使个体自由滑向恣意妄为,同时也为政府行政保留了必要的活动空间。其二,通过立宪明确限定政府权力的范围和正当的行政内容,防止政府过度管辖而侵害国民的个体自由,其底线就是不能把任何可能影响到公民财产、人身、思想言论自由的权力赋予行政者。[3]

如此这般的界定其实充分肯定了政府行政的必要性,只不过他认为应将政府行政权限制在尽可能小的范围内,而尽可能多地赋予国民权利,推动国民自治。其理由是,这样不仅可以有效防范政府权力对国民权利的侵害,而且对于政府自身,乃至国群的发展都有好处。相反,如若政府事无巨细地进行管理反而容易产生危害。对此,他特别提出有三类事务政府不宜介入:

第一,从社会进化、国民自强的意义上讲,"事以官为之,不若民自为之善也"[4]。尤其是工商事务政府不宜介入,所谓"此地方之工政,与夫民间商工之业,治以官者所以常折耗,治以民者所以常有功也"[5]。

第二,反思西方国家强盛发达的原因,可以发现"其事以官为之,虽善于民之自为,然国家以导诱其民,欲其心常有国家思想之故,又莫若听其民之

---

[1] 严复曾在《法意》中将之称为"国群自由"。原文为:"夫庶建之制,其民若得为其凡所欲为者,是固然矣。然法律所论者非小己之自由,乃国群之自由也。夫国群自由,非无遮之放任明矣。政府国家者,有法度之社会也,既曰有法度,则民所自由者,必游于法中,凡所可愿,将皆有其自主之权,凡所不可愿,将皆无人焉可加以相强,是则国群自由而已矣。"(严复:《法意》,商务印书馆1982年版,第219页)这里的"国群自由"与国群层面的"群己权界"却有重合之意,二者都是指全体国民享有的自由,但据其表述可以看出,"国群自由"实质是政治国家的"群己权界",它强调的是政治法律意义上的国民个体与政府国家之间的权界,要以宪法、国律的形式确定下来,并据此对个体权利和政府权力同时起到维护和限定的作用。

[2] [英]哈耶克:《大卫·休谟的法律哲学和政治哲学》,载《公共论丛·宪政主义与现代国家》,生活·读书·新知三联书店2003年版,第364页。

[3] 严复在译著《法意》中对于宪法限制政府,不能以国家名义侵害个体财产、生命和思想自由有详细阐述。王栻主编:《严复集》(第四册),中华书局1986年版,第972页、第1022~1023页。

[4] 严复:《群己权界论》,商务印书馆1981年版,第114页。

[5] 严复:《群己权界论》,商务印书馆1981年版,第115页。

自为也"[1]。而"父母政府"[2]事事亲力亲为反而让国民失去锻炼自治能力的机会,因此,现实中需要"以地方自治之制,以摩厉其治国之才"[3]。

第三,从政府实际的行政效果上讲,"使官之治事太广,将徒益之以可以已之权力,其流极将至夺民自繇也"[4]。如果社会各领域的建设皆听命于政府,全国的人才皆唯政府是向,没有不同的思想和意见,那么不仅容易滋生行政弊端,而且会压制个体自由导致社会动荡。

其实,这三类事务基本与市民社会的"群己权界"相呼应,整体上体现出严复主张市民社会独立自治的倾向。据此而言,政治国家的"群己权界",既是关于政治国家权力与国民个体权利之间的界分,同时也是关于政治国家与市民社会两种公权力(两种"治权")之间的界分。

五、严复"群己权界"存在的问题

严复通过上述三个层面的"群己权界"完整表达了现代自由的要旨,但这绝不单纯是对密尔原著的照搬,而实际是在很大程度上得益于荀子"群学"的启发。不过,可以明显地看出,严复与荀子的"群"所指称的社会已经大不相同,他不仅已经从市民社会与政治国家二分的意义上赋予了传统"群"概念新的含义,而且所指代的"国群"也不是荀子那个时代以宗族、家族为社会主体的前现代国群,而是以国民个体为主体的现代民族国家。尽管严、荀都肯定"国群"具有主体价值,但不同的是,荀子提出"明分使群",主张按照血缘宗法或者家族礼法安置非主体性的个人(person),这其中并不存在独立的个体(individual),更不存在个体权利与国家、社会权力的划界问题;[5]而严复提出"群己权界"则是主张基于个体主体价值来划分个体权利与国族群体权力的界限,而且强调通过对群体权力的警惕、防范和裁抑来确

---

[1] 严复:《群己权界论》,商务印书馆1981年版,第115页。
[2] 所谓"父母政府""其政独可施之浅化之民,待其众如童稚,如蛮夷,必时加束缚检制,而不可稍纵自繇者而后可。至于文明自繇之国,未见此术之宜施行也。"(严复:《群己权界论》,商务印书馆1981年版,第108页。)
[3] 严复:《群己权界论》,商务印书馆1981年版,第118页。
[4] 严复:《群己权界论》,商务印书馆1981年版,第116页。
[5] 荀子曰:"故先王案为之制礼义以分之,使有贵贱之等,长幼之差,知贤愚能不能之分,皆使人载其事而各得其宜,然后使悫禄多少厚薄之称,是夫群居和一之道也。"(《荀子·荣辱》)

保个体自由不受侵害。纵观历史,这种群己关系的翻转与其说是近代"西学东渐"的结果,不如说根本是由于中国社会由传统走向现代的历史趋势使然。

进一步地,从其论及的三个层面的关系看,国群层面的"群己权界"作为通论通则,需要通过市民社会和政治国家进一步落实,而市民社会与政治国家层面的"群己权界"既相对独立,不能互相取代,又密切相关,互有交叠。然而,在严复的论述中却存在诸多混乱和误解,其中突出的两点广泛存在于当前的相关讨论中,值得引起重视。

其一,国群与政治国家(政府)概念相混淆。虽然,明儒顾炎武早在《日知录》中就提出"亡国"与"亡天下"之辨,但在严复的论述中,依然存在将国群偷换为政治国家的情况。例如:

> 但使人知以一己而托于国群,所由式饮式食,或寝或讹,以遂其养生送死者,实受国家之赐,则所以交于国人者,必有不容己之义务矣。

如前所说,"国群"乃是现代民族国家共同体,严复将之视为与个体相互依存的价值主体,个体生活的维系和个体自由权利是依托于国群才得以实现的,因此,个体对国群既有价值认同,也有义不容辞的责任义务。但他在论述中将"国群"改为"国家",认为"实受国家之赐",进而将个体与民族国家共同体的依存关系和价值认同,直接替换为个体对政治国家的依赖和服从。作为一种同情的理解,这种有意无意的混淆或偷换,是由于严复为救亡图存的时局所迫,因为当时的中国需要以强有力的政府尽快扭转危局,以政治国家替代国群是为政府行政的正当性提供辩护的一种策略。但在事实上,这两个概念的混用不仅于理不通,而且存在现实危害。

其实按严复的逻辑,政治国家只是全体国民权力的执行者,而非公权力的真正所有者,其行政的范围和内容必须代表全体国民的意愿,并接受其监督。此外,在社会与国家二分的意义上,国群的公权力只是部分地授予政治国家,还有相当的部分被授予市民社会,因此,政府国家并不是全部公权力的执行者,而只是政治国家领域内的公权力的执行者。但是他在论述中却又不自觉地以政治国家(政府)充当民族国家共同体(国群),如此一来,政治国家不仅成为一切公权力的实际行使者,而且成为一切公权力的实际所有者,这就难免让人以为他带有一些国家主义的意味。事实上,早有不少学者,如史华慈等,认为严复只是将个体自由作为国家富强的手段,以至于体现出国家主义(nationalism 或译"民族主义")的倾向。[1] 这种质疑或误解,或与其概念的混用不无关系。

其二,未能认清市民社会"群己权界"作为广义政治自由的实质。严复虽然强调政府不宜干涉市民社会的清议,但对于清议的政治功能,以及市民社会的其他自由(贸易自由、报章自由、结社自由等)的政治特质都没有凸显出来,而且他为了表明市民社会与政治国家的分立,特别强调市民社会的自由乃"伦学之自由",由此淡化了其政治意味。但事实上,这并不符合市民社会自由的本质,也不利于市民社会保持在与政治国家分立的意义上继续健康地发展。

从市民社会与政治国家二分的意义上看,市民社会乃是国民个体的汇聚,与作为国民权力代行机构的政治国家不能通约,因此,两个领域不能混为一谈。市民社会的群体组织(团体)具有典型的民间性、自治性和志愿性,例如:非政府组织(也即 NGO,英文 Non-Governmental Organizations)就是独立于政府之外,从事社会公益事业的民间团体。从这个意义上说,市民社会的自由关涉的是个体权利与市民社会内部的群体(团体)权力之间界限问题,也就是严复所强调不同于政界自由的"伦学之自由"。但是,这并不意味着市民社会与政治国家不发生关系。事实上,政府总是以各种方式参与到市民社会中,增加其影响力;而市民社会也时常介入政治,通过各种途径影响政府的决策意向等。当前各国政治学界开始将市民社会对于政治行政的监督和制衡,视为广义政治生活的重要组成部分。而更积极地看,这不仅是应对暴政,提升政府行政的必要手段,其实也是社会进一步发展的应然方向。因此,市民社会的自由不仅与政治密切相关,而且其诸多内容本身也属于政治自由的范围,其实质就是广义的政治自由。

---

[1] [美]史华慈:《寻求富强:严复与西方》,叶凤美译,中信出版社2016年版。

梁漱溟"中国式民主"思想探析

——兼论儒家思想与协商民主的关系

卢 兴[*]

摘要：梁漱溟在肯定民主理念之普遍价值的同时，更为强调民主制度与中国特殊文化传统的适应性，对"中国式民主"进行了理论思考和制度设计。在其乡村建设理论中，他继承了儒家的政治传统，提出"人治的多数政治"，对西方代议制民主的两大基础"少数服从多数原则"和"法治原则"予以颠覆，突显了中国社会和文化传统的特质，表现出鲜明的协商民主的色彩。儒家思想与协商民主具有很强的亲和性，能够成为中国特色协商民主制度建设的积极资源。

关键词：梁漱溟；中国式民主；乡村建设；儒家思想；协商民主

在中国近现代思想史上，"民主"作为现代性价值的基本内涵，引得无数仁人志士为之而奋斗，使之在中国土壤中生根发芽。五四之后，民主更是被尊为"德先生"，成为社会全体追求的主流价值目标，可以看到，20世纪的主流思潮都是在承认民主基本价值的前提下展开进一步的探讨，具体到民主的理念内涵、实现形式、本土资源、内在限制等更为深入的问题。现代新儒学作为中国现代文化保守主义思潮的主要代表，不仅承认民主的普遍性价值，并且致力于挖掘中国本土资源为现代民主制度奠定基础，同时更为强调民主在中国语境中的特殊性。现代新儒学的开山梁漱溟先生（1893—1988）

---

[*] 作者系天津市中国特色社会主义理论体系研究中心特聘研究员、南开大学哲学院副教授，哲学博士。本文是2015年度国家社会科学基金重大项目、中国特色社会主义理论体系研究中心重大项目"中国特色社会主义协商民主研究"（2015YZD07），2014年度教育部哲学社会科学重大课题攻关项目"中国特色社会主义协商民主研究"（14JZD004），中央高校基本科研业务费专项资金资助项目"协商民主与中国传统政治智慧"（NKZXA1413），南开大学当代中国问题研究院基本科研项目"中国历史上关于协商民主的思想资源"（NKDDZGYJ1303）阶段性成果。本文发表于《齐鲁学刊》2017年第2期。

毕生致力于中国的民主实践,在其著述中多方面思考民主在中国语境中的实现形式,提出了一些有关"协商民主"的宝贵思想,值得我们今天进一步研究和讨论。

一、梁漱溟论"中国式民主"的内涵

梁漱溟曾自述自己并非"学问中人",而是"问题中人","我的思想是从实在问题中来,结果必归于实在的行动中去"[1]。诚如所言,梁漱溟一生的思想与实践都是围绕着人生与社会两大问题而展开的,他尤其致力于解决"中国社会的前途"问题,在政治上力图发展出一套与中国本土文化传统相适应的民主制度,并为推进这种"中国式民主"的理论设计而进行了不懈的社会实践。本文主要关注其思想方面,从他的著述中梳理出他关于"中国式民主"的基本思想,并进一步分析其中所蕴含的"协商民主"的因素。

深受五四的影响,梁漱溟将"民主"与"科学"作为现代性的基本成就加以肯认,他主要根据西方近代以来的民主制度来理解民主的规范性内涵。他在1921年出版的《东西文化及其哲学》中对东西方文化进行比较考察,将"民主"作为西方社会的根本特征予以定位,指出"西方社会与我们不同所在,这'个性伸展社会性发达'九字足以尽之,不能复外,这样新异的色采,给他来个简单的名称便是'德谟克拉西'(democracy)"[2]。他进一步指出,西方的民主建立在"公私分立"和"权利"观念基础上:"第一层便是公众的事大家都有参与做主的权;第二层便是个人的事大家都无过问的权。"[3]20世纪40年代,梁漱溟在《中国文化要义》和一些演讲中将民主理解为一种"精神"或"倾向",并将"民主"的内涵归纳为五点:"一、承认旁人;二、彼此平等;三、讲理;四、尊重多数;五、尊重个人自由。"[4]

可以看到,梁漱溟关于民主之规范性内涵的基本认识主要来自于对西

---

[1] 梁漱溟:《自述》,载《梁漱溟全集》第二卷,山东人民出版社2005年版,第3、9页。
[2] 梁漱溟:《东西文化及其哲学》,载《梁漱溟全集》第一卷,山东人民出版社2005年版,第369页。
[3] 梁漱溟:《东西文化及其哲学》,载《梁漱溟全集》第一卷,山东人民出版社2005年版,第365页。
[4] 梁漱溟:《民主的涵义》,载《梁漱溟全集》第六卷,山东人民出版社2005年版,第460页。

方文化的了解,其根源在于承认民主作为人类精神成果的普适价值,正如他所说:"现在所谓科学和德谟克拉西的精神是无论世界上那一个地方人所不能自外的",两者没有时间上和空间上的个性区别,具有绝对性和普遍性。[1]因此,中国社会的未来走向必然要指向民主制度的建立。然而,梁漱溟与同时期的西化派的根本差异在于,他在肯定民主基本内涵的普遍性的同时,更为强调中国社会和文化的特殊性,由此说明中国的民主化道路必然由中国文化传统内在生发而不能照搬西方模式。

针对当时社会上流行的"中国自古无民主"一说,梁漱溟进行了反驳,首先从概念上,他指出民主是一种精神而非一样东西,因此难以断然论断其有无;关于上述民主的五点特征,并非五点齐备才是民主。与西方近代以来的民主制度相比较,中国人缺乏遇事召开会议取决多数的习惯和划清人己权界的习惯,即缺乏"尊重多数"和"尊重个人自由"两点,其根本原因在于中国人缺少集团生活和政治法律。但这并不意味着中国文化中民主精神的缺失,因为中国人崇尚"己所不欲勿施于人"的恕道而承认旁人,中国社会没有阶级分化而富于平等精神,更为突出之处在于中国人最爱讲理,所以在这个意义上,"中国非无民主,但没有西洋近代国家那样的民主"[2]。

梁漱溟进一步考察了中国历史上何以缺失西方规范形态的民主,他将其根源归结为中国文化的早熟,这种"早熟"主要归结为两方面:其一,与西方社会以个人为本位的价值观不同,中国社会以伦理为本位,重视家庭及建基其上的情感和义务,因此在人际关系中"互以对方为重"而没有独立个人观念;其二,与西方社会以阶级对立为特征不同,中国社会自秦以后没有阶级而以职业分途,因而没有阶级斗争而发展出西方近代争取民权的运动。而这两方面归根到底在于中国人缺乏西方人的集团生活,因而在公共观念、纪律习惯、组织能力和法制精神等方面都有所不及。[3]然而,在梁漱溟的论述中,中国社会"伦理本位、职业分途"的特征并非完全负面的,在更为根本的文化精神层面,中国文化核心关切集中于人对人的问题而超越了人对物的问题,即从"心"(梁氏称之为"理性")出发向内用力,较之于从"身体"出

---

[1] 梁漱溟:《答胡评〈东西文化及其哲学〉》,载《梁漱溟全集》第四卷,山东人民出版社2005年版,第746页。

[2] 梁漱溟:《中国文化要义》,载《梁漱溟全集》第三卷,山东人民出版社2005年版,第242页。

[3] 梁漱溟:《中国文化要义》,载《梁漱溟全集》第三卷,山东人民出版社2005年版。

发向外用力的西方文化在层次上更高一级,尽管中国社会和文化面对现代性表现出种种缺陷,但这种"理性早启"的文化在人类精神发展的宏观进程中具有价值上的优位性。正是在这个意义上,梁漱溟力图在中国自身的文化传统中开掘出一种与西方迥异的"中国式民主政治"。

二、梁漱溟对中国式民主的设计

尽管梁漱溟承认西方近代的民主政治自有其合理与巧妙之处,但他明确指出这种制度在中国无法实现,是一条"政治上不通的路"。就当时中国现实而言缺乏实现西方式民主的群众基础和物质条件,最为根本是这种政治与中国固有的民族精神不相适应。具体表现为以下几方面:其一,在人生态度上,西方式民主重视个体权利和自由竞争与中国人安分守己的民族性格有所不合;其二,西方式民主的竞选方式与中国历来尊崇的谦谦君子之风有所不合;其三,公众多数表决、少数服从多数与中国的尊师尚贤的传统有所不合;其四,基于人性恶而设计的分权制衡、崇法抑人的制度与中国相信性善、以礼教化的传统有所不合;其五,物欲本位、政教分离的精神与中国向上求理、政教不分的传统有所不合。基于以上诸原因,梁漱溟断言中国社会模仿西方式民主政治必然无法成功,"其不能成功而反以招乱者,大概可分三层去说。三层之中:从头一层看,可以明白他所以未得成功,从第二层看,可以知道他一时无法成功,从第三层看,便晓得他是永远不能成功的"[1]。

有鉴于西化和俄化的道路都行不通,梁漱溟主张利用中国本土的社会力量和思想资源进行民主化的努力,他选择了中国面积最广、人口最多的乡村,开展了"乡村建设"的理论和实践。梁氏的乡村建设理论的根本目的在于在中国的乡村培育出政治团体组织,以乡约为基础,以乡学村学为核心开展乡村自治。他的乡建理论关于中国式民主的制度建设最有特色的一点在于他所主张的"人治的多数政治",对西方式民主制度的两大基础"少数服从多数原则"和"法治原则"予以颠覆,突显出中国社会和文化传统的自身特质。

梁漱溟指出,所谓"少数服从多数"实际上是在团体成员意见无法一致

---

[1] 梁漱溟:《我们政治上的第一个不通的路——欧洲近代民主政治的路》,载《梁漱溟全集》第五卷,山东人民出版社2005年版,第140页。

的条件下的一种权宜之计,或者说"省事的办法",其实多数并非意味着真理,原因在于人存在着智力能力、知识水平、道德素质等诸多因素的差异,因此单纯地以"数人头"的方式忽视了这些差异的存在。在梁氏看来,"智愚、贤不肖在人群里天然是有的;且从人生向上的意思来说,都应当把自己看作不如别人,必须时时求教于人,此时天然的就要走少数领导的路,而非多数表决的路"[1]。所谓"人生向上"就是超越个人自己的私利、欲望而追求道德理性的倾向,这是以儒家为主导的中国文化的根本精神,在这种文化精神影响下强调尊师尚贤,理想的政治是请富于道德和智慧的贤者进行统治而不依赖建立在大多数人意志之上的法律。在这个意义上,梁漱溟不赞成"多数的统治"而倡导"多数分子对于团体生活应作有力参加",指出所谓民主政治的关键不在于多数人是否具有领导权,而是在于多数人是否真正"用心思去想,作有力的参加",如果团体中的大多数人并没有参与到政治决策的过程中而仅仅是表决投票,那么依然是消极被动地接受统治,因此在中国的政治环境中,只有在贤者的领导下多数人积极参与才能真正体现出自主性。这种精英政治模式被他称为"人治的多数政治"或"多数政治的人治":"我们现在的这种尊尚贤智,多数人受其领导的政治,自一方面看,的的确确是多数政治,因多数是主动,而非被动;但同时又是人治而非法治,因不以死板的法为最高,而以活的高明的人为最高。"[2]梁漱溟认为:"这一个团体组织,虽不必取决多数,可是并不违背多数;它正是一个民治精神的进步,而不是民治精神的取消。"[3]

在梁氏的"人治的多数政治"的设计中,团体中的多数人参与政治的方式不是投票表决而是协商讨论。梁漱溟对于中国仿效西方进行全民选举保持着相当的警惕,他曾将其喻为"选灾",他列举了其所带来的现象:"各地为选举而闹得举国骚然,鸡犬不宁,公私耗财之巨,社会风纪秩序破坏之烈,乡

---

[1] 梁漱溟:《乡村建设理论》,载《梁漱溟全集》第二卷,山东人民出版社2005年版,第283页。

[2] 梁漱溟:《乡村建设理论》,载《梁漱溟全集》第二卷,山东人民出版社2005年版,第292~293页。

[3] 梁漱溟:《乡村建设理论》,载《梁漱溟全集》第二卷,山东人民出版社2005年版,第290页。

里友好结怨成仇,伤亡而继之以词讼,精神物质一切损失之无法计算……"[1]在梁氏看来,中国社会的文化传统不适合采取竞选票决的形式,而只能采取集体协商、精英决策的方式。他在1934年拟定的《村学乡学须知》中,对乡学学众参与公共事务作了如下的要求:

> 第三,有何意见即对众说出——我们既关心团体的事,自然就要有一些意见主张,应即说出请大众参酌。凡事经过讨论才得妥当,各出己见,实不可少。有话便说,不必畏怯。
>
> 第四,尊重多数,舍己从人——自己意见虽要说出,但不可固执己见。凡众议所归,应即顺从。不要太过争执,致碍公事进行。
>
> 第五,更须顾全少数,彼此迁就——有时少数人的意思亦不可抹杀。若以多数强压少数,虽一时屈从,终久不甘服。总以两方彼此迁就,商量出一个各都同意的办法为好。团体之内,和气为贵;倚强凌弱断乎不可。[2]

在梁漱溟的乡村建设中,"乡学"作为最基层民主单位,其根本职能一方面是全民参与议政,另一方面是社会贤达对于普通民众施以教化。梁氏同时强调了民主协商过程中"尊重多数"与"顾全少数"的两个对等原则,在某一事务的决策协商中出现分歧,并不以投票表决的方式简单处理,而是促使多数人与少数人之间进一步协商,通过这种非对抗性的协商而"彼此迁就",力图达到双方都能接受的中间道路。

不难看出,梁漱溟对中国式民主的设计在很大程度上继承了传统儒家的政治理念,带有明显的精英政治色彩,强调"贤"与"师"在政治领导上的主导地位和教化功能,相比之下,法制建设和个体权利等现代民主的基本要素并没有得到重视。但是,在民主实现的形式上,梁漱溟强调了团体内多数参与协商,而反对以简单多数的数量原则作为解决争议的方式。梁氏所倡导的这种民主形式显然不同于西方近代的代议民主制度,而与晚近兴起的"协商民主"观念和制度设计具有相当程度的近似性。

---

[1] 梁漱溟:《预告选灾,追论宪政》,载《梁漱溟全集》第六卷,山东人民出版社2005年版,第699页。

[2] 梁漱溟:《村学乡学须知》,载《梁漱溟全集》第五卷,山东人民出版社2005年版,第452页。

三、附论儒家思想与协商民主的关系

以上对梁漱溟关于"中国式民主"的基本观念和制度设计进行了梳理,通过研究不难看出,作为现代新儒家的开山,他从儒家传统之中汲取了思想资源,其乡村建设的理论和实践带有鲜明的儒家色彩。本文力图在对于梁漱溟个案研究的基础上,进一步就其中的深层问题展开分析,探究传统儒家的思想资源与协商民主之间的关系问题。

首先不可否认的是,传统儒家政治思想与现代民主观念之间存在着深刻的张力。正如五四以来儒家的批评者所指出的,传统儒家学说根源于自然经济和等级社会,其在制度设计上倡导一种"圣贤在位"的精英政治模式,是"为民做主"(rule for people)而非"由民做主"(rule by people),这与兴起于近代西方的民主观念存在着根本差异。梁漱溟力图继承这种精英政治模式,同时吸收西方民主"多数参与"的要素对其加以改造,但他的这种"人治的多数政治"的设计并不能真正消除两种模式之间的根本张力,因为这两者在根本精神理念上体现出"前现代性"和"现代性"的对立。

尽管如此,我们依然可以在实现形式层面探讨儒家思想与协商民主之间的关系,依然可以探讨儒家作为一种中国本土最具影响力的传统思想资源对于协商民主建设的积极意义。这项工作在梁漱溟那里就已经开始了,其后几代思想家进行了不懈的探索。在他们的智慧所凝结的深厚资源之上,我们今日能够将对这一问题的思考在深度上和广度上加以推进。

概言之,儒家思想中对于中国社会协商民主建设的积极资源可以归纳为以下几方面:

第一,在文化精神取向上,儒家主张"和而不同",在政治决策过程中既反对刻意的反对派("异"),也反对无原则的一致性("同"),而倡导包容差异的统一性("和");这一点与协商民主所强调的通过公共协商寻求共识的根本意旨相互契合。西方协商民主思想正是对于代议制民主崇尚"众意"(Will of all)而产生的问题进行反省的产物,这种意志是由个人意志的简单聚合而成的[1],往往片面强调共同性排斥差异性,而丰富多元的个人意志

---

[1] 卢梭首先对"公意"与"众意"进行了区分(卢梭:《社会契约论》,何兆武译,商务印书馆 2003 年版,第 35 页)。

被票决计数的方式简单化约为一种抽象的共同性。协商民主的观念在根本上就是一种"去同取和"的政治诉求,强调通过成员的平等参与和协商产生出真实具体的"共同意志"(General will)或"共识"(Consensus)。在这一点上,儒家"和而不同"的思想所体现出的尊重差异、包容多元的价值内蕴可以成为中国社会进行协商民主建设的重要文化资源。

第二,儒家特别重视道德因素在社会建构中的基础性作用,将礼制教化作为凝聚政治共同体的根本方式,这为开展共同体内的有效协商奠定了社会基础。尽管近代以来中国社会经历了巨大的转型,但社会基层依然保持了传统社会的许多特征,家庭亲情和伦理关系依旧在民众的社会生活中发挥巨大的影响力。儒家自孔孟以来就高举"德政"的旗帜,力图通过道德而非刑罚进行社会治理,一方面培养士阶层的道德素质,通过自上而下的教化活动普及伦理规范,形成了社会整体的道德共识;另一方面又将伦理规范固定化为一整套礼乐制度和宗族秩序,成为对社会基层具有普遍约束力的习惯法。由此,儒家主导下的中国社会在千余年来实现了基层自治,在县以下实现了政治和公共事务上的有效协商机制。梁漱溟正是有鉴于这种社会传统,极力强调中国的现代化、民主化道路从乡村建设着手展开。儒家的道德教化思想资源对于我们今日在中国社会开展基层协商民主建设也具有重要的借鉴意义。

第三,儒家自古以来具有深厚的"民本"思想传统,将"民意"作为政治合法性最高依据,在民本观念的影响下,中国在专制体制内产生了协商、言谏、抗议等制约机制,成为两千年政治实践中对专制权力进行限制的重要力量。在这个意义上可以说,民本思想是中国传统政治智慧与现代民主观念相接榫的枢纽,也是中国社会协商民主建设的深厚资源。从《尚书》的"民惟邦本"到孟子的"民贵君轻",再到荀子的"君舟民水",再到黄宗羲的"民主君客",儒家民本思想一以贯之,在此基础上形成了"道高于君""以德抗位"的精神传统。[1] 每当君主的权力僭越民意和道德范围之时,儒者基于这种道德使命感进行反抗:体制内者进行言谏规劝或诉诸史笔,体制外者则有"替天行道"的权利。此外,儒家心目中最理想的政治制度并非世袭制,而是"选贤与能"的禅让制,通过民众和贤达进行协商,在共识的基础上推举出道德完善的人来掌握最高权力,这种权力的转移也是依靠协商推选。不论儒家所设计的禅让制是否具有可行性,不可否认其中包含了平等协商、取得共识

---

[1] 金耀基:《中国民本思想史》,台湾商务印书馆1997年版。

的积极内涵。

第四,协商民主在实践上得以成立的前提在于每个社会成员都平等参与协商过程,同时能够以取得共识为目的而不以私利的满足为目的,这实际上对每个社会成员提出了很高的道德要求;在这方面儒家具有深厚的人性论资源,对人的本性和实践充满了信心。儒家的主流倡导"性善论",坚信人先天具有良知良能,不仅在本源上呈现为善良的本性,而且在动力上推动着人的行为向善而趋,同时人自身也必须在实践上修养以保存和扩展良知。基于"性善论",儒家倡导"重义轻利"的价值观,其政治设计以社会全体的道德完善和生活福祉为目的,而旗帜鲜明地反对以满足私利为目的。因此儒家主流在价值取向上是道义论的而非功利论的,这与西方代议制民主的伦理基础有根本差异,这一点正是梁漱溟所敏锐洞察并反复申说的。可以说,与西方功利主义相比,儒家价值观更有利于培养全体成员的公共意识,促使个体从自我私利的狭隘视阈超拔出来,着眼于争取社会整体的共同利益,也更有助于协商共识的形成。

综上所论,尽管儒家思想作为中国前现代文化的主导力量,与具有后现代意味的协商民主理论有相当的时代性张力,但不可否认的是,儒家思想在几个重要的理论关节点上与协商民主之间具有很强的亲和性,我们有理由相信,经过创造性转化,儒家思想非常有可能成为当今中国社会建构协商民主制度可资借鉴的重要资源。

在建构"中国式民主"的道路上,梁漱溟在20世纪进行了理论上和实践上的尝试,取得了非常有意义的思想成果,当然其中也不免问题与教训。我们立足于当下中国政治建设的历史境遇,可以在他的工作的基础上再进一步,探索出更加富于民族特色和时代精神的民主形态。

"己立立人,己达达人":是"仁"还是"恕"

——以朱熹的解读为中心

乐爱国[*]

摘要:对于孔子所言"己欲立而立人,己欲达而达人",历来有不同的解读。有人解读为"仁",有人解读为"恕"。西汉孔安国等人讲"仁""恕"无别,而将"己立立人,己达达人"之"仁"与孔子所言"己所不欲,勿施于人"之"恕"统一起来。南宋朱熹讲"仁""恕"有别,将"己立立人,己达达人"解读为"以己及人"之"仁",与"己所不欲,勿施于人"即"推己及人"之"恕"区别开来。今人又有将"己立立人,己达达人"解读为"忠",以与"己所不欲,勿施于人"之"恕"既有相区别,又有相统一。相比较而言,朱熹的解读对于理解"己立立人,己达达人"及其与"己所不欲,勿施于人"的差异,仍具有重要的学术价值。

关键词:孔子;朱熹;推己及人;以己及人;仁;恕

孔子讲"仁",所谓"仁者爱人"。同时,孔子又讲"仁之方"。他说:"夫仁者,己欲立而立人,己欲达而达人。能近取譬,可谓仁之方也已。"(《论语·雍也》)。对此,1980年出版的杨伯峻《论语译注》解读为:"仁是什么呢?自己要站得住,同时也使别人站得住;自己要事事行得通,同时也使别人事事行得通。能够就眼下的事实选择例子一步步去做,可以说是实践仁道的方法了。"[1]在杨伯峻看来,"己立立人,己达达人"是"仁",与"仁之方"是不同的。孔子还讲"恕"。子贡问曰:"有一言而可以终身行之者乎?"子曰:"其恕乎!己所不欲,勿施于人。"(《论语·卫灵公》)杨伯峻解读为:"子贡问道:'有没有一句可以终身奉行的话呢?'孔子道:'大概是"恕"罢!自己所不想

---

[*] 作者系厦门大学哲学系教授。本文发表于《安徽师范大学学报》(人文社科版)2018年第5期。

[1] 杨伯峻:《论语译注》,中华书局1980年版,第65页。

要的任何事物,就不要加给别人。'""'忠'(己欲立而立人,己欲达而达人)是有积极意义的道德,未必每个人都有条件来实行。'恕'只是'己所不欲,勿施于人',则谁都可以这样做,因之孔子在这里言'恕'不言'忠'。"[1]可见,杨伯峻又将"己立立人,己达达人"解读为"忠",而不同于"己所不欲,勿施于人"为"恕"。换言之,"己立立人,己达达人"是"仁",又可解读为"忠",而不是"恕"。与此相异,冯友兰于1982年出版的《中国哲学史新编》(修订本)中解释说:"'己所不欲,勿施于人'就是'忠恕之道'。"又说:"仁这种品质是'己欲立而立人,己欲达而达人'。这也是'忠恕之道'。这还不是'仁',这只是'为仁之方',就是说,这是达到仁的品质的方法。照着这个方法所达到的品质,才是'仁'。"[2]在冯友兰看来,"己立立人,己达达人"讲的是"忠恕之道","己所不欲,勿施于人"讲的也是"忠恕之道","这还不是'仁',这只是'为仁之方'"。换言之,"己立立人,己达达人"是"忠恕",是"仁之方",不是"仁"。对于杨伯峻和冯友兰的不同解读,当今学术界分别采纳和引述,并没有做出考辨。本文试做分析,以求得研究之深入。

一、"己立立人,己达达人"为"恕"

对于"己立立人,己达达人",无论是杨伯峻将它解读为"仁",又解读为"忠",而与"己所不欲,勿施于人"之"恕"区别开来,还是冯友兰将它解读为"忠恕",而与"己所不欲,勿施于人"之"恕"相一致,就他们的解读都与"己所不欲,勿施于人"之"恕"相对应而言,至少可以追溯到西汉孔安国。

孔安国注"夫仁者,己欲立而立人,己欲达而达人。能近取譬,可谓仁之方也已"曰:"更为子贡说仁者之行也。方,道也。但能近取譬于己,皆恕己所不欲而勿施于人也。"南北朝皇侃《论语集解义疏》曰:"言己若欲自立自达,则必先立达他人,则是有仁者也。……能近取譬诸身,远取诸物,己所不欲,勿施于人,能如此者,可谓为仁之方也。"[3]北宋的邢昺疏曰:"夫仁者,己欲立身进达而先立达他人,又能近取譬于己,皆恕己所欲而施之于人,

---

[1] 杨伯峻:《论语译注》,中华书局1980年版,第166~167页。

[2] 冯友兰:《中国哲学史新编》(修订本),载《三松堂全集》第八卷,河南人民出版社2001年版,第133页。

[3] (魏)何晏、(梁)皇侃:《论语集解义疏》,中华书局1985年版,第82~83页。

"己立立人,己达达人":是"仁"还是"恕"——以朱熹的解读为中心

己所不欲弗施于人,可谓仁道也。"[1]在孔安国、皇侃、邢昺看来,"己立立人,己达达人"为"仁",然而虽为"仁",却又可以解读为"恕",即"己所不欲,勿施于人"。换言之,"恕"即"仁道"。

孔安国、皇侃、邢昺的解读,把"己立立人,己达达人"之"仁"等同于"己所不欲,勿施于人"之"恕",实际上是将"仁"与"恕"统一起来。孔子讲"仁",又讲"恕"。所谓"夫仁者,己欲立而立人,己欲达而达人",显然是就"仁"而言;所谓"己所不欲,勿施于人",则是就"恕"而言。然而,孔安国解"己立立人,己达达人"而言"能近取譬于己,皆恕己所不欲而勿施于人也",这就把"己立立人,己达达人"之"仁"解读为"己所不欲,勿施于人"之"恕",将"仁"解读为"恕",讲"仁""恕"无别。

事实上,在汉唐时期,"恕"与"仁"并无差别。许慎《说文解字》说:"恕,仁也。从心如声。"[2]魏晋之际的傅玄撰《仁论》,说:"昔者,圣人之崇仁也,将以兴天下之利也。……然夫仁者,盖推己以及人也。故己所不欲,勿施于人;推己所欲以及天下。"[3]把"仁"等同于"推己以及人",等同于"己所不欲,勿施于人",即"恕"。唐代的颜师古注班固《汉书》引诏曰"凡事恕己,毋行苛刻",说:"恕者,仁也。恕己之心以度于物。"[4]直到宋代的邢昺还讲"仁,恕也"[5],"仁者,必恕也"[6]。

清儒推崇汉唐诸儒的解读,接着讲"仁""恕"无别。清代的刘宝楠撰《论语正义》,其对"己立立人,己达达人"解读,基本依照汉代的孔安国,又引阮元《论仁篇》所言:"'所谓仁者,己之身欲立则亦立人,己之身欲达则亦达人。'即如己欲立孝道,亦必使人立孝道……己欲达德行,亦必使人达德行。"并依《说文解字》,说:"《说文》:'恕,仁也。'如己之心,以推诸人,此求仁之道,故'恕'亦训仁。恕、仁本一理。"[7]还说:"《说文》训'恕'为'仁',此因恕

---

[1] (魏)何晏、(宋)邢昺:《论语注疏》,(清)阮元校刻《十三经注疏》,中华书局1980年版,第2479~2480页。

[2] (汉)许慎:《说文解字》,中华书局1963年版,第218页。

[3] (晋)傅玄:《傅子》卷一《仁论》,中华书局1985年版,第6页。

[4] (汉)班固:《汉书》(2)卷十,中华书局1962年版,第303~304页。

[5] (魏)何晏、(宋)邢昺:《论语注疏》,(清)阮元校刻《十三经注疏》,中华书局1980年版,第2471页。

[6] (魏)何晏、(宋)邢昺:《论语注疏》,(清)阮元校刻《十三经注疏》,中华书局1980年版,第2502页。

[7] (清)刘宝楠:《论语正义》,中华书局1990年版,第250页。

可求仁,故恕即为仁,引申之义也。是故仁者,'己欲立而立人,己欲达而达人'。己立己达,忠也;立人达人,恕也。二者相因,无偏用之势。"[1]显然,依旧是把"己立立人,己达达人"之"仁"解读为"己所不欲,勿施于人"之"恕"。

应当说,汉唐诸儒解读"己立立人,己达达人",讲"仁""恕"无别,已难以为今人所接受。杨伯峻将"己立立人,己达达人"解读为"仁",又解读为"忠",而与"己所不欲,勿施于人"之"恕"区别开来;冯友兰虽然将"己立立人,己达达人"解读为"忠恕",而与"己所不欲,勿施于人"之"恕"相一致,但又认为"这还不是'仁',这只是'为仁之方'",也把"忠恕"与"仁"区别开来。

孔安国等人把"己立立人,己达达人"之"仁"解读为"己所不欲,勿施于人"之"恕",冯友兰也把"己立立人,己达达人"解读为"恕",二者有相似之处。但是,孔安国等人是把"仁"解读为"恕",讲的是"仁"与"恕"的统一,而冯友兰则讲"己立立人,己达达人","这还不是'仁',这只是'为仁之方'",讲"仁"与"恕"的不同。因此,在冯友兰那里,"己立立人,己达达人"不是"仁",而是"恕",而在孔安国等人那里,"己立立人,己达达人"是"仁",而可以解读为"恕"。换言之,冯友兰虽然与孔安国等人一样把"己立立人,己达达人"解读为"恕",但是反对孔安国等人把"仁"解读为"恕",而是主张"仁"与"恕"的不同。

二、"己立立人,己达达人"为"仁"

孔子讲"夫仁者,己欲立而立人,己欲达而达人。能近取譬,可谓仁之方也已",显然是讲"己立立人,己达达人"为"仁"。如上所述,孔安国、皇侃、邢昺都讲"己立立人,己达达人"为"仁"。后来的朱熹也持同样的看法,并且明确认为孔子所言"夫仁者,己欲立而立人,己欲达而达人。能近取譬,可谓仁之方也已",分作两截看:"上一截说仁之体,下一截说仁之术。"[2]他还说:"'仁者己欲立而立人'一章,某当初也只作一统看。后来看上面说'夫仁者',下面说'可谓仁之方',却相反,方分作两段说。"[3]又说:"己欲立,便立

---

[1] (清)刘宝楠:《论语正义》,中华书局1990年版,第153页。

[2] (宋)朱熹:《晦庵先生朱文公文集》卷五十九《答陈与叔(一)》,载朱杰人等编:《朱子全书》(23),上海古籍出版社、安徽教育出版社2010年版,第2818页。

[3] (宋)黎靖德:《朱子语类》(三)卷三十三,中华书局1986年版,第848页。

"己立立人,己达达人":是"仁"还是"恕"——以朱熹的解读为中心

人;己欲达,便达人。此仁者之事也。'能近取譬',此为仁之方也。今人便以'己欲立,己欲达'为'能近取譬',则误矣。盖'己欲立而立人,己欲达而达人',此不待施诸己而后加诸人也。'能近取譬',却是施诸己之意。"[1]朱熹还说:"夫子分明说'夫仁者',则是言仁之道如此;'可谓仁之方也已',则是言求仁当如此。若以为滚说,则既曰'夫仁者'矣,不当以'可谓仁之方'结之也。"[2]显然,在朱熹看来,孔子所言,前半部分"己立立人,己达达人"为"仁",后半部分"能近取譬"则是讲"仁之方"。

对于孔子所言的前半部分"夫仁者,己欲立而立人,己欲达而达人",朱熹《论语集注》曰:"以己及人,仁者之心也。于此观之,可以见天理之周流而无间矣。状仁之体,莫切于此。"[3]认为"己立立人,己达达人",是指自己欲立达,由此而想到他人也欲立达,这是"以己及人",是仁者之心,仁之本体。对于后半部分"能近取譬,可谓仁之方也已",朱熹注曰:"近取诸身,以己所欲譬之他人,知其所欲亦犹是也,然后推其所欲以及于人,则恕之事而仁之术也。"[4]认为"能近取譬",从自己所欲而推知他人所欲,推己及人,这才是仁之方。朱熹还说:"'己欲立而立人,己欲达而达人',是以己及人,仁之体也。'能近取譬',是推己及人,仁之方也。"[5]在这里,朱熹区分出"以己及人"与"推己及人"两个概念。

在朱熹那里"以己及人"又称"以己及物";"推己及人"又称"推己及物"。这两个概念来自北宋的程颢。程颢说过:"以己及物,仁也。推己及物,恕也。违道不远是也。"[6]

就"以己及人"而言,程颢认为"以己及物"是"仁",又释"仁",以为"仁者,浑然与物同体"[7]。也就是说,"以己及人",即"浑然与物同体"。而且在朱熹那里,"以己及人"是指孔子所言"己立立人,己达达人"。换言之,"己立立人,己达达人"是"以己及人",即程颢所谓"仁者,浑然与物同体"。程颢

---

[1] (宋)黎靖德:《朱子语类》(三)卷三十三,中华书局1986年版,第844页。
[2] (宋)黎靖德:《朱子语类》(三)卷三十三,中华书局1986年版,第851页。
[3] (宋)朱熹:《四书章句集注》,中华书局2012年版,第92页。
[4] (宋)朱熹:《四书章句集注》,中华书局2012年版,第92页。
[5] (宋)黎靖德:《朱子语类》(三)卷三十三,中华书局1986年版,第846页。
[6] (宋)程颢、程颐:《河南程氏遗书》卷十一,载《二程集》,中华书局2004年版,第124页。
[7] (宋)程颢、程颐:《河南程氏遗书》卷二上,载《二程集》,中华书局2004年版,第16页。

还说:"医书言手足痿痹为不仁,此言最善名状。仁者,以天地万物为一体,莫非己也。认得为己,何所不至?若不有诸己,自不与己相干。如手足不仁,气已不贯,皆不属己。故'博施济众',乃圣之功用。仁至难言,故止曰:'己欲立而立人,己欲达而达人,能近取譬,可谓仁之方也已。'欲令如是观仁,可以得仁之体。"[1]也就说,可以从"己立立人,己达达人"看到"仁之体",看到"仁者,以天地万物为一体"。

就"推己及人"而言,程颢认为"推己及物"是"恕",而不同于"仁"。朱熹赞同程颢的说法。他的《论语集注》不仅讲"尽己之谓忠,推己之谓恕",而且引述程颢所言"以己及物,仁也。推己及物,恕也"。[2]既讲"推己之谓恕",而不同于"尽己之谓忠",又赞同程颢讲"推己及物,恕也",不同于"以己及物,仁也"。朱熹又注《论语》载孔子曰"其恕乎!己所不欲,勿施于人",指出:"推己及物,其施不穷,故可以终身行之。"[3]认为孔子所谓"恕","己所不欲,勿施于人",是"推己及物"。可见,在朱熹那里,"己所不欲,勿施于人"为"推己及人",是恕;而不同于"己立立人,己达达人"为"以己及人",是仁。

朱熹对"以己及人"与"推己及人"的区别做了深入分析。他说:"以己,是自然;推己,是着力。'己欲立而立人,己欲达而达人',是以己及人也。'近取诸身',譬之他人,自家欲立,知得人亦欲立,方去扶持他使立;自家欲达,知得人亦欲达,方去扶持他使达,是推己及人也。"[4]又说:"'以己及物',是自然及物,己欲立,便立人;己欲达,便达人。'推己及物',则是要逐一去推出。如我欲恁地,便去推与人也合恁地,方始有以及之。如吃饭相似,以己及物底,便是我要吃,自是教别人也吃,不待思量。推己及物底,便是我吃饭,思量道别人也合当吃,方始与人吃。"[5]也就是说,"以己及人",是自然地"以己及人",所谓"自然及物",是仁之本体;"推己及人",则是着力地从自己的仁之本体推及他人,是仁之方。因此,朱熹认为,程颢讲"以己及物,仁也。推己及物,恕也。违道不远是也",其中"以己及物,仁也"与"忠恕

---

[1] (宋)程颢、程颐:《河南程氏遗书》卷二上,载《二程集》,中华书局2004年版,第15页。
[2] (宋)朱熹:《四书章句集注》,中华书局2012年版,第72页。
[3] (宋)朱熹:《四书章句集注》,中华书局2012年版,第167页。
[4] (宋)黎靖德:《朱子语类》(二)卷二十七,中华书局1986年版,第690页。
[5] (宋)黎靖德:《朱子语类》(二)卷二十七,中华书局1986年版,第691页。

"己立立人,己达达人":是"仁"还是"恕"——以朱熹的解读为中心

违道不远",二者"自是不相关。只是以此形容仁、恕之定名"[1]。

由此可见,在朱熹那里,"己立立人,己达达人"属"以己及人",是仁者之心、仁之本体。作为仁者之心,它是自然而发;作为仁之本体,它是推己及人的源头,并非即"推己及人"。为此,朱熹说:"己欲立,便立人;己欲达,便达人,此仁者之心自然如此,不待安排,不待勉强。'能近取譬',则以己之欲立,譬人之欲立;以己之欲达,譬人之欲达,然后推己所欲以及于人,使皆得其立,皆得其达,这便是为仁之术。"[2]也就是说,"己立立人,己达达人"是"仁者之心自然如此",由此进一步"推己所欲以及于人",就是"为仁之术"。

朱熹不仅讲"己立立人,己达达人"属"以己及人","己所不欲,勿施于人"为"推己及人",而将二者区别开来,还讲"仁""恕"有别。他说:"熟底是仁,生底是恕;自然底是仁,勉强底是恕;无计较、无睹当底是仁,有计较、有睹当底是恕。"[3]在《论语集注》中,他说:"子贡言我所不欲人加于我之事,我亦不欲以此加之于人,此仁者之事,不待勉强,故夫子以为非子贡所及。程子曰:'我不欲人之加诸我,吾亦欲无加诸人,仁也;施诸己而不愿,亦勿施于人,恕也。恕则子贡或能勉之,仁则非所及矣。'愚谓无者自然而然,勿者禁止之谓,此所以为仁恕之别。"[4]在朱熹看来,"我不欲人之加诸我也,吾亦欲无加诸人",此为"无"者,自然而然,为"仁";"施诸己而不愿,亦勿施于人",此为"勿"者,即"禁止",着力而为,为"恕"。这就是所谓"仁之与恕,只争些子。自然底是仁,比而推之便是恕"[5]。朱熹还说:"'欲无加诸人',无者,自然而然。此等地位,是本体明净,发处尽是不忍之心,不待勉强,乃仁者之事。"[6]又说:"'施诸己而不愿,亦勿施于人',此与'己所不欲,勿施于人'一般,未是自然。所以'违道不远',正是学者事。'我不欲人之加诸我也,吾亦欲无加诸人',此是成德事。"[7]"成德事"即"仁者之事"。

朱熹不仅讲"我不欲人之加诸我也,吾亦欲无加诸人"为"仁","施诸己而不愿,亦勿施于人"与"己所不欲,勿施于人"一样,为"恕",还说:"'仁者己

---

[1] (宋)黎靖德:《朱子语类》(二)卷二十七,中华书局1986年版,第691页。
[2] (宋)黎靖德:《朱子语类》(三)卷三十三,中华书局1986年版,第845页。
[3] (宋)黎靖德:《朱子语类》(一)卷六,中华书局1986年版,第116页。
[4] (宋)朱熹:《四书章句集注》,中华书局2012年版,第78~79页。
[5] (宋)黎靖德:《朱子语类》(二)卷二十七,中华书局1986年版,第689页。
[6] (宋)黎靖德:《朱子语类》(二)卷二十八,中华书局1986年版,第724页。
[7] (宋)黎靖德:《朱子语类》(四)卷六十三,中华书局1986年版,第1543页。

欲立而立人,己欲达而达人',与'我不欲人之加诸我,吾亦欲无加诸人'意思一般。"[1]这就把"己立立人,己达达人"与"我不欲人之加诸我,吾亦欲无加诸人"都视为"仁",而不同于"己所不欲,勿施于人"之"恕"。朱熹还赞同门人所谓"'己欲立而立人,己欲达而达人',与'我不欲人加诸我,吾亦欲无加诸人'一般,都是以己及物事。'能近取譬,可谓仁之方',与'己所不欲,勿施于人'一般,都是推己及物事"[2]。为此,朱熹说:"'夫仁者,己欲立而立人,己欲达而达人',所谓'以己及物,仁也'。'能近取譬,可谓仁之方也已',所谓'推己及物,恕也'。"[3]又说:"'己欲立而立人,己欲达而达人',仁也;'能近取譬',恕也。"[4]

由此可以看出,朱熹虽然与孔安国等人一样,把"夫仁者,己欲立而立人,己欲达而达人。能近取譬,可谓仁之方也已",分作两截看:"己立立人,己达达人"为"仁",或仁之体;"能近取譬,可谓仁之方也已"为"仁之方",等同于"己所不欲,勿施于人"的"推己及人"的"恕"。他们的差别在于孔安国等人把"仁"解读为"恕",讲的是"仁"与"恕"的统一,朱熹则讲"仁"与"恕"的不同。

三、"己立立人,己达达人":"忠"还是"恕"

如上所述,刘宝楠对于"己立立人,己达达人"的解读,不仅认为"己立立人,己达达人"是"仁",又讲"己立己达,忠也;立人达人,恕也",还说:"自古圣贤至德要道,皆不外忠恕,能行忠恕,便是仁圣,故夫子言'忠恕违道不远也'。忠恕之道,即一以贯之之道。"[5]应当说,刘宝楠是以"仁""恕"无别为根基,把"己立立人,己达达人"解读为"仁",并进一步提出"己立己达,忠也;立人达人,恕也",所以,"己立立人,己达达人"为"仁",同时可以解读为"忠恕",并与"己所不欲,勿施于人"统一起来。他还引焦循所言:"忠恕者何?

---

[1] (宋)黎靖德:《朱子语类》(三)卷三十三,中华书局1986年版,第846页。

[2] (宋)黎靖德:《朱子语类》(三)卷三十三,中华书局1986年版,第846页。

[3] (宋)朱熹:《晦庵先生朱文公文集》卷四十一《答连嵩卿(四)》,载朱杰人等编:《朱子全书》(22),上海古籍出版社、安徽教育出版社2010年版,第1858页。

[4] (宋)黎靖德:《朱子语类》(三)卷三十三,中华书局1986年版,第854页。

[5] (清)刘宝楠:《论语正义》,中华书局1990年版,第154页。

"己立立人,己达达人":是"仁"还是"恕"——以朱熹的解读为中心

成己以及物也。"[1]又说:"'己所不欲,勿施于人',则己所欲,必又当施诸人。故《孟子》言仁者'得民之心有道,所欲与之聚之,所恶勿施尔也'是也。翟氏灏《考异》:'《管子·小问篇》引语曰:"非其所欲,勿施于人,仁也。"'"[2]这里把"己所不欲,勿施于人",也看作"仁"。由此可见,在刘宝楠那里,"己立立人,己达达人"为"仁",但可以解读为"忠恕",而相同于"己所不欲,勿施于人"。

1910年出版的蔡元培《中国伦理学史》指出:"孔子之言忠恕,有消极、积极两方面。施诸己而不愿,亦勿施于人。此消极之忠恕,揭以严格之命令者也。仁者,己欲立而立人,己欲达而达人。此积极之忠恕,行以自由之理想者也。"[3]显然,在蔡元培看来,"己立立人,己达达人",虽然与"己所不欲,勿施于人"一样可以解读为"忠恕",但"己立立人,己达达人"是"仁",是积极的忠恕,"己所不欲,勿施于人"是消极的忠恕。

1931年出版的冯友兰《中国哲学史(上)》在论及"己立立人,己达达人"与"己所不欲,勿施于人"时,较蔡元培《中国伦理学史》略有变化,其指出:"'因己之欲,推以知人之欲',即'己欲立而立人,己欲达而达人',即所谓忠也。'因己之不欲,推以知人之不欲',即'己所不欲,勿施于人',即所谓恕也。实行忠恕即实行仁。"[4]这种把"己立立人,己达达人"解读为"忠";把"己所不欲,勿施于人"解读为"恕",既不同于孔安国,也不同于刘宝楠所谓"己立己达,忠也;立人达人,恕也",本应做更为深入的讨论。

1964年出版的冯友兰《中国哲学史新编》认为,孔子所言"夫仁者,己欲立而立人,己欲达而达人。能近取譬,可谓仁之方也已",讲的是"为仁之方",是实行"仁"的方法,还说:"抽象地讲,这个方法包含两个方面。从积极的方面说,自己有个什么欲求,总想着别人也有这样欲求,在满足自己的欲求的时候,总要使别人也能满足这样的欲求;这就是所谓'己欲立而立人,己欲达而达人';这是'能近取譬'。这样的道德,孔子叫做'忠'。从消极方面说,我不愿意别人怎样地待我,我也不要这样地待别人,这就是'己所不欲,勿施于人';这也是'能近取譬'。这样的道德,孔子叫做'恕'。合起来,叫作

---

[1] (清)刘宝楠:《论语正义》,中华书局1990年版,第151页。
[2] (清)刘宝楠:《论语正义》,中华书局1990年版,第486页。
[3] 蔡元培:《中国伦理学史》,东方出版社1996年版,第12页。
[4] 冯友兰:《中国哲学史(上)》,载《三松堂全集》第二卷,河南人民出版社2001年版,第316~317页。

'忠恕之道'。忠恕之道,就是'为仁之方'。"[1]认为孔子所言"己立立人,己达达人",讲的是"为仁之方",是实行"仁"的方法,是从积极的方面说,是"忠";"己所不欲,勿施于人",是从消极方面说,是"恕",二者合起来,叫作"忠恕之道",但不是"仁",只是"为仁之方"。直到1982年出版的《中国哲学史新编》(修订本)认为,"己立立人,己达达人"讲的是"忠恕之道","己所不欲,勿施于人"讲的也是"忠恕之道","这还不是'仁',这只是'为仁之方'"。

由此可见,冯友兰与杨伯峻的分歧在于:杨伯峻认为,"己立立人,己达达人"为"仁",可以解读为"忠",不同于"己所不欲,勿施于人"为"恕";冯友兰则认为,"己立立人,己达达人"为"忠",可以与"己所不欲,勿施于人"为"恕",合称为"忠恕之道"。或者说,前者强调"己立立人,己达达人"与"己所不欲,勿施于人"的不同,后者强调二者的统一。但如前所述,他们都认为,"仁"与"恕"或"仁"与"忠恕"有别。

四、结　　语

通过以上分析可以看出,对于"己立立人,己达达人"与"己所不欲,勿施于人"的解读,有一个不断发展变化的过程,既有将二者统一起来,也有强调二者的差异性。在历史上,孔安国、皇侃、邢昺乃至刘宝楠讲"己立立人,己达达人"为"仁",而与"己所不欲,勿施于人"为"恕"统一起来,讲"仁""恕"无别。朱熹讲"己立立人,己达达人"为"以己及人"的"仁之体",而不同于"己所不欲,勿施于人"为"推己及人"之"恕",讲"仁""恕"有别。杨伯峻讲"己立立人,己达达人"为"仁",而不同于"仁之方",又不同于"己所不欲,勿施于人"之"恕";而冯友兰讲"己立立人,己达达人"与"己所不欲,勿施于人"统一于"忠恕之道",但又不同于孔安国讲"己立立人,己达达人"为"仁"。近年来,李泽厚《论语今读》释"夫仁者,己欲立而立人,己欲达而达人。能近取譬,可谓仁之方也已",曰:"所谓仁,是说自己想站起来,就帮助别人站起来;自己想开拓发展,就帮助别人开拓发展。从近处做起,可以说是实行仁的方法。"[2]讲"己立立人,己达达人"为"仁",而不同于"仁之方",较为接近杨伯

---

[1] 冯友兰:《中国哲学史新编》,载《三松堂全集》第七卷,河南人民出版社2001年版,第118页。

[2] 李泽厚:《论语今读》,中华书局2015年版,第124页。

"己立立人,己达达人":是"仁"还是"恕"——以朱熹的解读为中心

峻《论语译注》的解读。

就文本而言,无论是孔安国等人,还是朱熹,他们都把"夫仁者,己欲立而立人,己欲达而达人。能近取譬,可谓仁之方也已",分作两截看:"夫仁者,己欲立而立人,己欲达而达人"讲"仁";"能近取譬,可谓仁之方也已"讲"仁之方"。杨伯峻、李泽厚也采取同样的解读。冯友兰则认为,"己立立人,己达达人"不是讲"仁",而是与"能近取譬,可谓仁之方也已"一起,讲"忠恕之道",不仅需要在文本解读上做出解释,而且与历代的解读不相同,需要做出更多的分析。

孔安国等人认为"己立立人,己达达人"为"仁",这是有文本依据的。但是,把"己立立人,己达达人"的"仁"解读为"恕",而与"己所不欲,勿施于人"统一起来,这是朱熹乃至当今学术界所不能同意的。冯友兰虽然也赞同把"己立立人,己达达人"与"己所不欲,勿施于人"统一起来,但反对将"仁"与"恕"混为一谈。

由此可以得出两个结论:其一,古往今来的学者大都把"己立立人,己达达人"解为"仁",仅冯友兰说成是"忠恕之道",因而不是"仁";其二,孔安国等人把"己立立人,己达达人"解为"仁",并等同于"恕",讲"仁""恕"无别,而朱熹乃至当今学术界,包括冯友兰在内,都讲"仁""恕"有别。由此可看出,孔安国等人的解读,将"仁"与"恕"混为一谈,难以为今人所接受。

冯友兰的解读,讲"己立立人,己达达人"不是"仁",而是"忠恕之道",这与古往今来的大多数学者不相一致。朱熹的解读,既讲"己立立人,己达达人"为"仁",又讲"仁""恕"有别,反对孔安国等人的"仁""恕"无别,更具有理论的自洽性。杨伯峻的解读,讲"己立立人,己达达人"为"仁",而不同于"仁之方",又不同于"己所不欲,勿施于人"之"恕",而接近于朱熹的解读。从这个意义上讲,朱熹的解读,对于今天仍具有重要的学术价值,需要做进一步的思考和阐发。

论梁启超孔教观的转变及其佛学因缘

曹树明[*]

摘要:维新变法前,受康有为影响,梁启超公开发表的论著中提倡尊孔保教,致力于儒学的宗教化,其孔教观具有浓郁的公羊学色彩。然而,处于其思想观念之隐性层面的私人信件中却表露出对康氏孔教观的怀疑。变法失败后,梁启超流亡日本。自此时期的1902年,他开始公开反对保教。他不仅以西方的宗教作为衡论标准,判定孔教不同于它的理论特质,而且更为理性地分析孔教。此时,孔教之于梁启超在实质上已从政治、信仰层面转入学术研究层面,他虽仍名之为孔教,但在思想观念里已视之为孔学。发生这种转变的原因固然是复杂的,但其佛教信仰的确立却是其中不容忽视的一个重要方面。

关键词:梁启超;孔教观;转变;佛教

戊戌变法失败后,梁启超流亡日本。就在这个时期的1902年,他对孔教的态度发生了翻天覆地的变化。个中原因固然是复杂的,但其中必须引起重视的主要原因之一则是梁此时将佛教确立为心灵信仰。然而,学界对梁孔教观转变的实质尤其是与他佛教信仰确立之间的内在关联这一侧面却缺乏充分关注。本文则尝试对之作一探讨。

一、变法前显隐两面的孔教观

1890年,梁启超退出专治经学的学海堂转而师事康有为,自此直至维新变法失败,他一直就是康的追随者,而尊孔保教几乎是康毕生的追求。在

---

[*] 作者系陕西师范大学哲学与政府管理学院教授,哲学博士。本文发表于《陕西师范大学学报》(哲社版)2018年第6期。

这个意义上可以认为,梁启超变法前对孔教的尊崇直接本于其师康有为,是对康之孔教观的传播和宣扬。[1]

1896年8月19日,梁启超在上海《时务报》发表《论不变法之害》一文。其中有他最早的保教言论:"变之变者,变之权操诸己,可以保国,可以保种,可以保教。"[2]这里,保教不仅是变法的目的之一,而且被提到了与保国、保种同样的高度,其重要性可见一斑。同年10月7日所作的《西学书目表后序》则针对"中国之弱,由于教之不善,经之无用"的议论,从经学、子学和史学三个视角对孔教进行了说明。梁认为,在经学领域,孔子无疑是创作六经从而改定制度以治百世的教主,他的弟子亦以传教为事,然而汉代的刘歆却伪造了撦拾旧教遗文的古文经,由此造成了儒者不以孔子为教主的局面,宋学也只是束身自好,不符合孔子兼善天下的教义,因而秦汉以后所行都是作为孔教之孽派的荀学;在子学领域,除却孔教就是非孔教,非孔教的诸子也都想改制创教,其弟子也都各传其教,只是他们的经典依据仍是孔子所作的六经,自汉武帝表章六艺、罢黜百家,孔教始独行于世,但百家被黜之后,"老杨之学,深入人心,二千年实阴受其毒";在史学领域,大史学家司马迁是"孔教嫡派",然而现实的"历代制度皆为保王者一家而设,非为保天下而设",这就"与孔孟之义大悖"而"为非孔子之制"。也就是说,经子史三领域都有使"三千年之宗教"——孔教"坠地"的危险。而事实上,"西人今日所讲求之而未得者,而吾圣人于数千年前发之",六经是"致用"的中国"固有之实学"。[3]鉴于此,梁启超提出学者要以保护孔教自任。1897年是变法前梁启超阐发其孔教观最多的一年。看到在美华人的野蛮之风,他致信驻美公使伍廷芳,建议在"华市繁盛之地,皆设孔庙,立主陈器",让华工在西方人的礼拜日,到孔庙去瞻仰拜谒。[4]8月18日,梁氏《复友人论保教书》刊于《知新报》。这封书信里他首先指出子夏、李斯和董仲舒所为是"孔教得国

---

[1] 梁启超曾总结这一时期说:"启超之学,实无一字不出于南海。"上海图书馆编:《汪康年师友书札》(二),上海古籍出版社1986年版,第1862页。

[2] 梁启超:《变法通议》,载《饮冰室合集1·文集之一》,中华书局1989年版,第8页。

[3] 梁启超:《西学书目表后序》,载《饮冰室合集1·文集之一》,中华书局1989年版,第128页。

[4] 梁启超:《致伍秩庸星使书》(《时务报》4月27日、5月2日),载《饮冰室合集1·文集之三》,中华书局1980年版,第5页。

力"的三个关键,然后倡导在中国设立保教公会。[1] 这是对儒教制度化建设的探索。也是在这一年,双遭令其子到上海就学于梁启超,梁借此机缘依康有为《长兴学记》而略述教学之方,其中一条就是"传教"。[2] 11月,梁氏到湖南长沙执教时务学堂时,他亲自制定的学约也强调"传教"的重要性。有感于孔教之衰败,他主张,"取六经义理制度微言大义,一一证以近事新理以发明之",在学堂中要以昌明圣教为主义,学成以后,"传孔子太平大同之教于万国"。[3] 此外,梁之"提倡民权、平等、大同之说,发挥保国、保种、保教之义,有《时务学堂遗编》里所收批答学生札记可以参考"。[4] 在读了乃师康有为的《日本书目志》后,梁氏无限感慨地提倡吸取"生理、心理、伦理、物理、哲学、社会、神教"诸西书之长以保我孔子之教,[5] 表现出较为开放的文化心态。亦作于1897年的《新学伪经考叙》首先追溯孔教被湮没的历程,然后鼓吹孔教时代的到来:"秦以前据乱世也,孔教行于齐鲁;秦后迄今升平世也,孔教行于神州;自此以往,其将为太平世乎?……孔教之遍于大地,圣人其知之矣。"[6] 1898年,梁听说德国人毁坏孔子像之事,怒斥其为"明则蔑吾圣教,实隐以尝我人心",并重申保教即保国的主张:"若大教既亡,纲常绝纽,则教既亡,而国亦随之。"[7]

总体观之,梁启超变法前的孔教观基本上是对康有为孔教观的继承与阐发。他们将孔学视为孔教,将孔子立为教主,致力于儒学的宗教化。其学说具有浓郁的公羊学色彩,这至少表现在三个方面:其一,将三世说融入对孔教的解释;其二,不重历史的客观性而重微言大义的发掘;其三,具有明显的政治意图。这些特点都使得他们的孔教主张成为维新变法运动的理论准

---

[1] 梁启超:《复友人论保教书》,载《饮冰室合集1·文集之三》,中华书局1989年版,第9~10页。

[2] 梁启超:《万木草堂小学学记》(《知新报》10月26日),载《饮冰室合集1·文集之二》,中华书局1989年版,第35页。

[3] 梁启超:《湖南时务学堂学约》,载《饮冰室合集1·文集之二》,中华书局1989年版,第28页。

[4] 丁文江、赵丰田编:《梁任公先生年谱长编(初稿)》,中华书局2010年版,第43页。

[5] 梁启超:《读〈日本书目志〉书后》(《时务报》1897年11月15日),载《饮冰室合集1·文集之二》,中华书局1980年版,第54页。

[6] 梁启超:《新学伪经考叙》,载《饮冰室合集1·文集之二》,中华书局1989年版,第62页。

[7] 梁启超、夏孟华等:《呈请代奏查办德人毁坏圣像以伸公愤稿》(《国闻报》1898年5月7日),载夏晓虹编:《饮冰室合集·集外文》,北京大学出版社2005年版,第31页。

备。但必须指出的是,康梁此时的孔教观亦具有相当程度的信仰成分,当然,它不同于宗教信仰,因为更准确地说,它是一种政治信仰。仅就学理而论,虽然在中国将儒学宗教化会因为国人向来重视人文教化、缺乏宗教信仰,从而会有某种程度的水土不服,但在儒学近代转型的过程中,这也不失为一种可能的途径,从民间儒教的出现和延续以及印尼等国家儒教的建立和传播的事实我们不难得出这个结论。惜乎孔教对康梁而言与其说是文化近代转型的探索,不如说是实现政治目标的工具。事实上,正是与政治目标纠缠不清才使他们忽略了宗教发展更多地倚重心灵的净化和宗教情感的培育,且这是一个长期的工作,非一时的极力倡导所能奏效。因而,他们说孔子是教主,"对大多数的中国学者来说,若非邪门,必然觉得荒谬和过时,至少也是对下一代知识分子有坏影响"。[1]

至此,关于梁启超变法前孔教观的讨论本可告一段落。然而,人的思想是复杂的。以上所述只是梁在这个时期公开发表的论著呈现给我们的显性观念。问题在于,梁的内心是否真的完全赞同康说呢?事实恐怕并非如此。在梁氏当时没有公之于世的私人信件中我们可以窥见其另外一面。1896年春,梁启超给严复的回信中论及严所云"教不可保,而亦不必保""保教而进,则又非所保之本教矣"时说:"读至此则据案狂叫,语人曰:'不意数千年闷葫芦,被此老一言揭破。'……教之一尊未定,百家并作,天下多学术;既已立教,则士人之心思才力,皆为教旨所束缚,不敢作他想,窒闭无新学矣。"梁还告诉严,他曾将这个想法与"同志数人私言之,而未敢昌言之"[2]。亦即,只敢私下议论,而不敢公开提倡。变法失败后,粤东谭制军从康有为家中查钞出多封梁写给康的书信。[3] 这些信件也显示,梁氏曾直接对康表示过对其孔教主张的怀疑:"近学算读史,又读内典(旁注:读小乘经,得旧教颇多,又读律论),所见似视畴昔有进。皈依佛法,甚至窃见吾教太平大同之学皆婆罗门旧教所有,佛吐弃不屑道者。觉平生所学,失所凭依,奈何!"[4]事实上,这些不敢"昌言"的处于隐性层面的想法才是梁更为真实的孔教观,梁门弟子对他的追忆可以在一定程度上证成我们的论断:"梁喜《左传》,平时不

---

[1] 萧公权:《康有为思想研究》,汪荣祖译,新星出版社2005年版,第79页。
[2] 梁启超:《与严幼陵先生书》,载《饮冰室合集1·文集之一》,中华书局1989年版,第109页。
[3] 叶德辉编:《翼教丛编》,台北文海出版社影印本1971年版,第461页。
[4] 叶德辉编:《翼教丛编》,台北文海出版社影印本1971年版,第462页。

大讲三世说,也不谈《新学伪经考》、《孔子改制考》。"[1]晚年梁启超自己也坦言他治《新学伪经考》"时复不慊于其师之武断"[2]。可是,梁氏为什么要在报刊中极力宣扬自己有所怀疑的康氏孔教观呢?这至少有两个原因:其一,出于传统的尊师观念,不敢公开违背师说;其二,为了政治变革的大局,暂放个人观念。当然,第二个原因才是更为根本的。一生以爱国救国为出发点与归宿点的梁启超,隐藏己见而宣传为变法作理论准备的康氏孔教观是其必然的选择。然而,变法最终失败了,与之紧密相连的孔教观也随之在梁启超内心被实践证误。如是,梁之隐性的孔教观也就成了他变法失败后公开反对师说的思想铺垫。

二、变法失败后孔教观的转变

流亡日本后次年(1899年)的5月13日,应日本哲学会之邀,梁启超在春季大会上作了题为《论支那宗教改革》的报告。这时,梁氏虽声明自己所讲只是康有为发明的孔子教旨,且其报告的大部分内容确实是在阐发师说,但他主张思想自由,强调破除门户之见、并尊诸子,则与康氏及他自己之前显性的孔教观存在着某些实质性的差异。对思想自由的追求也成为他日后公开反对保教的思想根源和主要动力之一。

梁启超公开反对保教的标志是1902年2月22日《保教非所以尊孔论》在《新民丛报》第2号上的发表。随后,他又多次致信康有为解释其反对保教的理由和自己的立场。[3]同年3月至12月,其《论中国学术思想变迁之大势》的"总论""胚胎时代""全盛时代""儒学统一时代""老学时代""佛学时代"等也陆续刊登于《新民丛报》第3~5、7、9、12、16、18、21、22号。[4]这些都是我们分析梁氏变法失败后之孔教观的资料。

《保教非所以尊孔论》开篇,梁启超直接对之前的自己宣战:"此篇与著

---

[1] 周传儒:《回忆梁启超先生》,载夏晓虹编:《追忆梁启超(增订本)》,北京三联书店2009年版,第308页。

[2] 梁启超:《清代学术概论》,载《饮冰室合集8·专集之三十四》,台北文海出版社影印本1989年版,第61页。

[3] 丁文江、赵丰田编:《梁任公先生年谱长编(初稿)》,中华书局2010年版,第139页。

[4] 李国俊编:《梁启超著述系年》,复旦大学出版社1986年版,第68页。

者数年前之论相反对,所谓我操我矛以伐我者也。"[1]在他看来,我们所需要的只有保国,而保种、保教实无必要。这个时期,梁氏孔教观与变法前相比有显著的不同,表现在他有以下几个方面的主张:

第一,孔教之教乃教育之教,非宗教之教。

由于宗教是西方的产物,在日本与之初识的梁启超接受了西方的定义:"所谓宗教者,专指迷信宗仰而言,其权力范围乃在躯壳界之外,以灵魂为根据,以礼拜为仪式,以脱离尘世为目的,以涅槃天国为究竟,以来世祸福为法门。"[2]以此标准来衡量,孔教当然不能是宗教,因为孔子注重的是世界国家之事、伦理道德之原,他不迷信,不要求礼拜仪式,不禁怀疑,也不仇视外道。因而,梁氏断言:"孔子者,哲学家、经世家、教育家,而非宗教家也。"由之,保教者所保必非孔教本身,而只是"强孔子以学佛耶"。[3]他进而指出,孔教虽然没有西式宗教的势力,但也没有它们那种禁人怀疑、持门户以排外、以迷信为归的流弊;孔教所教为"人之何以为人也,人群之何以为群也,国家之何以为国也",[4]本质上是一种人格教育,而这越是在文明的社会越是需要研究。故而,孔教不唯不会灭亡,反而会发扬光大,我们需要做的只在于将群教乃至古希腊、近世欧美哲学之长兼容并包于其中,而不需要将孔子立为教主。此外,梁启超还认为,其时欧洲宗教势力日趋衰退的事实警示我们,西式宗教与人群进化的第二期文明是不相容的,我们不能走他们的老路。

第二,孔教本具思想自由的近世精神,而此精神排斥保教。

前文已述,到日本后的梁启超开始追求思想自由。在他的思想世界里,"思想不自由,民智更无进步之望矣"。[5]这种追求直接反映在他1902年的孔教观中,如他认为保教之说束缚国民思想、保教之说有防外交、信教自

---

[1] 梁启超:《保教非所以尊孔论》,载《饮冰室合集1·文集之九》,中华书局1989年版,第50页。

[2] 梁启超:《保教非所以尊孔论》,载《饮冰室合集1·文集之九》,中华书局1989年版,第52页。

[3] 梁启超:《保教非所以尊孔论》,载《饮冰室合集1·文集之九》,中华书局1989年版,第52页。

[4] 梁启超:《保教非所以尊孔论》,载《饮冰室合集1·文集之九》,中华书局1989年版,第57页。

[5] 梁启超:《与夫子大人书》(1902年4月),载丁文江、赵丰田编:《梁任公先生年谱长编(初稿)》,中华书局2010年版,第140页。

由符合法律之理等,都是以思想自由的近世精神为据得出的结论。但在梁眼中,思想自由并不纯自外来,它也是"孔子之所以为孔子"者。[1] 由此他接着指出要"划定政治与宗教之权限,使不相侵越也",因为"政治属世间法,宗教属出世法"。[2] 这与其前将孔教与变法粘连在一起的思维路径显然是相反的。

第三,保教"徒为虚文、浪费金钱",于时无补。

在1902年4月给康有为的信中,梁启超以日本横滨为例说明此义:"他地吾不敢知,横滨一埠则戊己庚辛四年皆庆诞,每年费二千余金,试问于孔教有何影响?于大局有何关系?徒为虚文浪费金钱而已。"[3] 在梁氏看来,与其搞庆典、设孔庙,不如把这些钱用于学校的教育。他似乎在暗示,将孔学宗教化不如将之学术化,使之在学校继续发挥其人文教化的功能。

第四,孔教有很多主张已不适于现世。

梁启超认为,孔教并不是放之四海而皆准的万世真理,它"不适于新世界者多矣","而更提倡保之,是北行南辕也"。[4] 有见于欧洲之兴的经验,他进而主张,想要拯救今日的中国,当务之急是以新学说变孔教之思想,而这个工作在开始时肯定会有所破坏。在此种观念下,梁氏计划与树园、慧儒、觉顿、默厂等人"以数年之功著一大书,揭孔教之缺点,而是正之"。[5] 这在那个尊孔崇圣的时代无疑是一个惊人的主张,但其中闪烁着理性的光芒。

大体而言,梁启超变法后孔教观的特点至少有二:其一,以西方的宗教作为衡论标准,判定孔教不同于它的理论特质;其二,对孔教的分析更具理性精神,如一分为二地指出其优劣所在、以经济视角考量关于孔教制度化建设的行为和主张等。这个时期梁氏孔教观与其变法前孔教观的实质差异,

---

[1] 梁启超:《保教非所以尊孔论》,载《饮冰室合集1·文集之九》,中华书局1989年版,第55页。

[2] 梁启超:《保教非所以尊孔论》,载《饮冰室合集1·文集之九》,中华书局1989年版,第54页。

[3] 梁启超:《与夫子大人书》,载丁文江、赵丰田编:《梁任公先生年谱长编(初稿)》,中华书局2010年版,第140页。

[4] 梁启超:《与夫子大人书》,载丁文江、赵丰田编:《梁任公先生年谱长编(初稿)》,中华书局2010年版,第140页。

[5] 梁启超:《与夫子大人书》,载丁文江、赵丰田编:《梁任公先生年谱长编(初稿)》,中华书局2010年版,第140页。

在于孔教已从政治、信仰层面转入学术研究的层面,《论中国学术思想变迁之大势》中的"胚胎时代""儒学统一时代"的问世在一定意义上即其转入学术层面的表征。此时,梁虽仍名之为孔教,但在思想观念里已视之为孔学。放眼整个中国儒学发展史,梁启超将孔教转入学术层面可以看作他为儒学近代转型找到的第二条路径,这条路径比宗教化的路径更容易被国人接受,其后梁漱溟、熊十力、冯友兰等现代新儒家的出现也证明它是切实可行的。遗憾的是,长于历史而不擅长思辨的梁启超并没有创立如现代新儒家那样的新儒学体系。

以1902年为界,梁启超孔教观可分为保教和反对保教两个阶段。但有学者认为,1902年后梁启超对保教又有一个"由弃转守的过程",[1]我们不赞同此说,而认可"(梁启超)没有在什么时候曾经否定他1902年对保教主张的批判,或放弃他一贯拒绝视儒家为宗教的立场"[2]的观点。第一种观点提出的依据是《新民说·论私德》重认以天命观为基石的"慎独"之儒家道德哲学乃疗救社会的"元神真火",以及《论中国学术思想变迁之大势·最近世》中"宁受多数之冷视",自身主动、审慎抉择后的孔教信仰重建。[3]然而从上文介绍可知,《保教非所以尊孔论》本来就没有否认孔教的价值,只是仅强调其对于人格教育的作用,这与《新民说·论私德》的基调是完全一致的。查诸《论中国学术思想变迁之大势·最近世》,也见不到再立孔子为教主的言论,而是针对时下攻击其师康有为孔教观的一些偏激之论所作的一些纠偏,如说:"吾以为吾辈对于前辈之学说,其有粗略者,则补助之;其有不同意者,则驳正之,皆应尽之义务也。若嚣嚣然挟其一得,相率以轻薄之言,横相讽刺,甚乃毛举细故,为人身之攻击,适见其敖而浇耳。……近世新学者流,动辄以排孔为能。夫以支配二千年人心之一巨体,一旦开其思想自由之路,则其对之也,有矫枉过直之评论,是诚所难免。即鄙人于数年前保教之迷

---

[1] 彭春凌:《康梁在孔教能否为国民义思想上的分合》,载《近代史研究》2011年第5期,第41页。

[2] 〔法〕巴斯蒂:《梁启超与宗教问题》,载〔日〕狭间直树编:《梁启超·明治日本·西方》,社会科学文献出版社2001年版,第443页。无独有偶,日本学者森纪子也认为"就宗教而言,他在《新民丛报》第2号上发表了《保教非所以尊孔论》之后,就再也没有为孔教代言过"。(〔日〕森纪子:《梁启超的佛学与日本》,载〔日〕狭间直树编:《梁启超·明治日本·西方》,第193页)

[3] 彭春凌:《康梁在孔教能否为国民义思想上的分合》,载《近代史研究》2011年第5期,第41页。

社会儒学与儒学的多元开展

信,固亦弃掷之矣。虽然,日日掊击孔子,试问于学界前途果有益乎?夫今后国人之思想,其必不能复以二千年之古籍束缚之也,洞若观火矣。然则孔子学说,无论如何,断不能为今后进步之障,而攻之者岂复有所不得已者存也","吾以为排孔论与夫与排孔论同性质者,皆煽动之也。鄙人昔者固尝好为之矣,今则宁受多数之冷视,不愿受无益之欢迎,亦欲与中国有言责者共商榷之"。[1]这些话语里,我们根本找不到与《保教非所以尊孔论》相冲突的地方。

可是,1913年8月梁启超的确参与了陈焕章、夏曾佑等上书请求于宪法中明定孔教为国教一事,此后也零星地参加了一些孔教会的活动。他的这些实际行动又作何解释?法国学者巴斯蒂认为,他不能拒绝在请愿书上签名,是"因为上面有他的至交佛友夏曾佑的名字,而且,在他的心目中,他另把国教一词理解为国民教义,而不是国家宗教"。[2]这种分析当然有一定道理。需要进一步说明的是,梁作为康的弟子对陈焕章等以孔教为"国家宗教"的观念是熟知的,他所支持的无疑也是这一行动本身。然而当时梁启超的心态是复杂的,因为他内心虽然不再支持儒学宗教化的近代转型路径,但仍重视孔教对于国民的教化意义。流亡日本后,他的民族观念日益加强,1899年开始使用具有现代意义的"民族"一词,[3]1901年首次提出"中国民族"的概念,[4]1902年则正式使用了"中华民族"一词。[5]而无论是"中国民族"还是"中华民族",在梁那里都包含着对作为本民族文化主流的儒家文化之教化作用的认同。然而,1911年"辛亥革命后为应对中国是一个多族群国家而提出的政治理念无关乎教化,而是单纯政治意义上的'五族共

---

[1] 梁启超:《论中国学术思想变迁之大势》,载《饮冰室合集1·文集之七》,中华书局1989年版,第101、102页。

[2] 〔法〕巴斯蒂:《梁启超与宗教问题》,载〔日〕狭间直树编:《梁启超·明治日本·西方》,社会科学文献出版社2001年版,第443页。

[3] 梁启超:《东籍月旦》,载《饮冰室合集1·文集之四》,中华书局1989年版,第94、96页。

[4] 梁启超:《中国史叙论》,载《饮冰室合集1·文集之六》,中华书局1989年版,第11、12页。

[5] 梁启超:《论中国学术思想变迁之大势》,载《饮冰室合集1·文集之七》,中华书局1989年版,第21页。

和'"。[1] 这一历史事实无疑会令梁氏为孔教的命运担忧。所以可以说,他1913年参与孔教会的活动是其不得已而求其次的选择。也许在他看来,极端的做法总比坐以待毙要好得多,如此孔教或许还有一线不被完全淡出国家政治理念的生机。因而,如果说变法前梁氏宣扬康氏孔教观是为了政治变革,那么此时他参与孔教会的活动则是为了阻止孔教教化功能的被弃置。晚年时,梁总结说:"启超自三十以后,已绝口不谈'伪经',亦不甚谈'改制'。"[2]这并不是他有意遮蔽1913年参与孔教会活动的事实,而是其真实心路历程的记录,梁氏1902年后再也没有发表过保教言论也可从这里得到说明。

三、孔教观转变的佛学因缘

变法失败后梁启超孔教观转变的原因是复杂多面的。从历史事实看,如前所云,将孔教宗教化在梁心中已被失败的变法实践证误;从政治信念看,到日本后经过与革命派的接触,梁已从主张与其前孔教观纠缠不清的君主立宪转而倾向于革命;[3]从学术氛围看,当时日本学界较为流行的观点就是孔子为哲学家、政治家、教育家而非教主,[4]身处其中的梁启超不可能不受到影响;从自身研究看,梁氏已对中国古代学术思想进行了系统的梳理和分析,对西学也有了一定程度的了解且偏爱其思想自由的主张,这就为其理性看待孔教奠定了学术基础;从社会思想看,受卢梭、伯伦知理、颉德等西方学说的影响,梁启超提倡重塑国民的"新民"说,而此说与保教主张多所抵牾。除以上诸因素外,还有一个必须引起注意的触及梁氏心灵的内在原因,此即其佛教信仰的确立。

从《保教非所以尊孔论》看,梁启超反对保教并非否定孔子之学,而只是

---

[1] 唐文明:《敷教在宽——康有为孔教思想申论》,中国人民大学出版社2012年版,第3页。
[2] 梁启超:《清代学术概论》,载《饮冰室合集8·专集之三十四》,中华书局1989年版,第63页。
[3] 1903年欧洲之行又使梁启超重回君主立宪的政治立场,但孔教观并没有回到以前。
[4] 唐文明:《敷教在宽——康有为孔教思想申论》,中国人民大学出版社2012年版,第128页。

反对以孔教为宗教。但这不等于他反对宗教信仰。恰恰相反,梁氏赴日后发现"历史上英雄豪杰能成大业轰轰一世者,殆有宗教思想之人多,而有哲学思想之人少",并领悟到宗教对于"治事"具有不可估量的作用:无宗教思想则无统一、无宗教思想则无希望、无宗教思想则无解脱、无宗教思想则无忌惮、无宗教思想则无魄力,[1]所以他开始寻觅适合"新民"的宗教。发表在1902年2月至11月《新民丛报》上的《新民说》前十四节中,梁启超为"新民"设置了诸多品格,包括有公德、有国家思想、有进取冒险精神、有权利义务思想、追求自由、能自治、有自尊、能合群等,但其中贯彻了一条主线,即"人群之所以为群,国家之所以为国"。[2]而在同年发表的《论佛教与群治之关系》一文中,梁又认为"群治"是佛教的主要社会功能。如此,佛教恰好能够成为中国之"新民"的精神支柱。[3]再则,他在日本也看到"维新前诸人物,如大盐、中斋、横井、小楠之流,皆得力于禅学者也"。[4]凡此种种,都促成了佛教在梁启超的信仰中挤走孔教,孔教日后于他不再具备救世济民的宗教意义,而只需负责国民的教化。[5]

如此立论,肯定会引发质问:梁启超很早就与佛结缘,为何之前没有反对立孔为教?若不管其他因素而单纯考虑与佛教的关系,这应与他那时对佛教的认识浅显且并未深信有关。赴日之前,佛教于梁氏基本上只是知识性的学习,且是晚清学佛风气所致,而非他自身的灵性。梁启超开始接触佛

---

[1] 梁启超:《论宗教家与哲学家之长短得失》(1902年10月31日《新民丛报》第19号),载《饮冰室合集1·文集之九》,中华书局1989年版,第45~49页。

[2] 梁启超:《新民说》,载《饮冰室合集6·专集之四》,中华书局1989年版,第12页。

[3] 关于佛教与新民之间的关联,李俊中曾说:"佛教既是宗教,在哲学意味上也有其精深之处,使得信佛的人必须透过智信,才能有所得获;佛教大乘思想中'普度'的观念,又将个人解脱与整体的救赎视为一个连带体,这样的思想对于梁启超来说正好可以提供作为现代社会'新民'的背后精神。"(李俊中:《救国、宗教抑哲学?——梁启超早年的佛学观及其转折》,载台湾《中国历史学会集刊》三十一期,1999年6月)张灏也说:"对梁来说,佛教不只是精神方向的一个源泉,对社会和政治的发展来说,同样也是一个重要的文化基础。"(〔美〕张灏:《梁启超与中国思想的过渡(1890—1907):烈士精神与批评意识》,崔志海、葛夫平译,新星出版社2006年版,第162页)

[4] 梁启超:《论宗教家与哲学家之长短得失》,载《饮冰室合集1·文集之九》,中华书局1989年版,第45页。

[5] 梁启超这种观念当是受了伯伦知理的理想国家形成过程中哲学的作用与宗教的作用并不相同的主张的影响。他撰有《政治学大家伯伦知理之学说》(1903年5月25日《新民丛报》第32号,10月4日《新民丛报》第38~39号再登修改篇),对伯伦知理的思想很了解。

教,得益于1890年师事康有为。经常性的谈佛则始于1895年梁北上发动举子"公车上书"。其间,他与黄公度、谭嗣同、宋恕、吴雁舟、夏曾佑、孙宝瑄等好佛之人过从频繁,"纵谈近日格致之学多暗合佛理",并"大有入山数年之志"。[1]但这个时期,梁对佛理并没有心灵契悟甚至连深入的理解都没有,这在他写给夏曾佑的信中可以看出:"超自夏间闻君说法,复次雁舟,演述宗风,颇发大心,异于曩日。亦依君说,略集经论,苦为贼缚,无从解脱。……想自根浅,宿业未尽,故此今世,为佛所弃。唯别以来,颇守戒律。"[2]1897年3月10日致夏的信中则记载他读经已渐渐能解,但又说"观《楞伽记》,于真如生灭两门情状,似仿佛有所见,然不能透入也"。[3]逃亡日本后,梁启超对佛教的理解渐深。在那里,他与日本宗教学的拓荒者姉崎正治以及加藤弘之、井上圆了等学者有较多交往,为了撰写《论中国学术思想变迁之大势·佛学时代》又阅读了日本学者凝然所作《八宗纲要》、《十二宗纲要》和《佛教各宗纲领》等佛教著作,[4]这些都使他认识到"中国之诸宗派,多由中国自创,非袭印度之唾余者",且"中国之佛学,以宗教而兼有哲学之长","最足以中国原有之哲学相辅佐也",而耶教则以迷信为主,哲理浅薄。[5]因此,梁在1902年10月31日《新民丛报》第19号上发表的《论宗教家与哲学家之长短得失》中大呼:"横尽虚空,竖尽来劫,取一切众生而度尽之者,佛其至矣,佛其至矣!"[6]可见,这时佛教在他心目中具有至高无上的地位。

1904年,梁启超正式宣布了自己的信仰宣言——《余之死生观》。受日本佛教界新派杂志《新佛教》《精神界》所宣扬的"精神主义"学说的影响,[7]

---

[1] 丁文江、赵丰田编:《梁任公先生年谱长编(初稿)》,中华书局2010年版,第33页。

[2] 梁启超:《与碎佛书》(1896年1月30日),载《饮冰室合集1·文集之一》,中华书局1989年版,第111页。

[3] 梁启超:《与穗卿大师书》,载丁文江、赵丰田编:《梁任公先生年谱长编(初稿)》,中华书局2010年版,第40页。

[4] 梁启超:《论中国学术思想变迁之大势》,载《饮冰室合集1·文集之七》,中华书局1989年版,第72页。

[5] 梁启超:《论中国学术思想变迁之大势》,载《饮冰室合集1·文集之七》,中华书局1989年版,第74,76页。

[6] 梁启超:《论宗教家与哲学家之长短得失》,载《饮冰室合集1·文集之九》,中华书局1989年版,第49页。

[7] 李俊中:《救国、宗教抑哲学?——梁启超早年的佛学观及其转折》,载台湾《中国历史学会集刊》三十一期,1999年6月。

他认为,"人死而有不死者存",此即"精神",佛教称之为"羯磨"。[1]在此基础上,梁氏不仅对佛教的因果报应坚信不疑,而且看到佛教和近代科学中的新陈代谢、进化论及遗传等现象"若合符契",并进而指出"谓孔不如佛之备也可"。[2]从其留下的文字看,1902年后梁对佛教的信仰不仅从未动摇,而且越来越深,如1925年给其女梁思顺的信中说:"我笃信佛教","我的宗教观、人生观的根本在此"。[3]在信仰力量的支配下,理性[4]如梁启超也不免以佛教作为理解西学及儒道思想的视角,如他以佛学对康德哲学进行格义:"康氏哲学,大近佛学。此论即与佛教唯识之义相印证者也",[5]又以《大乘起信论》的思想体系解释《老子》,[6]亦认为"庄子之学则近于大乘者也",[7]"若言性之体,则无善无恶;略言性之相,则有善有恶;若为性之用,则可以为善可以为恶。此孔佛一致之说,孟荀则各明一义,不必相非也。宋儒欲扬孟抑荀,而说有所不得圆……其实则全采佛典教义,特避其名耳"[8]。

于梁启超,佛教能够接替孔教在信仰层面[9]的功能,又在于它具有六大特点:智信而非迷信、兼善而非独善、入世而非厌世、无量而非有限、平等

---

[1] 梁启超:《余之死生观》,载《饮冰室合集2·文集之十七》,中华书局1989年版,第1~2页。

[2] 梁启超:《余之死生观》,载《饮冰室合集2·文集之十七》,中华书局1989年版,第8页。

[3] 梁启超:《给孩子们书》(1925年8月3日),载丁文江、赵丰田编:《梁任公先生年谱长编(初稿)》,中华书局2010年版,第558页。

[4] 梁启超一贯认为,学术和信仰应该分而治之,如说"宗教家言,所以立身也,所以治事也,而非所以讲学。何以故?宗教与迷信常相为缘故。……故言学术者不得不与迷信为敌,敌迷信则不得不并其所缘之宗教而敌之"(梁启超《论宗教家与哲学家之长短得失》,载《饮冰室合集1·文集之九》,中华书局1989年版,第49页)。另,晚年梁启超虽笃信佛教,但也完成了较为客观的十八篇佛学研究论文。

[5] 梁启超:《近世第一大哲康德之学说》(1903年2月《新民丛报》第25号),载《饮冰室合集2·文集之十三》,中华书局1989年版,第51页。

[6] 梁启超:《老子哲学》,载《饮冰室合集8·专集之三十五》,中华书局1989年版,第1~23页。

[7] 梁启超:《老孔墨以后学派概观》,载《饮冰室合集8·专集之四十》,中华书局1989年版,第8页。

[8] 梁启超:《梁启超论孟子遗稿》,载《学术研究》1983年第5期。

[9] 说佛教处于其信仰层面,并不等于说梁启超对佛教没有学术研究。事实上,佛教于梁启超始终都有信仰和学术两个层面。

而非差别、自力而非他力。[1] 梁宣称这是他信仰佛教的条件所在。而这些特点与梁氏1899年发表的《论支那宗教改革》对孔子之真教旨的概括[2]颇多相通之处,如兼善与兼善主义、平等与平等主义、无量与博包主义、自力与强力主义,而"关于互异的两项(孔教的进化、重魂与佛教的智信、入世),在被认为保守、世俗的儒教的宗教化(孔教)方面,强调进化和重魂,而对本为出世的佛教,则强调其智信和入世这两点"。[3] 于此可知,佛教在孔教宗教化的路径被现实否定后成为梁启超的信仰并不是偶然的,它在中国的传播与长期发展已使其具备了中国文化的主要特征从而成为中国的佛教。也就是说,梁氏的信仰皈依仍带有强烈的民族文化认同的情感。梁启超认为,当时的中国离"完全文明"尚有很大差距,故而宗教虽不是文明之极则,但那个时代很需要;而以前主宰中国人思想的孔教是教育之教,不是宗教之教,它"主于实行,不主于信仰",[4]所以在文明时代效果或许稍多,在当时那个野蛮时代效果并不会理想。在这种观念下,梁将佛教确立为自己的信仰,并确定其有益于"群治"。不难发现,梁启超皈依佛教带有经世的目的,而不以超脱六道轮回的涅槃境界为终极追求,他的终极关怀是拥有良好的现实社会秩序。熟悉近代中国佛教史的学者都知道,这其实是近代中国佛教的一个突出共性。任何思潮都不能摆脱时代的课题,梁的时代,救亡图存始终是士人最为紧要的关切,而这一时代课题必然要求思想家以现实世界为中心。但是,我们不能因为梁启超将佛教世俗化、经世化而否定其信仰的真诚。客观地说,他之所以皈依佛教,正是看中了其"群治"的社会功能。他认为,"创造新中国,非赋予国民以新元气不可,而新元气决非枝枝节节吸收外国物质

---

[1] 梁启超:《论佛教与群治之关系》(1902年12月30日《新民丛报》第23号),载《饮冰室合集2·文集之十》,中华书局1989年版,第46~51页。

[2] 梁对孔教的概括为"进化主义非保守主义,平等主义非专制主义,兼善主义非独善主义,强力主义非文弱主义,博包主义(亦谓之相容无碍主义)非单狭主义,重魂主义非爱身主义"(梁启超:《论支那宗教改革》,载《饮冰室合集1·文集之三》,中华书局1989年版,第55~56页)。

[3] 〔日〕森纪子:《梁启超的佛学与日本》,载〔日〕狭间直树编:《梁启超·明治日本·西方》,第197页。

[4] 梁启超:《论佛教与群治之关系》,载《饮冰室合集2·文集之十》,中华书局1989年版,第45页。

文明所能养成,必须有内发的心力以为之主"。[1] 此"内发的心力"对梁启超而言即佛教。进言之,孔教在梁氏信仰中的退场,就是因为它已不适于当今世界的群治,而仅存"陶养人格"[2]之用。

总之,在变法后的梁启超那里,孔教与佛教具有不同的功用:孔教在学术层面负责"独善其身",佛教在信仰层面负责"兼善天下"。这种格局设置虽并非不能商榷,其后的历史事实也宣告梁启超良好愿望的破产,但其中蕴含的强烈的爱国情感和民族文化认同意识则是值得我们钦佩的,以孔教(更准确地说是以儒学)来培养国民人格的主张对当代社会的德育建设也不无启示意义。

---

[1] 梁启超:《为创办文化学院事求助于国中同志》(1923年1月),载丁文江、赵丰田编:《梁任公先生年谱长编(初稿)》,中华书局2010年版,第521页。

[2] 梁启超:《为创办文化学院事求助于国中同志》(1923年1月),载丁文江、赵丰田编:《梁任公先生年谱长编(初稿)》,中华书局2010年版,第520页。

近代以来中国大学校训
与儒家核心价值的传承延续

翟奎凤*

摘要：在近现代，儒学不断遭到社会主流的批判，但在反思解构中，儒学的真精神及其核心价值在一些领域仍顽强地毅然挺立，如在高等教育方面，近现代很多大学的校歌校训都是来自儒家，体现了强烈的儒家价值情怀。就校歌而言，南京大学、清华大学、浙江大学的老校歌最有代表性。江谦作词的南大校歌以"诚"统"智仁勇"三德，宣扬"千圣会归兮，集成于孔"，表现得最为尊孔。汪鸾翔作词的清华校歌"肴核仁义，闻道日肥"，在坚守儒家价值的基础上强调"立德立言，无问西东"，突显了中西文化汇通。一代儒圣马一浮作词的浙江大学校歌"形上谓道兮，形下谓器。礼主别异兮，乐主和同"，最为典奥，对儒家哲学精神整体提摄和把握极为精彩。三校校歌的另一个共同点是都融入了儒家的大同精神，如南大说"下开万代旁万方兮，一趋兮同"，可谓大气磅礴；清华说"东西文化，荟萃一堂。大同爰跻，祖国以光"，表现得最为从容、开放、自信；浙大说"树我邦国，天下来同"，洋溢着充满王道精神的霸气。三首老校歌在历史上一度中断后，在21世纪也都被完整地继承下来，重新启用，这也是中华民族"文化自信"的重要象征。台湾一些高校的校歌也富有儒家情怀和大同精神，从中也可以看出两岸高校都是中华文化的传承者、弘扬者。"求大同"，反映了儒家文化的最终理想和根本价值诉求，儒家大同思想在今天通过人类命运共同体的思想得到进一步拓展、提升。

关键词：南大；清华；浙大；校歌；儒学；大同

---

* 作者系山东大学儒学高等研究院教授，哲学博士。本文发表于《东岳论丛》2018年第12期。

社会儒学与儒学的多元开展

儒学一定意义上就是教育学、育人之学、成人之学、大人之学,因此,儒学与教育特别是高等教育关系非常密切。校训反映了一个学校的办学宗旨和精神追求,也包含了人才培养的全方位要求,其背后往往也反映了一种文化理念和价值选择。在近现代中国,儒学与中华文化遭到强烈反思批判,但是很多著名大学的校训依然采用或化用儒家经典中先圣先贤的格言名句。1949年以后,大学校训受革命文化的影响,同质性、重复性、口号性现象很严重,1990年代以来很多大学又纷纷恢复早期的古典校训,一些新兴大学再次回到儒家经典世界来找寻、凝练、创造自己的新校训。这些体现儒家精神的校训反映了儒家文化顽强的生命力,同时,在近现代,儒家饱受攻击与非难,能成为校训的这些儒家格言名句,也代表了儒家文化中那些能够跨越时空、富有永恒魅力的价值追求,因此,通过这些校训也可以帮助我们认识儒家文化生生不息的核心精神和活的灵魂。这些富有儒家修身信念的大学校训对一代代学子的人生观、价值观也产生了潜移默化的深远影响。

一、儒学与清末民初的大学校训

晚清高等教育的兴办,与洋务运动有着密切关联,洋务运动奉行"中学为体,西学为用"的理念,中学主要也就是指儒家的伦理道德,其代表性人物如曾国藩、李鸿章、张之洞、左宗棠等可以说都是儒学的信奉者和践行者,其中,张之洞对近代高等教育产生的影响尤为重要。1902年,张之洞、魏光焘等人创办三江师范学堂;1906年,更名为两江师范学堂(南京大学、东南大学等高校前身),李瑞清主持学堂,他以"嚼得菜根,做得大事"为校训,勉励学生以清苦自励,专心学问,成就大事。这句话的典故,可追溯到北宋汪革(信民),朱熹《小学》曰"汪信民尝言'人常咬得菜根,则百事可做',胡康侯闻之,击节叹赏"[1],胡康侯即北宋大儒胡安国,朱熹也曾说"某观今人因不能咬菜根而至于违其本心者众矣,可不戒哉"[2]。本心可谓善心良知,不能咬菜根,就是过不了清苦淡泊的生活,这个校训大旨即"宁静致远,淡泊明志"之义。李鸿章的幕僚盛宣怀于1895年创办的北洋大学(天津大学前身)被

---

[1] (宋)朱熹:《小学》卷十一,载朱杰人、严佐之、刘永翔主编:《朱子全书》第13册,上海古籍出版社、安徽教育出版社2002年版,第484页。

[2] (宋)黎靖德:《朱子语类》卷十三,杨绳其、周娴君校点,岳麓书社1997年版,第215页。

誉为中国近代第一所现代大学。1914年,赵天麟接任北洋大学校长,他总结了北洋大学近20年的办学经验,用"实事求是"予以概括,并以此作为校训。"实事求是"出自班固《汉书·景十三王传》"河间献王德,以孝景前二年立,修学好古,实事求是",唐代大儒颜师古注曰"务得事实,每求真是也"[1],可见,"实事求是"是儒家学习、教育和实践理念的体现。1896年,盛宣怀还创办了南洋公学(上海交通大学前身),1907年至1920年,著名国学大师唐文治掌校,1910年他提出"勤俭敬信"的校训。唐文治推重曾国藩的学问,自称私淑之;曾国藩在书信中,多以"勤俭敬信"教导亲朋,[2]可见此校训的提出当是受到曾国藩的影响。1909年唐文治在《学校培养人才论》一文也强调"培养之道,宜加意者,在讲明道德,本身以作则";并说"道德,基础也,科学,屋宇垣墉也"[3],可见唐文治重视德育修身在人才培养中的重要性,这体现了儒家教育的基本理念,也是洋务派"中体西用"思想的展现。

清华大学校训也体现了浓厚的儒学与中华文化精神,其最初制定于1911年的《清华学堂章程》第一章"总则"第二条就明确说"本学堂以进德修业、自强不息为教育之方针"[4]。"进德修业"见《周易》乾卦《文言传》九三"君子进德修业,忠信,所以进德也,修辞立其诚,所以居业也"、九四"君子进德修业,欲及时也,故无咎";"自强不息"为乾卦的大象辞。可见早在清华学堂时期清华大学的教育理念就与《周易》关系极为密切。1914年11月5日,周诒春任清华学校校长时,著名国学大师、儒学大家梁启超受邀到清华演讲,他以"君子"为题,借用《周易》"乾""坤"两卦大象辞"天行健,君子以自强不息;地势坤,君子以厚德载物"激励清华学子养成君子人格,奋发图强,梁启超说"乾象言君子自励,犹天之运行不息,不得有一曝十寒之弊……且学者立志,尤须坚忍强毅,虽遇颠沛流离,不屈不挠,若或见利而进,知难而

---

[1] (汉)班固:《汉书》卷五十三,上海古籍出版社2003年版,第1692页。
[2] 如同治六年(1867)《复王镇墉》说"甥在京寓居何处?择交果能得益友否?'勤俭敬信'四字,刻刻宜自循省,进德修业,皆以此四字为体,慎择交游为用"(《曾国藩全集·书信》,岳麓书社2011年版,第203页)。
[3] 刘露茜、王桐荪编注:《唐文治教育文选》,西安交通大学出版社1995年版,第29页。
[4] 清华大学校史研究室编:《清华大学史料选稿》,清华大学出版社1991年版,第152页。

退,非大有为之事,何足取焉""坤象言君子接物,度量宽厚,犹大地之博,无所不载,君子责己甚厚,责人甚轻"[1]。梁启超的演讲深深打动了清华师生,周诒春校长决定把"自强不息,厚德载物"作为清华校训。

1914年,两江优级师范学堂改名为南京高等师范学校。江谦、郭秉文先后出任校长。江谦为著名儒商张謇的弟子,他继承李瑞清的办学思想,明确校训为"诚",其作词的校歌第一句即"大哉一诚天下动"。江谦在1915年8月《关于南京高等师范学校开办状况报告书》中提出:"本校校训所用诚字,诚者自成,所以成物;先圣至言,实为教育精神之根本。演言之,诚则有信心,有信力。有信心,乃知非教育不足以救国;有信力,乃知非实行教育不足以救国。期望学生以信心为体,以信力为用,此本校训育之主旨也。"[2] 江谦是安徽婺源(今属江西)人,曾在家乡紫阳书院读书,后受业于南京文正书院,为山长张謇赏识。张謇为一代儒商,其实业救国的理念浸润着儒家的爱国信念,江谦一生都与张謇很默契,他们亦师亦友,都有着强烈的儒家救世救民的价值情怀。

晚清民初,在空前民族生存危机下,各种思潮激荡,陈旧僵化、体制化的儒家已不能适应社会新形势新变化,面临着前所未有的大挑战。先是1905年科举制度被废除,继而1912年民国政府成立后,蔡元培主政教育部,宣布废除尊孔读经。在政治和社会的主流体系中,儒家逐步遭到全面驱除。然而,即便在这样的形势下,在这一历史背景下成长起来的高等教育,"实事求是""勤俭敬信""自强不息,厚德载物"等大学校训仍然突显了儒家价值富有永恒魅力的一面。同时,"诚"字也很受重视,1916年,民国教育部还"以诚字为全国师范学校共同之校训"[3],以诚字为训,是民国乃至当代很多大学校训的重要理念。

二、儒学与北洋政府及新文化运动前后的大学校训

1905年废科举制,1912年教育系统废尊孔读经,然而北洋政府时期的

---

[1] 清华大学校史研究室编:《清华大学史料选稿》,清华大学出版社1991年版,第260~261页。

[2] 《南大百年实录·中央大学史料选》(上卷),南京大学出版社2002年版,第45页。

[3] 《教育部采录全国师范校长会议案八条》,载中国第二历史档案馆编:《中华民国史档案资料汇编》第3辑,江苏古籍出版社1991年版,第703页。

主政者为了维护统治往往强调尊孔读经,这激起了社会的强烈反弹,于是1915年兴起、1919年五四运动达到高潮的新文化运动试图在思想文化和伦理生活层面全面解构儒家对社会的影响。但是无论怎样风云变幻,这一时期一些著名大学的校训依然以儒家经典为依归。

1905年,马相伯创办复旦公学,校名本身就取自一般认为是伏胜所作《尚书大传·虞夏传》"卿云烂兮,纠缦缦兮;日月光华,旦复旦兮"[1],本义是追求光明,寓含日月生辉、复兴中华之意。1915年,复旦建校10周年之际,时任校长李登辉主持校训制定工作,经与马相伯及众多师生讨论,最后确定以"博学而笃志,切问而近思"作为校训。这句古话出自《论语·子张篇》"子夏曰'博学而笃志,切问而近思,仁在其中矣'",这与《中庸》"博学之、审问之、慎思之、明辨之、笃行之"可以相互发挥,都包含了儒家广学、好学、善思以及融会贯通、下学上达、一以贯之、志通大道的学习精神。实际上,马相伯、李登辉信基督教,而且马相伯对孔子儒学也曾有过较为激烈的批评,但马相伯对中华文化很热爱,马相伯、李登辉在文化与教育理念上大体应该是一致的,这也反映了那个时代很多人可能对儒学在整体上有批评意见,但他们仍然相信儒家经典中一些格言名句还是有着跨时空的智慧和思想魅力,仍然可以为人们信奉,给人以启迪和教育。

1893年,湖广总督、近代教育家张之洞奏请创办自强学堂(武汉大学前身),1913年定名为国立武昌高等师范学校,校长为当时国内著名教育家张渲,他不仅重视教育改革与创新,而且十分重视学校的文化建设和大学精神的凝练。1919年4月,张渲校长在自己主持制定校歌、校旗、校徽、校章的同时,还亲自制定并亲笔题写"朴诚勇"三字为校训。[2] 1906年,清政府在南京创立暨南学堂(暨南大学前身),"暨南"二字出自《尚书·禹贡》:"东渐于海,西被于流沙,朔南暨,声教讫于四海。"意即面向南洋,将中华文化远播到五洲四海。1918年更名为暨南学校,不久确立校训"忠信笃敬",此四字校训源于《论语·卫灵公》:孔子说"言忠信,行笃敬,虽蛮貊之邦行矣。言不忠信,行不笃敬,虽州里行乎哉?"校友郑文奎在《南京时期的暨南学堂》一文回忆:"校门'暨南学校'及校训'忠信笃敬'皆由清末状元张謇书定的。"南京

---

[1] (汉)伏胜:《尚书大传》卷一《虞夏传》,载《丛书集成》初编,中华书局1985年版,第28页。

[2] 骆郁廷主编:《流风甚美:武汉大学文化研究》,武汉大学出版社2013年版,第234页。

与上海民国时期的《国立暨南大学校歌》中也包含校训内容:"言忠信,行笃敬,尚勉哉,先哲言,终身诵。"[1]

1918年,爱国华侨陈嘉庚创办集美学校师范部(集美大学前身),陈嘉庚、陈敬贤题"诚毅"二字为学校校训。1921年,陈嘉庚创办厦门大学,学校成立之初,陈嘉庚就以《周易》"自强不息"作为学校的校训。陈嘉庚是一代儒商,1921年6月,他聘请林文庆为厦门大学校长,认为"南洋数百万华侨中,而能通西方物质之科学,兼具中国文化之精神者,当首推林文庆博士"[2]。林文庆作为新加坡华侨,曾在英国读书学医,是一代名医,又是勇于开拓的企业家,但他对儒学与中华文化很热爱,著有《孔学大纲》(1914年中华书局出版)阐发儒家学说。他从中西文化的比较中,体会到儒家学说的价值,于是在东南亚大力推广儒学,主张年青一代的华侨应该正规地接受孔子的伦理价值观;他还积极参加南洋华侨社会的"孔教复兴运动"[3],认为"把一个民族的一切传统凭空割除,而仍然希望它能够兴旺,这是不可能的,因为一个被切断历史和传统的民族,就好比一棵被砍断的树,势将枯萎和衰落"[4]。1921年担任厦大校长之后,林文庆"对于国学,提倡不遗余力",他用《大学》"止于至善"四字作为厦大校训,以培养学生"人人为仁人君子";学校经常组织尊孔、祭孔活动,孔子的生日被列为重要节日,全校放假,"以示恭祝"[5]。1924年,林文庆在厦门大学校庆三周年时发表尊孔演说:"当陈校董在南洋聘予回任校长时,予询以办学宗旨,陈校董答以当注重中国固有之文化,予是以欣然归国,予亦尊重中国固有之文化也。"[6]1925年10月14日,他在校内演说中指出"孔教要义"足以留存后世者有"仁""恕""平天

---

[1] 夏泉:《略论"忠信笃敬"的暨南校训精神》,载《凝聚暨南精神:暨南大学建校一百周年1906—2006》,广东人民出版社2006年版,第25页。

[2] 陈嘉庚:《辟谣》(新加坡《南洋商报》1924年6月16日),载洪永宏:《厦门大学校史:1921—1949》第一卷,厦门大学出版社1990年版,第63页。

[3] 《陈嘉庚、林文庆与厦门大学国学院》,载杨国桢:《海涛集》,海洋出版社2015年版,第131页。

[4] 《海峡华人杂志》1897年社论,载郑宏:《厦门大学文化的历史与解读》,厦门大学出版社2010年版,第191页。

[5] 中国社会科学院近代史研究所中华民国史组研究室编:《中华民国史资料丛稿·人物传记》第八辑,中华书局1980年版,第116页。

[6] 《民国日报》1924年4月14日,载《厦大校史资料》第一辑,厦门大学出版社1987年版,第230页。

下"三项。他认为:"《大学》自'正心''诚意',以至于'治国平天下',乃孔子一贯之教义。近人许多政治家,无一有如此一贯之政治哲学。吾校校章'止于至善',亦取义于此。甚望诸君努力研究,能到此地步;尤望将孔子之道,益发昌明光大则幸甚。"[1]1926年,厦大成立国学研究院,林文庆亲自兼任院长,他除了主持日常校务之外,还从事儒家伦理研究以及其他多方面的著述活动,在其校长任内,"厦大私立时期处处标榜儒家思想和中国固有文化,并以之跟当时新思潮互相抗衡"[2]。

1921年10月南京高师正式易名为国立东南大学,原南高师校长郭秉文出任东大校长,他把"止于至善"确立为校训。这与厦大确立"止于至善"为校训大致在同一时期,可谓英雄所见略同。张亚群认为"郭秉文与林文庆所学专业虽然不同,但都对中西方文化有深刻理解,认同中国传统的大学之道,倡导人类种族文化平等与和平发展,主张大学应促进中西文化的交流、融合。这些都是远见卓识的办学理念,具有恒久价值"[3]。郭秉文认为"《大学》里'平天下'的'平'字,乃是治学治事最好的座右铭""生平为人为事,终是本于平和二字。平乃能和,和乃能进"。[4]"平天下"是《大学》"八条目"之一,所谓"平",并非武力征服,而是文化融合;"平天下"是"文治"与"王道",而非"武功"与"霸道"。[5]可见,郭秉文的办学理念及价值认同与林文庆有着惊人的呼应。在郭秉文、刘伯明的支持下,梅光迪、吴宓、胡先骕等东南学人以"昌明国粹,融化新知"为宗旨,创办《学衡》杂志,在思想文化界形成一个文学复古、反对新文化运动的学衡派,学衡同人"一方面重视传统,一方面强调理性态度与审慎选择,主张文化无分新旧中外,只问是否永久与普遍"[6]。

---

[1] 林文庆:《孔子生诞日补记》,载《厦大周刊》1925年第124期。
[2] 李元瑾:《东西文化的撞击与新华知识分子的三种回应:邱菽园、林文庆、宋旺相的比较研究》,新加坡国立大学中文系、八方文化企业公司联合出版2001年版,第252页。
[3] 张亚群:《"同归而殊途 一致而百虑"——郭秉文与林文庆办学理念之比较》,载《东南大学学报》(哲学社会科学版)2011年第6期。
[4] 张其昀:《郭师秉文的办学方针》,载《郭秉文先生纪念集》,台北中华学术院1971年印行,第3页。
[5] 张亚群:《"同归而殊途 一致而百虑"——郭秉文与林文庆办学理念之比较》,《东南大学学报》(哲学社会科学版)2011年第6期。
[6] 张亚群:《"同归而殊途 一致而百虑"——郭秉文与林文庆办学理念之比较》,《东南大学学报》(哲学社会科学版)2011年第6期。

新文化运动前后,儒家遭到全面而严厉的批判,但总体上看社会思潮的演变是复杂的,尽管这一时期反思、解构、批判传统是主流,但林文庆、郭秉文及学衡派坚定地守护、捍卫、传承着传统中能够永远放光的价值理性和追求——"止于至善"。尽管马相伯对儒家也有着严厉反省批判意识,但他并不一概反传统,仍然挚爱民族文化中洋溢出的能够跨越时代的真善美,因而他能够欣赏并以《论语》名言作为复旦校训。

三、儒学与南京国民政府及抗战前后的大学校训

孙中山晚年对儒学的价值有了更多的认同与体悟,这在三民主义的相关论述中有明显的反应。在孙中山的影响下,南京国民政府对儒学的价值予以大力提倡,特别是在抗日战争时期,儒家刚毅顽强的精神品格和民族气节也给国人以很大鼓舞,以儒家为代表民族文化在这一时期也得到了发扬。

1924 年 11 月,孙中山为国立广东大学(中山大学前身)题写训词"博学、审问、慎思、明辨、笃行",这句话出自《礼记·中庸》,后来成为中山大学校训。孙中山晚年对儒学着意甚多,1924 年 1 月 27 日至 3 月间,孙中山多次发表演讲,阐释他的三民主义。在《民族主义》第六讲(3 月 2 日)中,孙中山指出"穷本极源,我们现在要恢复民族的地位,除了大家联合起来做成一个国族团体以外,就要把固有的道德先恢复起来""讲到中国固有的道德,中国人至今不能忘记的,首是忠孝,次是仁爱,其次是信义,其次是和平",[1]显然,忠孝、仁爱、信义、和平都是儒家的重要价值信念与追求。孙中山还推崇《大学》修齐治平的政治思想,认为"把一个人从内发扬到外,由一个人的内部做起,推到平天下为止。像这样精微开展的理论,无论外国什么政治哲学家都没有见到,都没有说出"[2]。

1928 年,国立武昌中山大学改建为国立武汉大学,学校创立初期就确定了"明诚弘毅"四字校训,"明诚"出自《中庸》"自诚明,谓之性;自明诚,谓之教。诚则明矣,明则诚矣","弘毅"出自《论语·泰伯篇》"曾子曰:'士不可以不弘毅,任重而道远'"1932 年,罗家伦被国民政府任命为国立中央大学校长,这年 10 月 17 日,罗家伦在"总理纪念周"发表了颇有影响的《中央大

---

[1] 孙中山:《三民主义》,东方出版社 2014 年版,第 64 页。
[2] 孙中山:《三民主义》,东方出版社 2014 年版,第 68 页。

学的使命》就职演说,他认为中央大学的使命就是"为中国建立有机体的民族文化",认为"一个民族要能自立图存,必须具备自己的民族义化,这种文化,乃是民族精神的结晶,和民族团结图存的基础。如果缺乏这种文化,其国家必定缺少生命的质素,其民族必然要被淘汰"[1]。基于此,罗家伦从传统文化中提取出"诚朴雄伟"四字作为中央大学校训,他认为"所谓诚,即谓对学问要行诚意,不以为升官发财的途径,不以为文饰资格的工具""朴就是质朴和朴实的意思……崇实而用笨功,才能树立起朴厚的学术气象","雄就是'大雄无畏'的……若是我们要雄,便非从'善养吾浩然之气'着手不可""伟便有伟大崇高的意思……凡事总从大的方向做去,民族方有成功"[2]。显然,诚朴雄伟四字也主要是代表了儒家的人格精神气象。

早在南开初创之时,严范孙便提出了"尚公""尚能"的主张,并在办学过程中一直践行"公能"二义。1934年,在总结以往办学经验的基础上,老校长张伯苓化《诗经·鲁颂·泮水》"允文允武"为"允公允能",作为南开校训,他说"允公,是大公,而不是小公,小公只不过是本位主义而已,算不得什么公了。只有大公,才能高瞻远瞩,正己教人,发扬集体的爱国思想,消灭自私的本位主义""允能,就是要做到最能。能建设现代化国家,要有现代化的科学才能"[3],"惟公,故能化私,化散,爱护团体,有为公牺牲之精神;惟能,故能去愚,去弱,团结合作,有为公服务之能力"[4]。1944年,张伯苓在"允公允能"的后面又加上"日新月异",由此形成了南开大学的完整校训。"天下为公"是儒家的根本追求,"平天下"更需要实践才能,《大学》引商之盘铭曰"苟日新,日日新,又日新",《易传》曰"日新其德",因此南开校训体现的也是儒家文化的根本精神。张伯苓也有基督信仰背景,但这并不妨碍他对儒学与中华文化的认同,他认为自己心灵最深处是爱国救国的情怀,并强调要"整理中国固有之文化,摘其适合于现代潮流者,阐扬而光大之,奉为国魂,并推而广之,以求贡献于全世界""昔孔子删诗书定礼乐,亦此旨耳……此种

---

[1]《南大百年实录:中央大学史料选》(上卷),南京大学出版社2002年版,第297页。

[2]《南大百年实录:中央大学史料选》(上卷),南京大学出版社2002年版,第299~300页。

[3] 张锡祚:《张伯苓先生传略》,载天津文史资料编委会编:《天津文史资料选辑》第8辑,天津人民出版社1980年版,第97页。

[4] 张伯苓:《四十年南开学校之回顾》,载《张伯苓自述》,安徽文艺出版社2013年,第142页。

删定重任,愿与诸先生共勉之"。[1]

1897年,杭州知府林启创办求是书院,这就是浙江大学最早的前身,林启在请浙江巡抚廖寿丰具折奏办新式书院奏折中说:"窃维居今日而图治,以培养人才为第一义,居今日而育才,以讲求实学为第一义,而讲求实学,要必先正其志趣,以精其术业。《大学》格致诚正、修齐治平之道,合古今中外而不易者也……名曰求是书院。"[2]可见"求是"二字承袭着明清时期儒学发展的实学精神。求是书院后来演变为求是大学堂、浙江大学堂、浙江高等学堂等,1928年始为国立浙江大学,1936年竺可桢出任浙大校长。1938年11月,浙大在西迁途中,竺可桢提出以"求是"作为浙大校训,同月还以"王阳明先生与大学生的典范"为主题发表演讲,认为"本校推原历史的渊承,深维治学的精义,特定'求是'二字为校训,阳明先生这样的话,正是'求是'二字的最好注释,我们治学做人之最好指示"[3],强调"王阳明先生正是今日国难中大学生最好的典范",应学习阳明"致知力学的精神""内省力行的精神""艰苦卓绝的精神",最后又特别指出"处现在外侮深入、国步艰危的时候,阳明先生的伟大处,更应为学者所取法者,尤在他那公忠报国的精神"。[4]1939年2月,竺校长对一年级新生作了《求是精神与牺牲精神》的讲话,强调"所谓求是,不仅限于埋头读书或是实验室做实验。求是的路径,《中庸》说得最好,就是'博学之,审问之,慎思之,明辨之,笃行之'。单是博学审问还不够,必须深思熟虑,自出心裁,独著只眼,来研辨是非得失。既能把是非得失了然于心,然后尽吾力以行之,诸葛武侯所谓'鞠躬尽瘁,死而后已',成败利钝,非所逆睹"[5],"像张苍水[6]这样杀身成仁,也是为了求是"[7],时值抗日战争时期,竺校长的讲话也处处透出以学术救国、报国的爱国主义精神。在竺可桢的诠释中,求是不仅是求真理,还同时是求"仁

---

[1] 张伯苓:《我之教育目的》(《南开双周》第7卷第1期),载《现代大学校长文丛·张伯苓卷》,安徽教育出版社2015年版,第172页。

[2] 《请专设书院兼课中西实学折》,载朱有瓛主编:《中国近代学制史料》第一辑下册,华东师范大学出版1986年版,第250~251页。

[3] 《竺可桢全集》第2卷,上海科技教育出版社2004年版,第453页。

[4] 《竺可桢全集》第2卷,上海科技教育出版社2004年版,第452~455页。

[5] 《竺可桢全集》第2卷,上海科技教育出版社2004年版,第461页。

[6] 张煌言(1620—1664年),字玄著,号苍水,浙江鄞县(今宁波市鄞州区)人,南明儒将、诗人、著名抗清英雄。张煌言与岳飞、于谦并称"西湖三杰"。

[7] 《竺可桢全集》第2卷,上海科技教育出版社2004年版,第462页。

义",求"公忠报国"。

1938年抗战中的西南联大常委会于10月6日开会,决定聘请冯友兰、朱自清、闻一多等教授组成校歌校训制作委员会,冯友兰为召集人。经广泛征集和研究讨论,校训拟为"刚健笃实"呈报常委会,常委会经过认真讨论,认为"刚健笃实"还不能充分体现联大风貌,于是改订为"刚毅坚卓"[1]。《周易》大畜卦象辞曰"刚健笃实辉光,日新其德",显然,用"刚健笃实"虽古典味足,但"刚毅坚卓"更能反映出在民族危难之际,中国人不屈不挠、坚不可摧、追求卓越的民族气节。1938年10月下旬,西北联合大学也以类似的方式,确立了"公诚勤朴"四字校训。

结语:近代以来大学校训与儒家核心价值之省察

1949年以后,政治激励性话语成为校训主流,如"团结""勤奋""求实""创新""严谨"等校训铺天盖地,好多高校废除或铲掉了原来充满儒学与传统文化气息的古典校训。1990年代以来,随着改革开放的全面深入,儒学与中华优秀传统文化的价值重新被人们重视,很多著名高校又纷纷恢复了早期的古典校训,如中山大学在1994年建校70周年之际,恢复了老校训"博学、审问、慎思、明辨、笃行";复旦大学也在其90华诞的1995年,树立起一座"博学而笃志,切问而近思"的校训纪念墙。1995年,暨南大学也恢复了"忠信笃敬"的校训。1936年河南大学校门建成之际,校长许心武先生取"明德、新民、止于至善"作为校训,用柳体金字书写悬挂在大门背面,正中上额横书"止于至善",左书"明德",右书"新民"。大门建成后不久即遭"七七"事变,虽历经抗战,幸未毁于战火,但1953年,学校大门背面的校训被去掉了。2002年90周年校庆之际,"明德、新民、止于至善"校训又重新悬挂于大门内侧。也有一些大学从儒家或国学经典选取格言名句来构建其新校训,如南京航空航天大学2006年取《易传·系辞》"知周乎万物,而道济天下,故不过",以"智周万物,道济天下"作为校训,这是完全借用传统经典,更多的则是化用儒家经典,参之以现代理念或各自的办学特色,如中国政法大学2002年确定的校训"厚德、明法、格物、致公"。目前"博学""明德""自强"

---

[1] 杨光社:《西南联大的校风和校训》,载中国人民政治协商会议云南省昆明市委员会编:《昆明文史资料集萃》第三卷,云南科技出版社2009年版,第2225页。

"厚德""格物""致知""至善""笃""诚""公""勤"等关键字词在中国大学校训中非常流行。

近代以来,儒学及其价值体系虽然在不断被解构,但同时,透过近代以来这些著名大学的校训,也展现出儒家核心价值在经历时代最严峻的考验后所呈现出的顽强的生命力,这些名校的校长或校主在其早年多接受过儒学与传统经典的洗礼,后来游历欧美,有着宽阔的世界视野和非常理性的现代精神,在他们身上都洋溢着强烈的爱国主义和浓郁的民族情怀,教育救国是他们的神圣使命。他们对儒学与中华文化内在价值中富有永恒魅力的一面有很深的体悟,并在办学实践中能够发扬光大这些核心价值。总的来看,他们对儒家核心价值的提取,多取自《大学》《中庸》《论语》《易传》四书经典中取《孟子》名言为校训的似比较少,名校中似只有山东大学2001年确立的新校训"学无止境,气有浩然"借用了《孟子》"浩然之气"一语。这些也大体上是宋儒的经典体系。就《大学》而言,宋儒多重八条目之"格物""致知",而在近现代这些高校的校训中,三纲领之"明德""新民",特别是"止于至善"则广受重视。如果最为抽象地理解儒家,笔者认为儒家的根本精神或根本价值可以说就是"止于至善"。《中庸》"博学、审问、慎思、明辨、笃行"也完整或部分地被很多大学确立为校训,特别是"博学"彰显了儒家"学"的精神的重要性,也意味着儒家的面向是很广博的,并非仅仅是道德伦理,其内在地涵摄了科学求真的向度。如果说"厚德""明德""崇德"代表了儒家包容、自明自修之坤德,而"自强""刚毅""坚卓""雄伟""日新"则代表了儒家敢为人先、开拓创新、追求富强之乾德。"诚"在近现代大学校训中也很突显,在儒家的诠释系统中,诚朴可谓是天道乾德,相应地,敬信是地道坤德。过去,"求是""求实""实事求是"在儒学与传统文化经典中并不是很突显,但在近现代不断被放大,成为中华优秀传统文化与马克思主义精神融汇的一大亮点,这种科学精神、实学精神是对传统儒学的发展。

但是,在传统儒学中一向认为是核心价值的"仁"在近现代大学校训中并不是很突显,反而是一些教会大学强调了"仁爱",如金陵大学校训为"诚、真、勤、仁",辅仁大学校训为"以文会友,以友辅仁",福建协和大学校训"仁爱、牺牲、服务",教会大学突显仁爱,一个重要原因是,这与基督教宣扬的博爱精神能够相互呼应。1931年,国民政府曾要求所有学校都要把孙中山强调的中华美德"忠孝、仁爱、信义、和平"作为校训,[1]这种政治化的共同校训实际上并没有为著名高校继承下来。总体上看,纵观近现代著名大学校训,忠孝、仁爱之类的传统德目并没有得到彰显,相应地,"止于至善""实事求是""诚朴""自强""明德""博学""笃""厚""勤""公""刚""毅"等德性精神和价值追求非常醒目流行,于经典而言,《大学》《周易》影响最大,古代并没有特别受重视的"实事求是"在近现代大放异彩。这些价值概括起来,用《周易》的话语取象来说,主要也就是乾坤卦的精神,特别是乾卦乾元,意味着刚健自强、生生不息、除旧开新、坚卓自立、引领一流,"诚朴""弘毅""勤劳""求是""公能"也可归为乾德,博学、笃厚为坤德,乾坤一体,乾德为统,合起来就是一种自强不息的"龙"的精神。作为龙的传人,中华民族这种龙德精神也具体展开为一种深邃、深沉的爱国主义精神,可以说所有这些近现代大学校训背后都贯穿、洋溢着浓烈的爱国主义精神,对民族历史文化有着坚定的自信,当然这种文化文明的自信、自豪、自尊,内含着对民族文化具体因素的扬弃、否定、吐故纳新、追求富强。马相伯、张伯苓虽信仰基督,但这种信仰背后还有更深、更根本的信仰,那就是对中华民族的爱,所有的努力都是为了让中华民族富强起来、昂首屹立于世界的东方,不再受欺凌。同时这种爱国主义并不是狭隘的民族主义,而是担负着平天下、世界大同的伟大夙愿。这也是通过考察近代以来大学校训,对儒学核心价值和根本精神的一个领悟,对今天我们思考儒家文明的创造性转化、创新性发展也很有启发意义。[2]

---

[1]《教育部关于各级学校应将"忠孝仁爱信义和平"八字制匾悬挂的训令》(1931年7月18日),载中国第二历史档案馆:《中华民国史档案资料汇编》第5辑第一编《教育》分册第1册,江苏古籍出版社1994年版,第76～77页。

[2] 港澳台一些著名高校的校训也有不少取自儒家经典,如香港大学校训为"明德格物",香港中文大学校训为"博文约礼",香港理工大学校训为"开物成务,励学利民",澳门大学校训为"仁义礼智信",台湾成功大学校训为"穷理致知",等等。本文不再具体论述。

内圣的归内圣,外王的归外王:儒学的现代突破

任剑涛*

摘要:熊门师生将内圣外王视为儒家核心命题,并且将老内圣开出新外王看作现代儒学的基本使命。在牟宗三那里,这一命题在开出上的理论突破,体现为良知的自我坎陷。这些阐释是富有创意的。但宗旨不离内圣外王的直接贯通。这是儒学无法完成的现代使命。从理论论证上看,良知的自我坎陷引发的歧义,证明其理论认受性程度的不高;从政治实践上看,内圣与外王的分流而为,已经成为现代政治的定式。从既成经验上看,基督宗教与世俗政治各归其位,不仅没有改变各自的基本属性,而且让神圣事务与世俗事务得到更好的处置。因此,"内圣的归内圣,外王的归外王"应当是儒学完成道德与政治分流运行之现代蜕变的突破标志。

关键词:内圣;外王;上帝;恺撒;现代儒学

儒家始终面临一个"何为儒家"判准的问题。这让一切自称是儒家的人与学问,不得不承受是否儒家的划界压力。在熊十力一系儒家那里,内圣外王是判断一个思想家是否属于儒家的基本标准。因此,内圣外王在儒家思想体系中思想位阶的提升,与内圣外王直接贯通的论证,以及老内圣开出新外王的承诺,构成熊门儒家社会政治儒学论说的三个重要论题。当牟宗三以坎陷说来打通现代儒学之内圣向外王的通道时,一方面呈现了一个精巧的论证,另一方面则构成一个论证僵局。现代儒学之为"现代"儒学,恐怕得像现代西方那样,全方位落实上帝的归上帝,恺撒的归恺撒。这样才能促使古代儒学真正华丽转身为"现代"儒学,实现儒学的现代突破。

---

* 作者系清华大学政治学教授,教育部长江学者。本文发表于《中国人民大学学报》2018年第1期。

内圣的归内圣,外王的归外王:儒学的现代突破

一、内圣外王的儒家领承与思想位阶

内圣外王在现代儒学的论说中越来越吃重。不少论者同意,这一命题已经构成儒家是否儒家的判断标准。一些论者不赞同这样的主张。但赞同与反对的言说,一物两面地凸显了这一论题在现代儒学中的核心地位。

在儒家思想史上,内圣外王并不是儒家的原创思想命题。这是来自于《庄子·天下》的一个命题。"天下大乱,贤圣不明,道德不一。天下多得一察焉以自好。譬如耳目鼻口,皆有所明,不能相通。犹百家众技也,皆有所长,时有所用。虽然,不该不遍,一曲之士也。判天地之美,析万物之理,察古人之全。寡能备于天地之美,称神明之容。是故内圣外王之道,暗而不明,郁而不发,天下之人各为其所欲焉以自为方。悲夫!百家往而不反,必不合矣!后世之学者,不幸不见天地之纯,古人之大体。道术将为天下裂。"[1]这段话对人们理解内圣外王的原初所指非常关键。一者,内圣外王乃是天下大治之道,一旦天下大乱,便远离内圣外王目标。二者,内圣外王可谓是真(万物之理)、善(古人之全)、美(天地之美)并举之道,一旦三者有所缺损,就失去了它的完备含义。三者,内圣外王存于统一的王官之学,倘若落于百家纷争的民间之学,也就很难窥见它的全貌。

这些意旨,在《天下篇》的另一段话中,有相当明确的表达。"古之人其备乎!配神明,醇天地,育万物,和天下,泽及百姓,明于本数,系于末度,六通四辟,小大精粗,其运无乎不在。其明而在数度者,旧法、世传之史尚多有之;其在于《诗》、《书》、《礼》、《乐》者,邹鲁之士、缙绅先生多能明之。《诗》以道志,《书》以道事,《礼》以道行,《乐》以道和,《易》以道阴阳,《春秋》以道名分。其数散于天下而设于中国者,百家之学时或称而道之。"[2]这段话已经明确告知人们,"周礼尽在鲁矣"之地、传统饱学之士,是最了解内圣外王之道的地域与群体。可见,一方面,诸子百家都在内圣外王之学中汲取营养;另一方面,裂变后的各家相比而言,内圣外王不是道家之学的称谓,而是儒家之学的别名。这就为后来将儒家与内圣外王直接联结起来预示了进路。

但在整个古代时段,后起儒家并没有直接将内圣外王视作儒家思想的

---

[1] 郭庆藩撰,王孝渔点校:《庄子集释》下册,中华书局1961年版,第1069页。
[2] 郭庆藩撰,王孝渔点校:《庄子集释》下册,中华书局1961年版,第1067页。

核心命题。这一思想状况，一直延续到现代。直至现代新儒家，尤其是熊门兴起，内圣外王才被视作儒家的核心命题：[1]一者，熊门儒家自觉将之领承下来，拒绝别家的分享企图，使之成为儒家专美的主张。二者，凸显内圣外王在儒家思想体系中的中心位置，以之整合儒家思想。换言之，其思想位阶，明显高于儒家其他所有思想命题。三者，以之作为儒家道统传承的判准，承诺内圣外王是为儒家，否认内圣外王则划出儒与非儒界限。

从现代中国思想史传承关系的视角看，内圣外王的命题之得到推崇，始自熊十力，盛于牟宗三。前者对内圣外王之道的现代阐释，贡献有四：[2]

一是将内圣外王直接作为自己阐发儒家思想的主旨。"昔吾夫子之学，内圣外王。"[3]这是对孔夫子创立的儒家之学在基本宗旨上的凝练概括。比之于梁启超用修己治人与内圣外王两者关联起来做出的相关概括，主旨更为鲜明，概括更为简练。

二是将内圣外王视为儒家独会心门的发明，凸显诸家对之完全相隔的思想境界差异。"庄子以内圣外王言儒者之道，其说当本之《大学》。然内外二字，但是顺俗为言，不可泥执。《大学》经文，只说本末，不言内外。后结归修身为本，修身总摄诚正格致以立本，由身而推之家国天下，皆与吾身相系

---

[1] 梁启超在《儒家哲学》中指出："儒家哲学，范围广博。概括说起来，其用功所在，可以《论语》'修己安人'一语括之。其学问最高目的，可以《庄子》'内圣外王'一语括之。做修己的功夫，做到极处，就是内圣；做安人的功夫，做到极处，就是外王。至于条理次第，以《大学》上说得最简明。《大学》所谓'格物致知诚意正心修身'，就是修己及内圣的功夫；所谓'齐家治国平天下'，就是安人及外王的功夫。然则学问分做两橛吗？是又不然。《大学》结束一句'一是皆以修身为本'。格致诚正，只是各人完成修身功夫的几个阶级；齐家治国平天下，只是各人以已修之身去齐他治他平他。所以'自天子以至于庶人'，都适用这种工作。《论语》说'修己以安人'，加上一个'以'字，正是将外王学问纳入内圣之中，一切以各人的自己为出发点。以现在语解释之，即专注重如何养成健全人格。人格锻炼到精纯，便是内圣；人格扩大到普遍，便是外王。儒家千言万语，各种法门，都不外归结到这一点。"（梁启超：《儒家哲学》，北京大学出版社2010年版，第4～5页）但梁启超对之并无系统论述，且乏跟随者继续阐释。这就远不如熊门对之用力勤勉和持久，并且在理论上那么具有原创性。这一比较优势，针对其他论及儒家这一核心命题的现代思想家来说同样够成立。熊十力自己也明确指出："孔子外王学之真相究竟是如何，自吕秦、刘汉以来，将近三千年，从来无有提出此问题者。"（《熊十力全集》第六卷，湖北人民出版社2001年版，第449页）

[2] 此处概括系归纳、提炼梅广论文的分析。参见梅广：《"内圣外王"考略》，载台湾新竹《清华大学学报》2011年第41卷第4期。

[3] 熊十力：《复性书院开讲示诸生》，载《熊十力全集》第四卷，湖北人民出版社2001年版，第251页。

属为一体,元无身外之物。但身不修则齐治平无可言,故修是本为齐治平皆末。本末是一物,如本质根为本,其梢为末,元是一物。不可剖内外。通乎本末之义,则三纲、八目无论从末说到本或从本说到末,总是一个推广不已的整体,不可横分内外。"[1]仅从文字表述上看,似乎与熊十力的前一归纳相矛盾。但分析起来,熊十力并不是要否定内圣外王是儒学宗旨,而是在强调内圣外王必须以本末相融的修齐治平儒家元义才能得到准确理解。这就将庄子的内圣外王命题既转换为儒学命题,又将庄子的这一命题内涵彻底儒家化。从而避免了儒学以内圣外王凸显儒学宗旨的尴尬。

三是将内圣外王视为可以作分别观的理念,从而给出了阐释内圣外王的方便进路。"孔子之道,内圣外王。其说具在《易》、《春秋》二经。余经(《诗经》、《书经》、《礼经》、《乐经》即《乐记》)皆此二经之羽翼。《易》经备明内圣之道,而外王赅焉;《春秋》备明外王之道,而内圣赅焉。"[2]这就不仅将儒家元典以内圣外王主旨区分出了主次有别的不同层次,而且将内圣外王所依托的经典及其宗旨之贯通关系明确地突出出来了。

四是将外王学的阐发直接与现代民主政制挂钩,指示了内圣外王的现代政治方向。"孔子外王学之真相,究为何种类型?其为拥护君主统治阶级与私有制,而取法三代之英,弥缝之以礼义,使下安其分以事上,而上亦务抑其狂逞之欲,有以绥下,将以保小康之治欤?抑为同情天下劳苦小民,独持天下为公之大道,荡平阶级,实行民主,以臻天下一家、中国一人之盛欤?自汉以来,朝廷之宣扬,与社会上师儒之疏释或推演,皆以六经之学,属于前一类型。余由礼记中之礼运篇而详核之,已发现其削改原书,如前说讫。即由礼运之书被改窜,而可判定六经外王之学,确属后一类型。由其反对当时大人世及以为礼,即是不容许统治阶级与私有制存在。其于社会大不平之唯一祸根,见得如此分明,说得如此得当,非天纵之圣,真有与民同患之心者,其能若是哉!"[3]这就将儒家的内圣外王之学直接解释为与现代民主相通之学,其转换传统的内圣外王为现代的民主政制之心昭然若揭。

---

[1] 熊十力:《答牟宗三》,载《熊十力全集》第四卷,湖北人民出版社2001年版,第406页。

[2] 熊十力:《读经示要》第三卷,载《熊十力全集》第三卷,湖北人民出版社2001年版,第1015页。

[3] 熊十力:《"原儒"之"原外王"》,载《熊十力全集》第六卷,湖北人民出版社2001年版,第450页。

社会儒学与儒学的多元开展

熊十力对内圣外王的论述,总体上与梁启超处在同一个水平线上。但所论更为系统,联系现代政治更为自觉和紧密。差异在于,熊门弟子对内圣外王倾注了更多学术心血,使之真正成为现代儒家辨别是否儒家的基本标准。如果缺乏熊门弟子的后起论述,作为儒家核心命题的内圣外王,很可能就达不到它在今天儒学中的核心程度和理论高度。为此,需要做出两个强调:一是从中国思想史的视角看,儒家内圣外王这一核心命题的归纳与论证,属于现代儒家转借道家术语而来,这是一个显见的由儒家领承道家命题的思想转换尝试。不过,一旦明确儒家的核心命题是内圣外王,并且在得到系统阐释以后,这一命题就上升到是否儒家的判断标准的最高思想位阶。只是在儒家那里,内圣外王的思想转换与原创阐释才达到相得益彰的状态。二是内圣外王之被视为儒家的核心命题,是一个现代思想史事件,而不是一个古代思想史事实。尽管在中国古代思想史上,自汉儒家独尊以降,内圣外王已经成为儒家核心思想,但自觉将之视为儒家核心命题,并对之进行富有理论意味的阐释,则是现代儒家的思想创制结果——这是儒家与时俱进,呈现其现代转向的思想尝试结果。

为什么在现代以前的儒家,没有如此鲜明地强调内圣外王在儒家思想体系中的极端重要性呢?原因很简单,古代儒家在一种自然而然的内圣外王氛围中实践着这一理念。他们在汉以降的"罢黜百家,独尊儒术"的思想—政治氛围中,将诸子百家之学纳入儒家的范围内进行思考。因此,他们既无须紧张地辨认儒家与诸子百家之间的界限,也无须以一个核心命题作为聚集儒家力量的精神旗帜。只有在丧失了实践内圣外王理念的社会政治环境中,它才成为一个需要凸显出来加以阐释的学术命题——在思想上,辨析儒家与诸子百家、儒家与新近传入的西学之间的界限,就成为一个重要的思想任务。否则,儒家就很难在"判教"的基础上,稳住久已松动的阵脚,并且为儒家聚集现代资源。而在急遽的社会政治转型中,儒家究竟能不能发挥它的积极引导作用,也需要给出明确的答案。在人心不稳、政治动荡之际,道德的重整需要以修己的内生功夫来补强,政治的秩序需要以外王的功夫来落实。这就是熊十力、牟宗三及其后学着重强调内圣外王在儒家思想中的极端重要性的动力机制。

何以现代儒学要将内圣外王提升到判断是否儒家的基本标准的最高思想位阶呢?这是因为,现代儒家在学理上要涵盖古代儒学学理,同时又要对中国的现代转型做出相应的学理回应。在他们,尤其是熊门师生看来,唯有内圣外王可以实现贯通古今儒家、回应传统与现代流变的学理建构与社会政治实践相互对接的目的。一方面,古代儒家的基本纲领即三纲八目不外修己与治人两端,这正是熊十力(及梁启超)对应内圣外王凸显的儒家精神。另一方面,现代儒家要发挥重整人心、供给秩序的作用,必须同时在道德与政治两个领域着手,足以贯通两个领域的内圣外王命题,正好凸显时间意义上的现代儒家展现其规范意义上的"现代"特质的功用。因此,内圣外王之成为熊门辨别是否儒家的基本标准,也就是成为儒家最高位阶的思想命题,便可以得到学理与现实两者的强有力支持了。

二、坎陷说与内圣外王证成僵局

熊十力对内圣外王的推崇,得到熊门弟子的自觉认同和有力论证。自觉认同,表现在熊门弟子对乃师的儒家之为儒家的内圣外王判准的虔心认取;有力论证,表现在熊门弟子,尤其是牟宗三对内圣外王命题的丰富内涵的揭橥,以及对内圣如何通向外王上颇具巧思的论证。无疑,在梁启超、熊十力那里,内圣外王主要是作为提炼儒家核心命题的方式而凸显其重要性的。即便熊十力借助佛家的"一心开二门"来帮助人们理解内圣外王宗旨,但从总体上讲,他并没有致力求解修己通向治人、内圣通向外王,究竟是直通或曲通、打通二者需要设定什么先决条件的理论问题。因此,内圣外王在他们那里,还是以一种古典形态,也就是以直接陈述式的思想命题而被提出来的。尽管它可能反映了古代儒家思想的特质,也可能作为儒家回应现代挑战的进路,但这一命题的复杂含义还需要加以揭示,人们才能循此路径去充分理解它的含义,不至于让它成为一个干瘪无物的思想史命题。这是现代儒家之从思想史上重建儒家,转向从哲学上重构儒家的一个重要标志。

"良知的自我坎陷"的基本表述,围绕着双中心展开:一个中心是中国传统缺少民主与科学的"外王之直接形态"。这一缺少,一是因为中国文化成就的是圣君贤相的"神治"与人存政举、人亡政息的"人治"之相辅相成状态,人民成为日常人伦状态中的"道德存在",而没有成为"政治存在"。民主政治的缺席完全在意料之中。二是因为中国文化"实在是缺少了一环。在全幅人性的表现上,从知识方面说,它缺少了'知性'这一环,因而也不出现逻辑数学与科学。从客观实践方面说,它缺少了'政道'之建立这一环,因而也

不出现民主政治,不出现近代化的国家政治与法律"[1]。另一个中心是中国传统文化如何开出民主与科学的问题。在牟宗三看来,相比于西方来说显得超前而非不及的儒家德性说,必须向下落实为知性说,才足以形成"执"念,即良知自我把握自己的状态。"由这一执,知体明觉之光透映过来,停住而自持其自己,遂成为一个单纯的平板的认知心。"[2]认知主体已经开出,政治主体也就顺势转出。外王的间接形态也就呈现出来。这一转变的凝练表述是:"由动态的成德之道德理性转为静态的成知识之观解理性,这一步转,我们可以说是道德理性的自我坎陷(自我否定)。经此坎陷,从动态转为静态,从无对转为有对,从践履上的直贯转为理解上的横列。在此一转中观解理性之自性是与道德不相干的。它的架构表现及其成果(即知识),亦是与道德不相干的。"[3]认识主体、政治主体凸显而出,民主政制由此开出。

牟宗三给出的"良知自我坎陷"证成进路,依托于两个基点:一是黑格尔式的绝对精神、普遍精神之流遍性。二是普遍精神实体自我实现的必然性。基于此,他强调,"西方文化生命一往是'分解的尽理智精神'(在此有科学、民主与偏至的宗教),中国文化一往是'综和的尽理之精神'与'综和的尽气之精神'。然所谓'一往'是有时间性。从精神之所以为精神之'内在的有机发展'言,必在各民族之发展途中一一逐步实现而无遗漏。唯如此,方可说人类文化前途,精神之大通"[4]。三是普遍精神自我呈现的时序性。就开出民主科学"此问题之难境言,则理上实属可转之时,此为思想问题也。一人不能,总当有能者,一时不能,总能有之时。盖理路已备也。理路备,则思想顺而进之也"[5]。经由良知的自我否定,理性的架构表现就呈现出来,民主也就从良知开显出来。

如果承诺牟宗三的思路去考虑问题,"良知的自我坎陷"论说是相当精妙的。因为之前的现代儒家思想家,大多直接陈述古代儒家修己治人、内圣外王的核心命题。但并没有将从内圣到外王的动态进程凸显出来,尤其是没有深入分析修己的内圣在何种关节点上通向了治人的外王。三纲八目成

---

[1] 牟宗三:《历史哲学》,台湾学生书局1984年版,第191页。

[2] 牟宗三:《现象与物自身》,台湾学生书局1984年版,第163页。

[3] 牟宗三:《政治与治道》,台湾学生书局1984年版,第58页。对内圣外王基本思路的转述,可参见李翔海:《牟宗三"良知自我坎陷"说评析》,载《东岳论丛》1993年第3期。

[4] 牟宗三:《历史哲学》,台湾学生书局1984年版,自序。

[5] 牟宗三:《历史哲学》,台湾学生书局1984年版,第222页。

为一顺势而下、毫无阻碍的流畅过程。倘如此,儒家就无法解释修己治人、内圣外王为何总是处于脱节状态,也无法应对德性修为因何没能直接通向政治限政,这也就是一种"朱熹困境"。儒家在修己治人上臻于理想境界,但"尧、舜、三王、周公、孔子所传之道,未尝一日得行于天地之间也",更无法说明儒家为何在民主政治建构上何以缺乏原创之功。只有像牟氏那样退一步进两步,一方面承认儒家的缺失,另一方面才得以给出一个民主与科学开出说的自洽解释。

但跳出牟氏的论证,可以发现,他的这一命题在理论与经验上都会面临挑战:从经验上讲,牟氏自己就将一个实践的哲学问题转换为一个规范的理论命题,理论可称精妙,却完全无法打通儒家通向民主政制的实践道路。他陈述的仍然只是一种逻辑可能性,逻辑可能性是无限的,但实践可能性受现实条件严格约束。因此,这是一个无法经由民主政治实践来证实或证伪的玄学论断。牟氏所论与台湾的民主转轨在实操上无关,就是一个经验呈现的、让牟氏之论显得尴尬的结论。从理论上讲,牟氏的命题可以做多种多样的理解,证明他的坎陷说乃是一种意欲优先的表达,而不是能够保证论说精确性、不让人觉得歧义丛生的论析。

有论者指出了坎陷说在解释上的这种僵局。"通过坎陷开出民主以适应时代发展的需要,是牟宗三儒学思想的重要组成部分。自这一理论问世以来,学界的争议就没有停止过。人们从各自的视角对这一理论或直接或间接进行诠释,相关评论很多。有趣的是,在这些不同观点中,批评质疑者多,肯定认同者少。我将这些评论按性质划分为九种,即:内圣实非可能论、内圣外王俱失论、无法直接开出论、反泛道德主义论、内圣取代外王论、良知不可坎陷论、坎陷须行两步论、坎陷或非必要论、实践理性优越论。"[1]结果让"良知自我坎陷"引发了"持充分肯定态度,予以高度评价"的第十种解释:以道德、智识与体欲三者为分析支点,将发达的道德向下发展,透入智识与体欲,将人的善性与恶性进行实践性容纳,从而为民主与科学腾出地盘。这样的论说局面,让人们知晓:一方面,内圣外王业已成为现代儒学理论论说的核心命题。一个命题扩展出如此众多的解释面向,证明它确实蕴含极为丰富的解释内容。熊十力将其提升为儒学的核心命题,获得了思想史的赋

---

[1] 杨泽波:《坎陷开出民主不同理解九种——关于牟宗三坎陷论民主不同理解的评论》,载《天府新论》2014年第1期。

值。尤其是牟宗三学生（如李明辉）的捍卫性解释，体现了这一命题的阐释延续性。另一方面，也证明内圣外王如何作为儒学的核心命题还在未定之天，需要人们整合相关论证，才足以真正成为儒学现代转向的核心驱动力。假如这样的整合很难实现，那就促使人们思考内圣外王自身是否有充分的理据成为儒学现代转向的方向性指引和核心性命题。内圣外王可能就面临一个内圣与外王的分离性诠释局面。合则两伤、分则两利的解释路径就此浮现出来。

与此同时，"良知坎陷说"的解释分歧已经足以让人们得出两个结论：一是这一命题的精确性不够，以至于众说纷纭，而且赞同者少，批评者众。二是这一命题的实践引导需要澄清，不仅对科学的引入与民主的建立会有不同针对，而且对善恶的政治功用有一个对接式的转向。这都不是在儒家思想范畴内可以简单加以化解的问题。换言之，即使不具体分析良知自我坎陷论之从黑格尔精神哲学转向康德一心二门的论证进路，也不论良知需不需要自我否定、是否能够成功自我否定、可不可以借助自我否定接通良知与民主和科学，牟宗三的论断已经很难让人直接认同民主开出论的论证进路。

导致这样的结果，一者，是因为牟氏论说在经验上必定难以验证。无论这样的验证是在非民主政制中表达的政治期待是否能够兑现的意义上，还是在民主转型中它如何呈现为一种行动逻辑，或是在民主转型完成后它给出了中国传统政制之转向民主政治的跟进性论证。实际上，牟氏的论说无法在这三种情况下给出彼此相宜的论证。二者，在于儒家与政治互动的历史已然表明，古代儒家圣王传统在早期历史上便戛然中断。后起儒家大多将之视为理想，与其说这样的理想引导或制约了中国古代实际政治，不如说它更多呈现为一种儒者的政治期待。三者，在经历现代儒家三代持续不断努力的情况下，致力接续圣王传统的尝试，不仅没有化解儒家的现代困境，而且根本看不出开出儒家式现代方案的希望——儒家总是处在气喘吁吁应对现代发展的新境况的僵局中，并没有华丽转身且占据引领现代发展先导者的位置。这将现代儒家与现代儒学始终固化在"学而现代化"的位置上。儒学并没有促成自身的现代突破，即不被现代牵引，而能够牵引现代的、真正的"现代"儒家与儒学。

为此，不能不深入一步追问，儒家与儒学致力证成的修己与治人贯通、内圣与外王顺接，究竟是一种现代处境中坚定持守的古代立场，还是一种可以在现实中实现的现代理想？如果说仅仅限于儒家传统范围内来讨论这个问题,由于它已经成为是否是儒家的基本判准,提出这样的问题,可能已经属于多余与冒犯——多余,就在于对儒家来讲,这是毋庸置疑的基本立场,哪还需要从问题是否成立的根底上去做颠覆性的审视;冒犯,就在于对不容置疑的儒家价值信念持守者而言,任何试图怀疑修己治人、内圣外王内在关联的人,那就是对儒家的大不敬,只能强烈谴责。

由于这样的分析困境,我们就不得不避免一种尚未展开讨论,即陷于价值对峙的困局。打开视野,从一种比较文明的进路来看待现代儒学坚守内圣外王的现代属性,可能是儒学与非儒家都能接受的一种路数。这可能是走出内圣外王证成僵局,并由外部经验引向一条开放审视内圣外王现代处境的进路?!

三、上帝与恺撒之分的启示

现代新儒家,尤其是熊门弟子顽强坚持内圣外王的直接贯通,其实是以一种捍卫前现代的价值姿态应对现代社会政治的精神需要。断言其是一种前现代的价值姿态,是因为在既成的政治经验史上,只有前现代才存在直接连通道德与政治、将两者做同一观的普适政治理想,并且为不同文明体系所实践。这不是一种内涵褒贬的说辞,仅仅是一种事实陈述。但儒学的这一论断,却不是反现代的说辞。相反,它是儒学应对现代挑战而建构的论说,因此是儒学现代转向的标志。将内圣与外王直接贯通,就此成为现代儒学,尤其是熊门师生捍卫的儒家基本立场。不过,在内圣外王合一的思路之外,逻辑上存在另一种思路,那就是内圣外王分立。如果说内圣外王直接贯通是儒家立场的标志,那么内圣与外王两分,是不是就成为非/反儒家的标志了呢?或者如现代新儒家认定的那样,儒家就不成其为儒家了呢?答案是否定的。从儒家的自身逻辑来讲,古代儒家处理内圣外王的逻辑与现代儒家处理相应命题的逻辑,在价值上看应该是一致的,但在进路上完全可以不同。所谓价值上一致,就是不分古代儒家与现代儒家,都无一例外地真切关注德性修养与政治统治的内在相关性。所谓进路不同,就是古代儒家采取的是一种刚性打通内圣与外王的方法,而对两者的差异、打通的方式、动态的进展,都缺乏实际考量,也缺少八目之每一目中止不前怎么办的复杂性思维。这正是"朱熹困境"出现的决定性导因。而现代新儒家以现代复杂性思维引导,注重八目从修己到治人的每一个环节的推进条件,尤其是牟宗三的

"良知坎陷说"命题,揭示了修己达于内圣,而如何可以转向治人之外王的决定性环节之复杂性或条件性。但他试图直接贯通内圣与外王的企图,与古代儒家并无二致。因此未能将现代处理修己与治人、内圣与外王关系的进路加以揭橥。

从比较文明的角度来看,曾经以完备性学说(comprehensive doctrines)作为统治基础的大型文明,在现代早期(early modern)都会经受一个严峻考验:如果能够将完备的宗教、哲学与道德学说和社会政治统治适度切割,彼此互动但不混同,是最有利于该文明的健康发展的;[1]如果完全无力将完备性学说与社会政治统治适度切割,该文明的现代发展就异常曲折,或者停滞不前,或者重建秩序而不得,或者陷入反现代的泥淖。在这一划分古代文明现代突破的分界线面前,西方社会放弃中世界的政教合一尝试,适度分立政治与宗教,率先实现现代突破,从而成为人类开创现代世界的先导者。儒家文明尝试适应现代,明显助推古代中华文明的现代转向,但因为顽强坚持政治与教化合一的古代立场,现代转变一波三折,前路漫漫。

从比较文明的角度来看,西方的现代经验值得高度重视。西方的经验当然不是全人类都该机械效仿,而不能创造性发展的自足经验。但西方现代转变是所有古代文明现代转变唯一成功的经验。因此它的示范性毋庸置疑。其他所有文明形态的现代转变理所当然地是各自文明自身发展的结果,绝对不是机械模仿西方的产物。但缺乏西方现代参照的非西方社会,恐怕很难清楚现代之为现代的基本要领。基于此,从政教关系上缕述西方经验的必要性便呈现出来。在现代早期,基督教社会出现了三种不同于中世纪政教关系的主张:一是激进的政教分离,二是保守的政教分立,三是调和

---

[1] 这是一个将约翰·罗尔斯在《政治自由主义》一书中的重要命题挪用来扩展解释古今文明史的态势。但挪用是有理据的,因为在现代早期阶段,世界范围内的重要文明体系都遭遇了政治与宗教、哲学和道德分立的难题。西方力拔头筹,建构起让社会各要素分别发挥其功能的社会新结构。罗尔斯则在当代多元文化社会的背景中,从政治哲学上对之进行了自觉论证和辩护。参见氏著《政治自由主义》,万俊人译,译林出版社 2000 年版,导论,第 4~16 页。另外,此处的"文明"一词,不是相对于野蛮而言的,而是相对于一个庞大集群的历史文化生活积淀而言的辞藻。

的政教整合;[1]历经长期磨合,在成熟现代(mature modern)阶段,终于落定在政教分立的现代政制平台上。这样一个分道扬镳的长期疏离过程,与内在互动的制约结构的浮现同时并立,相比于中世纪出现了显见的结构性变化。但这一变化既没有改变基督教的宗教性质与政治关怀,也没有改变世俗政治受制于宗教组织的约束或影响。根本的不同,仅仅体现在宗教不再试图控制世俗政治,而世俗政权也不再试图控制宗教组织。两者一方面相安无事、各行其道。另一方面相互监督,紧盯双方越出轨道:必须在世俗法律的控制下防止宗教成为邪教,堕入违法犯罪深渊;同时必须在教会等社会力量的监督下,保证国家权力的公权公用。现代世界史已经显示,这对基督宗教的现代发展有利无害,同时对世俗权力的合理化利大弊小。

这中间当然付出了极大的历史代价:在政治思想史上,长期的"双剑论"之争,在极化主张上,政教合一之合一于教,政教合一之合一于政,都未能实现其各自的预期目标。历史越过千年,终于才发现相互疏离、各自归位、积极互动,方为正途。与此同时,在现代政制建构史上,基督教会尝试自身管理,以及试图控制王权的时候,逐渐摸索出一套极为有利于现代国家发展的立宪体制。教会代表大会、神职人员的选举制度、神职人员的科层建构,对现代国家的兴起发挥了指引作用。相应地,世俗权力在与神权争夺权柄的时候,也逐渐将自身纳入一个相对规范的政制体系之中——封建制度不仅成为世俗政制分权制衡机制的现实推手,而且也成为权力科层建制的实践结构。在政治与宗教两种精神与力量试图控制对方而不得,双方的边界反倒日益鲜明地凸显出来。于是,政教各归其位,就成为"双剑论"争端的最后结局。

政教之争对教权的世俗化规训,政教之争对王权的制度化驯服,构成

---

[1] 有论者特别强调基督教会与世俗政权的关系,不能用政教分离来定位,而只能用政教分立来确认。这是有道理的说法。但完全否认政治与宗教作为现代社会两种要素的分离,恐怕也无法解释清楚两者何以分立。分立肯定是以适度的分离为前提条件的。分离并不等于完全的分开。但现代社会诸要素,大致是分析的分离或分立,在实际发挥各自的作用时都是交错存在、相互影响的。关键在于,宗教与政治的分流而为,构成了一种不同于古代的政制体系。正如论者指出的:"文化领导权与政治权力之间的相互独立性,是产生西方文化的自由而充满活力的活动的主要因素之一。……个体精神的首创性(the spiritual initiative)都逐渐被具体化为一种团体制度,这种团体制度也必然成为一场新的传播运动的核心。"(克里斯托弗·道森:《宗教与西方文化的兴起》,长川某译,四川人民出版社1989年版,第11页)

"双剑论"引导的政权与教权竞争同时塑造权力的两个界面。[1]西方中世纪并没有彻底完成上帝与恺撒分流而为的结构性创制任务。在古代和中世纪那个绵长的时代,上帝与恺撒、教权与王权、宗教与政治,谁也吃不掉谁,但谁也离不开谁。因此,双方不得不接受一种你中有我、我中有你的磨合建制:一方面,一方努力限制另一方,甚至试图吃掉另一方,不过这是绝对做不到的事情。因为双方各有其社会依托和建制基础,控制与反控制的均衡状态很难彻底打破。另一方面,一方又不得不依托于另一方以显示自己的必要与重要。这种依托关系,只能在相互磨合中让各自表现出必要的克制,承诺对方在社会政治建制中发挥其不同效用。因此,一种多元治理的社会政治结构逐渐萌生,并展露其轮廓。[2]但促成两者合理分立机制的正式降生,并不是古代中世纪的社会政治成就,这个时段中两者间的依赖与斗争,不过为两者的现代分立奠定了基础而已。

很显然,上帝与恺撒真正有效的分立,是一个标准的现代事件。这一方面与现代精神世界的浮现紧密相关。另一方面则与促成现代社会结构的诸因素内在连接在一起。这两者都不是古代与中世纪可能提供给人类社会的成品,而是现代社会突破的结果。从前者看,与上帝先定一切的神造世界观根本不同,现代西方哲学不管是经验主义,还是理性主义,都主张疏离上帝、聚焦于人对客观世界的认识。在上帝与现实物质世界之间,西方哲学的康德命题完全呈现出现代的精神意向:此岸与彼岸相对而在,人类致力于是对此岸世界的理性辨析,而对彼岸世界保持礼敬的态度,两者相安无事。但毫无疑问,这样的主张将上帝先定世界的说法彻底终结掉了。更为重要的是,科学的强势崛起,完全改写了人们的世界认知——不仅人类对物质世界认识的来源不再是上帝,而且人类对物质世界的认知和重塑能力也因之呈现出来。科学与技术的联姻,极大地改变了古代与中世纪塑造出来的那个既有世界。就后者论,促成现代社会浮现出来的两种动力强有力地推动着社会的跃迁。一者是现代国家权力结构的浮现。在"人为自己立法"大背景下

---

[1] 王亚平:《权力之争——中世纪西欧的君权与教权》,人民出版社1995年版,导论,第1~6页。

[2] 魏特夫曾经以多元治理和专制统治的比较分析,来定位东西方的政治特质。尽管这样的分析不太为东方学者接受,但不妨作为一种参照性的分析结论,聊备一说。参见卡尔·A.魏特夫:《东方专制主义:对极权力量的比较研究》,徐世谷等译,中国社会科学出版社1989年版,1957年、1962年、1981年版导论、序言及前言,第11~58页。

的理性政治与法权建构,凸显了从本质上不同于古代与中世纪的立宪民主制。权力的神授被人民的赋权所取代,权力的独断被分权的民主所终结,权力的自闭延续被权力的激烈党争所限制,权力的政治化被权力的社会化所重塑。这些变化,在前现代社会都有一定积累,但都只能轮廓鲜明地出现在现代社会。二者,则与世俗物质力量的相互作用,促成社会要素的急遽分化,强有力地塑造出一个不同于古代社会的现代社会。这类物质力量,一方面与科学技术提供给物质生产的动力具有密切关系,另一方面则与市场经济的兴起紧密相关。企业组织的勃然生长、工业社会的强劲崛起、契约精神的普遍流播、创新意欲的强势浮现,有力地推动现代社会作别古代社会。而进一步的社会要素分化,也就成为西方社会在世界范围内赢得竞争先机的强大动力。"西方社会的经济权力从政治权力中心分散出去——过去在大部分社会中经济权力寓于政治权力中心——对于技术实验的多样复杂性是不可缺少的,经济通过实验把经济上有用的同经济上不能利用的科学发现区别开来。经济权力分散出去还有助于维持一个显著高度发达的基础科研组织,使广泛的多样性研究机构分散,这些机构相对来说不受政治的干预和控制,而且依然——不如说,因此——产生了一个有关我们世界的日益发展的内聚知识宝库。"[1]这是政教分立之后,现代西方国家的诸社会要素进一步分立及其效能的体现。分立的诸社会要素,并没有因此丧失它们各自发挥其社会功能的本质特征,但在分立基础上的有效互动,成为现代社会在西方率先成熟和持续发展的强有力保障。

西方现代社会自然不是终极性典范。而且,西方社会的自身运动仍然处在复杂的动态发展进程中,18世纪启蒙运动以来的主调是"理性祛除巫魅",但也间或浮现宗教复魅运动的社会镜像,不过社会要素分化的总体结构并没有出现逆转。这证明社会要素的分化,确实是现代社会发展的一个重要标志。

四、内圣外王分流与儒家的现代突破

在西方社会呈现现代社会的轮廓以后,其他地域的社会势不可免地受

---

[1] 罗森堡·小伯泽尔:《西方致富之路——工业化国家的经济演变》,刘赛力等译,三联书店1989年版,第381页。

到极大冲击——这种冲击,一方面固然与西方社会的侵略性相关,另一方面则与非西方社会谋求现代出路相关。在这种双重引力面前,面对西方社会,世界其他国家显现出两种基本姿态:一是顽强地抗拒,二是尽力地接纳。作为后起现代国家的中国,在一种"中体西用"精神的驱动下,乐意接纳现代西方文明。但即便儒家中国乐意接纳以民主和科学认受下来的西方现代文明,其现代自我更新历经艰辛,却仍然在路上。

儒家面对现代转变所做出的巨大努力,已经由现代新儒家代不乏人地呈现出来。但从总体上讲,儒家的现代转向(the modern turn)远未展现出现代突破(the modern breakthrough)。相对而言,现代转向,乃是一种面对现代转折而积极面对的态度与意向,这是一种致力适应现代和尝试对接传统与现代的态势。现代突破,则是指积极面对现代转折进行有效谋划,而真正进入现代天地,实现了现代建构目标,展现了现代价值、制度与生活实践的现实状态。所谓儒家的现代转向,在现代儒家的学理建构上,主要呈现为三种状态:一是为儒家的古代自洽性进行知识再阐释,这主要体现为一种凸显儒学自足性,甚至圆足性的尝试。当这类尝试自认成功的时候,鼓舞了现代儒学站在自身的古代价值立场上疏离源自西方社会的现代价值。"古已有之"是其思维的基本特点。二是为儒家的现代功用进行强有力的价值辩护与制度重整。现代儒学强调指出,儒家并不与现代相矛盾和冲突。因此,儒家完全可以与现代价值、制度与生活实践上无缝对接,甚至完全可以创制克服西方原生现代社会一切弊端的完美现代社会。三是处在现代转变的长过程之中持续地为儒家的现代性提供花样翻新的理论阐释。这是儒家自认不输给西方社会,完全能自主谋划现代的精神支撑。因此,现代儒学建构总是展现出优先区分与西方不同的儒家现代,然后同样可以实现西方式现代目标的论说进路。其实这不过是另一种形式的模仿而已,因为作为比较对象的西方,早已潜蛰在儒学试图证成的目标之中了。但必须承认,这些尝试,无疑为儒家呈现出某种"现代"特性提供了依据。

不过,这远不能充分展现儒家在现代的突破能力,最多只能呈现儒家的现代顺应性即与现代不相矛盾和冲突的现代转向能力。现代儒家之能相对自如展现现代转向,是儒家还存在活力的表现。因此它绝对不是"博物馆中的遗存"。但这些尝试,只能体现处于现代时限范围内努力寻求出路的现代转向,没有真正体现出儒学创制现代而必须呈现的现代突破。儒学的现代转向与现代突破是两种大不相同的状态:前者是为儒学建构现代形态进行的必要准备,后者才是儒学呈现现代样式的结果情形;前者是处在现代时限范围内所有从事儒学研究的人都可以呈现的特征,后者仅仅限于极少数能够赋予儒学现代品质的学者;前者持守的是古代儒学的价值与知识立场,后者建构的才是真正具有"现代"规范意义的儒学体系。前者并不直接通向社会政治实践领域,而后者一定需要在社会实践领域展现其现实性品格。尽管两者具有如此巨大的差异,但前者为后者奠基,后者是前者的实现。如果缺乏现代转向的意欲,现代突破根本就不可能出现;同样,如果没有实现现代突破,现代转向就会转得人"晕头转向",失去转向的愿景与目标。

现代儒学及其批评者几乎是不约而同地认定,儒家是否能够建构起现代形态,决定于它是否能够接纳民主与科学。这是对处在现代转向状态的儒学建构,在主题上做出的归纳。[1] 但接纳民主与科学,并不见得就能成为儒家实现现代突破的标志。儒家的现代突破,必须将民主与科学作为儒家的主流价值,内置于儒学思想体系之中,而不是悬挂于儒家思想体外,作为被动承接的现代精神而勉强忍受。其实,分析起来,儒家真正需要经历的现代考验,不是要不要承接民主与科学的问题,也不是如何承接或如何从儒家传统中开出民主与科学的问题,更不是儒学如何在承接民主与科学的同时就超越西方相关成就的问题,这都是从现代性的物化成就上做出的取舍或考量。如果将思路引向现代性的深处,真正考验儒学是否能够成功地实现现代突破的决定性指标,是如何将道德与政治有效分立的问题。[2]

要不要民主与科学,只是一个接纳还是拒斥现代的态度问题;如何承接民主与科学的问题,也还仅仅是一个接受或拒斥现代的学理问题。要想深入现代堂奥,就得追问:现代的基本结构究竟是一个崭新结构? 或是一个可以将之裁剪后纳入传统的结构? 答案明显倾向于前者。事实上,唯有承诺社会诸要素高度分流的现代结构,那才是一种真正承接现代的恰切进路。倘若只是在现代诸要素中拣选一二令人羡慕的果实,那其实是一种表面接

---

[1] 现代新儒家,尤其是港台海外新儒家,最典型是熊门师生,大致都将民主与科学作为"现代"儒学特质凸显而出的两个支点。这证明上述归纳者是有根据的言说,也证明现代儒学尤其是熊门师生之学,确实对儒学的现代转向有一种学理自觉。

[2] 这是政治学界将马基雅维里之切割政治与道德作为他先开现代大幕的创始者的首要原因。政治与宗教、道德的混一,是构成古代政治的观念基础。唯有让宗教与道德为政治腾出地盘,政治的限权体制才能浮出水面。参见迈克尔·怀特:《马基雅维里——一个被误解的人》,周春生译,东北师范大学出版社2008年版,第189~201页。

受现代、实质拒斥现代的投机做法。按照这一思维逻辑,人们须知,现代儒学将内圣与外王紧密勾连,其实是一种面对现代欲迎还拒的进路。致力阐释内圣如何直接通向外王,是一种拒绝将政治与道德因素适度分离,并且让二者恰当分立与整合的古代态度。这样的主张越强烈,越证明儒家抗拒社会要素分流而为的现代潮流越自觉和越顽强。将内圣与外王分立,乃是一个如同西方社会政教分离—分立与整合的社会重构问题,也是一个从传统走向现代的深度难题。[1] 在西方,政治与宗教的分离—分立与整合,源自千百年的政治正当性论争和合法性争夺。在中国,政治与道德的分离—分立与整合,则源自千百年政治对道德的利用和道德对政治驯化的失败。西方的政教分立之成为现代国家的典范性结构,证明它的合理性高于混同二者的西方古代结构与东方社会结构。站在现代立场上讲,将政治与宗教、道德统合的思维,呈现出典型的古代思维的基本特点。[2] 而将社会诸要素分立后加以整合的思维,则是现代思维的特质。统合思维对思维诸对象的区分要求不高,整合思维对思维对象的区分诉求则非常自觉和强烈。儒学需要过思维方式革命的现代大关,才能合理谋划自己的现代突破方案。

比较而言,从难度上讲,政治权力与道德教化的分离—分立难度明显高于政治与宗教的分离—分立难度。原因在于,在诸社会要素中,政治与宗教的疏离更早,距离更大。而政治与道德的纠缠更紧,距离较近。政治与宗教的边际界限之相对清晰,从结构上讲,是因为宗教诉诸的神圣力量与政治诉诸的人间力量不同,宗教求诸神的裁决与政治追求的执掌权力有异,宗教依赖于教会组织维持和扩展与政治依赖于科层结构延续迥别,宗教仰赖教徒信仰与政治仰赖成员利益取向异趣。从历史经验上看,宗教与政治的差异

---

[1] 这里似乎假设了一个传统与现代二元对立的结论:不走出传统,就走不进现代。这是需要辨析的。在传统与现代的历史演进过程中,二者是无法断然分割开来对待的。但倘若需要在诸社会要素相对混同作用的传统社会与诸社会要素日益分化的现代社会之间,画出一条分界线,那么,二者确实不能以一种顺流而下、波澜不惊的连贯性视之,而必须以两种不同类型的社会来区隔。

[2] 在1980年代的文化热中,有论者引用法国著名人类学家列维·布留尔的说法,将中国古代的思维方式归于一种原始思维。后来的批评者认为这是对古人的大不敬。其实,思维方式的现代突破,即便在现代思维方式奠基者西方人那里,也是晚近理性哲学建构的结果。论者完全没有必要以民族自尊心为由拒绝反思自己民族思维的优势与缺陷。参见列维·布留尔:《原始思维》,丁由译,商务印书馆1981年版,作者给俄文版的序,第1~3页。

性辨别与一定程度的分化,是上古时期各文明都程度不同出现过的历史事件。即便在西方经历了中世纪那种政教合一的特殊时期,政治也没有被宗教吞噬,而呈现为一种宗教与政治拉锯战的样式。

政治与道德教化的分立难度相对较高。原因在于,政治与道德的边界更模糊化,两者的内嵌紧密度更高,而且人们更容易拒绝区分两者的实质性界限。从理论上讲,政治需要道德给出规范,否则政治就会陷入滥权的深渊;道德需要政治来呈现底线秩序,以保证德福一致的机制不至于彻底崩坏。因此,两种社会要素在观念史上属于无法断裂的孪生子关系。在实际生活中,不同政治处境的人群对之还有一种趋同:当权者试图由此正当化手中的权力,以便长期控制权力;普通民众试图由此捍卫权利的公正性,保有剥夺权力的理由。在儒家中国的历史记录中,政治与教化的内在勾连甚至合一努力,是其思想书写中最浓墨重彩的一笔。两者合一是其擅长,两者分立为其陌生。

在现代思想史上,人们总是从社会政治态度上判断儒家之传统与现代的分野。现代新儒家之新,就在于克尽一切努力而尝试在儒家传统中开出民主与科学。人们为这种尝试的现代意欲所感动。因此遮蔽了这种准现代性理念或旨在实现现代转向的尝试中掩蔽着的反"现代"立场。真正意义上的"现代"新儒家,应当是对现代裂变具有自觉接纳意识和努力付诸政治实践尝试的儒家,而不是将之纳入古代传统之中的儒家。更为关键的是,不是去儒家传统中尽力离析现代性这类形式上与现代亲和的思想遗产,而是在现代转向的基点上,对儒家传统自觉加以"损益":损的是政治与道德两种要素的直接贯通,益的是政治与道德各入其轨。由此将现代社会诸要素推入各自的轨道,促成一个社会诸要素健康发挥其效用的社会机制。这是在传统范围内的思维绝对无法做到的事情,这也才是儒家可能真正实现其现代突破的基本标志。

从儒家传统修己治人的思想结构上分析,在现代社会中,三纲八目那种依序递进的理想追求仍然是重要的。但在秩序连接机制上,需要对每一环节的构成与效用,每一环节向下一环节的递进及其机制,进行中断性与连贯性同在的复杂分析。这就需要同时承诺两个领域中分别做功和达成一致的双重事务:分别做功,需要承诺社会自治领域与国家权力领域的不同;达成一致,需要修己之功以个体形式呈现公共生活中的自治效能,而治人之功以公共形式呈现民主生活中的法治功能。换言之,修己之功必须限于个人——

社会领域,治人之功必须纳入政治领域。就"三纲"说,在明明德与止于至善之间的新民,插入民自我趋新和政治新民的两种不同力量,从而将之切割为社会自治与法律主治的两个治理领域。就"八目"说,格致诚正修齐治平,需要在修身处分化出自我修身与促人修身的两个问题,将前者留给修己的自我治理,将后者分给修己的公共事务。前者是一种"我善养吾浩然之气"[1]的个体功夫,后者是一种处在公共世界中的成员之间就修身发生的互动。前者受个体境界引导,道德修为的高下差异非常明显;后者受寻求集体行动的不同个体的共同性约束,道德的规则要求趋近于一致。前者保有"独与天地精神相往来"[2]的自由,后者留下同受道德规范和政治规则制约的余地,为立宪民主的国家建构保有空间。如此,修己与治人的分流而为,才成为可能。这也就为儒学开启现代天地预制了空间与路径。

一种决绝地捍卫内圣外王贯通的思路,并不见得就能在现代处境中成功守护传统儒家与儒学的地盘。因为这样的守护,包含着不为儒家与儒学自觉意识到的风险性。内圣外王直贯可能引发的社会政治风险有两个:一是自限于崇尚哲学王的英雄主义期盼,[3]二是漠视社会领域中个体限于独善其身的自治。就前者讲,儒学并没有直接将三纲八目的修己治人之学宥限于哲学王的狭隘范围,而是向所有人敞开了从修己到治人的广阔实践空间。但在实际生活中,大多数人并没有那种打通修己与治人通道的能力,也没有在治人的领域中通向治国平天下境界的契机。古往今来,只有极少数人能够打通修己与治人的通道,而其中又仅有罕见的少数人可以臻于圣贤的境界。儒家自己所认可的圣王,那就更是凤毛麟角,这在儒家道统说中所列人数上可以得到佐证。于是,三纲八目对所有人做出的递进性理想设计,不过只能成为极少数人能实现的终极目标。其价值、其结果,让普通人难以领承和实践。这就将平民主义的理想表述僵化地限定在极端精英的实践范围内,这就戕害了儒家的道德理想主义。一旦这样的实践模式被掌握最高统治权的人所利用,成为统治工具,儒家之成为权力的工具就势不可免,进而成为极权的工具也就在意料之中。

---

[1] 《孟子·公孙丑上》。

[2] 《庄子·天下》。

[3] 牟宗三明确指出:"中国哲学是从这个通孔开始,就是尧、舜、禹、汤、文、武、周公这些人物所表现的,这些人是圣王,都是 philosopher king。"见氏著《中国哲学十九讲》,上海古籍出版社1997年版,第14页。

内圣的归内圣,外王的归外王:儒学的现代突破

从后者看,由于儒家的三纲八目设计展现的是从修己到治人的当然进程,哪怕八目中缺少任何一个环节,都殊难成就儒家道德实践的基本目标。其实,大多数情况下,人们的道德实践大致限于修己,修己的境界达到遵守公共规则的阶段或程度,在现代社会就已经很令人满意了。这符合一个国家与社会相形而在的现代结构之常理。如果一定要将一个社会领域的修己行为推进到政治领域的治人阶段,换言之,强行将追求自治与合作共治的"社会人"铸造成争权夺利以实现宏伟目标的"政治人",那么,混同社会自治逻辑与国家权力统治逻辑的结果,就会催生一种双输的结局:既伤害社会领域的修己,又扰乱政治领域的治人。因为道德的修己无法自然通向限权思维和权力制衡机制,而哲学王的治理绝对超越法治的限制与众人的意愿。结果,让儒家的内圣外王之学,成为典型的权力哲学,而无法开出权利哲学。内圣与外王的互伤,会因此成为可悲的现实。

内圣与外王的分离性运行,是否会造成另一种两伤的悲壮结局呢?这样的提问,潜存两个相关的问题:一是内圣失去了外王的现实呈现,是否会成为单纯个人的道德修为,让人无法介入社会政治世界的事务?二是外王失去了内圣的规约,会不会成为赤裸裸的权力争斗,而无法将政治约束在德性规则之下,并臻至"博施济众、老安少怀"[1]的外王最高境界呢?结果造成内圣不成其为内圣,外王不成其为外王的两败俱伤。这是一种必要的担忧。试图避免这种两败俱伤的局面,必须保有一些重要条件,才能够奏效。在相关条件中,最为重要的是依托于社会自治的修己功夫,为国家提供高位的道德限制规范;而国家权力直接受制于权力分立制衡设计的同时,受制于社会领域的德性氛围压力。这不仅让儒学的古典原则成功转变成有效规范和限制国家权力的"现代"原则,而且将儒学混同道德与政治的思路在实质上转变为现代的社会要素之分流性结构。这是一种类似于"上帝的归上帝,恺撒的归恺撒"的现代社会机制,是一种"内圣的归内圣,外王的归外王"的现代儒家新机制,也是儒家真正实现现代突破的首要标志。

---

[1] 《论语·雍也》。

附录一

"社会儒学与儒学的多元开展"学术研讨会综述[*]

林晓媚

2018年3月9—11日,由厦门大学哲学系、山东省社科院文化所、中国人民大学国学院、厦门大学朱子学研究创新团队主办,厦门大学哲学系承办的"社会儒学与儒学的多元开展"学术研讨会在厦门大学召开。来自国内部分高校和科研院所的26位专家学者受邀参加了此次会议。与会者主要就社会儒学概念的内涵、社会儒学与其他儒学形态的关系、社会儒学在儒学多元发展中的重要意义等问题展开了具体而深入的探讨。本次会议的成果代表了社会儒学研究的最新进展,体现出儒学研究自觉适应现代化发展的理论进路和实践方向。

一、社会儒学的理论进路

近十年来,社会儒学作为一种新型儒学形态被提出来,在不断的学术争鸣中得以阐发和推进。其倡导者如何在认识的差异中达成共识,继续推动社会儒学研究的发展,这是很多与会学者关注的论题。

社会儒学概念的界定建立在对"社会"的理解基础上。厦门大学谢晓东教授立足于现代性的视角,以本质向度为内在依据,从时间和空间两个重要向度对社会儒学概念作了进一步阐释。他指出,从本质向度看,基于政治国家与市民社会的二元区分,社会儒学是对儒学与自由主义关系的一种特殊处理方式;从时间上看,社会儒学既是一种现代的儒学形态,也是一种未来的儒学形态;从空间上看,社会儒学是一种以全球社会为存在与发展途径的

---

[*] 作者系厦门大学哲学系博士研究生。本文发表于《哲学动态》2018年第9期。

儒学形态。山东大学儒学高等研究院黄玉顺教授与谢晓东商榷,对后者代表性论文《"社会儒学"何以可能》中的"社会"概念作了三种区分:一是泛指的"人类社会",二是特指的现代社会,三是专指的现代社会之中的市民社会。他进而指出社会儒学是以后面两种意义的"社会"为对象的儒学,而按照第二种概念的理解,"社会"不仅是指"市民社会",还应当涵盖政治社会、经济社会。同时,黄玉顺教授还尝试厘定社会儒学与生活儒学的关系,使二者形成对话的可能。山东社科院国际儒学研究与交流中心助理研究员郭萍则基于严复《群己权界论》的分析,对不同层面的"群己权界"做出了必要的澄清,指出"群"具有四种不同的指称,分别是广义的人类社会、国群、与政治国家相分离的市民社会、政治国家,并认为谢晓东等学者所倡导的社会儒学之"社会",即一种与狭义的政治国家构成二元分立的市民社会。

社会儒学研究必须处理"社会儒学"与"儒学"的关系。山东社科院文化所涂可国研究员关注儒学的系统化建构,认为儒家并不排斥法治,从而就社会儒学的"非政治化"问题提出质疑。他认为,社会儒学应当关注广义化的、社会化的治道,并能将思维的触角伸向政治生活领域,融儒家政治哲学或政治儒学所蕴含的德治论和法治论于一身。苏州大学周可真教授对此有不同的看法,他从管理哲学的视域讨论了"儒学"和"群"的概念,并区分了社会儒学与政治儒学之不同,认为社会儒学是关于现代新儒家的组织理论或组织学的"群论",政治儒学是关于现代新儒家的国家治理理论或国家治理学的"治论"。对于社会儒学"非政治化"的相关质疑,谢晓东教授作了回应,指出"非政治化",就是把政治层面交给民主制度及其框架,或者说社会儒学能够不依赖于政治国家而独立发展。

二、社会儒学的实践方向

社会儒学注重人伦日用,同时关切与其他儒学形态之间的联系。正如中国人民大学韩星教授认为"乡村儒学"属于"社会儒学"的范畴,同时还强调社会儒学应抓住儒学复兴的时代机遇,拓展城镇社区儒学这片新领域。陕西师范大学资深教授刘学智在宋明理学视域下对《吕氏乡约》进行考察,认为虽然乡约经历了张载关学、朱子性理学和阳明心学三个不同时期的发展而有所不同,但其一以贯之的精神都是通过一定的民间组织进行社会道德教化和实现乡村自治,并指出社会儒学应当借鉴和吸收《吕氏乡约》的实

践经验,发掘其超越性的意义和价值,进行乡约的现代转化。中国社会科学院世界宗教研究所赵法生副研究员通过研究传统乡土文化,提出在乡村建构儒学讲堂、公共祠堂和民间道堂三堂合一的教化体系构想,可为乡土文明重建提供一条可资借鉴的路径。上海大学朱承教授着重探讨了儒家"君子"观念在现代公共生活中的意义,指出儒家"君子"观念具有导向性、规范性、评价性三重意义,并且这三重意义集中指向于人的道德水平,而随着时代的变革,"君子"这一符号所包含的内容还将增加现代性的精神与价值因素,如民主、科学、自由、平等、公正、法治等现代性观念。南开大学卢兴副教授在对梁漱溟个案研究的基础上,进一步对传统儒家思想与协商民主之间的关系问题展开思考。他认为,与西方功利主义相比,儒家价值观更有利于培养全体成员的公共意识,促使个体从自我私立的狭隘视域超拔出来,着眼于争取社会整体的共同利益,从而探索出更富有民族特色和时代精神的民主形态。上海大学袁晓晶副教授则从儒家教化入手,认为社会儒学的建构最重要的途径就是普遍化的儒学教化。她指出,心性儒学的教化倾向于内在的精神教化,政治儒学的教化倾向于外在的知识教化,而社会儒学的教化则是介于二者之间并沟通内外的一种普遍教化。

三、社会儒学与儒学转型

重新审视儒学现代转型的历史进程,对发挥传统儒学的现代价值和实现儒学的创新性发展具有重要意义。华东师范大学杨国荣教授基于儒学自身走向的思考,重点阐述了儒学的内核及其多向度展开,认为儒学之为儒学的根本,体现于仁和礼的统一。杨国荣教授指出,儒学的内核与多重展开,构成了一个综合性的文化观念系统,我们不能因为儒家中的某些人物侧重于某一方面而将儒学归结为某一方面,导致儒学本身的片面化。相对于整全式的儒学,华东师范大学方旭东教授提出分析的儒学,强调"分析"和康德式的"批判",反对不加以分析与反思的原教旨儒学。他认为,分析的儒学通过甄别儒学的基本价值,以"创化"的方式自觉运用儒家的"大经大法"来回应全球范围的现代化大趋势。

重塑内圣外王之道是推动现代儒学创造性转化的关键。清华大学任剑涛教授详细分析了牟宗三的良知坎陷说,认为牟宗三的理论论证并没有突破传统儒学中内圣外王的直接贯通,进而从政治实践和既成经验的角度出发,提出"内圣的归内圣,外王的归外王"应当是儒学完成道德与政治分流运行之现代蜕变的突破标志。复旦大学徐波以刘蕺山《人谱》为中心,细致剖析了幽暗意识、超越意识与内圣外王的关系。他指出,张灏对《人谱》的研究由幽暗意识和超越意识两方面入手,强调儒家经世致用的外王之学应放回到天道宇宙观下,超越现实政治生活的"心灵秩序"亦即内圣之学中一并思考。

社会儒学建构不限定于"社会",而致力于在儒学传统中安放个体自由。南昌大学张新国从思想机制的基本元素考量,认为自由主义的个体主义与儒家本体论的性善说的接榫,可以为社会儒学何以可能提供形而上学基础。华侨大学杨虎反思了儒学现代转型的现状,认为在现代生活语境中,建构社会儒学的先行观念,既要体现"儒学传统",又要走出"传统儒学",避免原教旨主义的倾向。

社会儒学是儒学多元开展中的一个新视角,而儒学的多元开展也为社会儒学的发生和发展提供了条件。社会儒学内部多元一体的展开,保持着儒学本身的真实特性和创新活力,推动了儒学的复兴和重建。此次"社会儒学与儒学的多元开展"学术研讨会,气氛热烈,讨论深入,取得了预期的成果,一定程度上促进了社会儒学研究的深化,对于儒学的现代转型也起到了应有的推动作用。

附录二

社会儒学三人谈*

韩 星 涂可国 谢晓东

时　　间:2018年3月11日上午9～12时
地　　点:厦门大学逸夫楼一楼咖啡厅
嘉　　宾:中国人民大学国学院教授/韩星
　　　　　山东社科院文化所研究员/涂可国
　　　　　厦门大学哲学系教授/谢晓东
参与人:上海大学哲学系副教授/袁晓晶博士
　　　　　复旦大学哲学学院讲师/徐波博士
　　　　　南昌大学哲学系讲师/张新国博士
主持人:华东师范大学哲学系教授/方旭东

方旭东(以下简称方):受谢晓东邀请,我今天来帮大家串一下。这是一个社会儒学沙龙,主要是你们(韩星、涂可国、谢晓东)三人谈,当然也有邀请美女和帅哥,阵容也非常强大。我是按照央视的模式来弄(笑),你们是明星嘉宾。晓东这个创意很好。昨天开了一天会,有些东西没办法聚焦,所以今天这个机会正好,就你们提出的社会儒学,或者至少有认同的(共同来探讨)。今天大概是这样的,(首先)我相当于提问者,会有一些基本的提问。第二部分是(你们)各自对社会儒学都有自己的理解。虽然昨天有一些叙述,但今天还应有一个比较简略的再陈述。在这个基础之上,我也好,在座的听众也好,还可提问题。所以,第一部分是关于社会儒学的基本认知,第

---

*　本文记录和整理者全林强、林晓媚系厦门大学哲学系中国哲学专业2017级博士研究生。

二部分是就我对社会儒学作为一个外者,我的一些疑问,给你们提一些共同的问题。最后一个部分是自由讨论。今天时间比较紧张,我们能够把前面两个部分完成就比较好了。现在就开始第一部分。第一部分因为大家都讲社会儒学,所以待会各自表述一下,就是你们讲的社会儒学,因为从关键词上来讲,一个是社会,一个是儒家。首先,你们对"儒学"的理解是什么?儒学是什么,或不是什么?我想更多可能讲的是"不是什么"。另外一个是"社会","社会"也是一个比较充满歧义的词。合起来就是社会加儒学,变成"社会儒学"。你们认为这个社会儒学是什么,不是什么?长幼有序,我们用非常儒学的方式展开,现在从韩老师开始。

一、儒学、社会与社会儒学

韩星(以下简称韩):对于儒学,大家都有一些基本的认识:(1)以孔子为宗师;(2)称颂尧舜、效法文武、憧憬圣人为王的三代之治;(3)宣扬仁义道德;(4)主张社会教化;(5)以四书五经作为学习和遵循的基本经典;(6)由先秦原始儒家,经汉唐宋明,到现代新儒家等等。这是我们学界大致的共识。现今儒学发展就像中国传统文化的复兴一样,呈现出明显的多元格局。从整体来讲,这个社会儒学也是多元儒学展开过程中的一元而已。我们三个昨天说了,大家其实对概念的提出也是相对不约而同的,当然现在不一定追求是谁有发明权。我记得我最早写这个论文(《社会儒学——儒学的现代转型与复兴之路》)的时候,是2009年,主要是应霍韬晦先生之邀,参加了香港法住文化书院主办的"百年儒学"学术研讨会。[1]霍韬晦先生受业于唐君毅、牟宗三两位儒学大师,可以称得上是现代新儒家第四代传人。他原来在香港中文大学做教授,讲授中西哲学、佛学超过20年。1982年创立法住学会,1987年创立法住文化书院,进而办成了一套包括学会、书院、出版社、书店等方面的文化教育传播体系。我曾经写过一篇《港台后新儒家的基本转向之一——记霍韬晦教授及其法住文化》,对霍韬晦教授做过介绍,我觉得他做的就是社会教化事业,而且在现代环境下,由香港起步,波及新加坡、马

---

[1] 2009年11月12—14日,韩星教授在广东省肇庆抱绿山庄参加由香港法住文化书院主办、武汉大学孔子与儒学研究中心、新加坡南洋孔教会、新加坡东亚人文研究所协办的"百年儒学"学术研讨会,发表论文《社会儒学——儒学的现代转型与复兴之路》。

来西亚，包括中国大陆等地，产生了广泛影响。2009年，他组织那个会叫"百年儒学"，探讨百年来中国儒学的发展。我提交了一篇论文（《社会儒学——儒学的现代转型与复兴之路》）。我当时感觉霍先生做的这一套就类似于一种社会儒学。所以就以社会儒学为题，把这一问题作了澄清。当然我主要是从思想史角度写的，因为我的专业是中国思想史，考察了这种社会儒学在中国历史上有没有？如果有，是什么状况？怎么展开，等等。这就回答了昨天有一位老师在会上提出的问题：社会儒学是不是一种历史存在？我觉得是一种历史存在。只不过在历史上的儒学没有像我们现在明确地用"社会儒学"这个概念来给它一个明确界定，但是历史上确实有。"社会儒学"的概念是把"儒学"和"社会"结合起来讲的，重心是"社会"。当然，在中国古代也有"社会"这个词，但是跟我们现在这种"社会"观念不一样，与今天"社会"概念更接近的则是传统儒家的"群"这个概念。

我写这篇文章也是受到政治儒学的影响，当时是政治儒学刚起来的时候，反响挺大。2009年，我也参加了围绕蒋庆先生政治儒学召开的一个小型学术研讨会。当时我是觉得，有心性儒学偏向内、政治儒学偏向"上行路线"，应该也有一个"下行路线"的社会儒学。从社会这一维度来构建儒学，实际上也是基于我对中国古代社会（society）与国家（state）二元分立的认识。在中国古代传统中，儒学自汉代以降比较偏重于国家（政治）这方面，传统儒者也有社会这个维度，但没有相对地把它独立出来，所以觉得有必要把社会维度凸显出来，所以就提出"社会儒学"。还有，特别是我觉得随着中国改革开放，其实不仅仅是改革开放，实际上100多年来，中国社会发生了史无前例、翻天覆地的根本性变革。一般我们经常讲过去是农耕社会，现在进入工商社会，城镇化的快速推进，整个中国经济、政治、文化都面临一个很大的变化。所以感觉到儒学的现代发展，可能"社会"维度会更重要。当然，政治维度肯定还是有的，其他维度如经济（企业）都很重要，但社会这一维度更重要。我曾经在一篇论文中提到，在东方专制主义长期盛行所出现的缺乏民主，而官本位、权威崇拜、等级森严等政治文化氛围中，儒学的复兴和现代转型要走民间道路，要以从传统上以国家—皇帝为中心、为重心转移到以社会—民众为主体、为重心，从以求仕为重心转到以教化为重心，要把教化与启蒙结合起来，把道德与事功结合起来，把儒道与儒行结合起来。这样，儒学的现代化发展才不至于停留在书斋里和讲坛上，才不致为政客利用，为奸邪歪曲，使儒学在完成人的塑造过程中实现社会的改造，成为推动东方社会现代化的一股基本力量。[1]按照我的理解,社会儒学就是相对来讲跟政治是对应的,也不一定是对立。这个弄不好也可能是对立,但是对应的一种基本思路。

涂可国(以下简称涂):昨天我也谈到了,我们三个人对社会儒学的理解就像晓东说的"和而不同"。在我看来这是很正常的,有同有异。我们对社会儒学的理解各自不同。我对社会儒学的理解和我的学术背景有关,实际上每个人的理解都是与其学术背景有关系的。我 2001 年写了《社会哲学》一书,原来十分关注社会学问题,2003 年,我到了山东社科院儒学所,我对社会的理解,主要受马克思社会哲学的影响,即把社会看成是一个有机体、一个有机系统。迪尔凯姆的社会有机体理论,就把社会看作一个系统,它包括行为有机体、人,也包括文化体系和政治经济体系。这样社会就是一个由人、文化和狭义的社会构成的三元系统。所以我对社会儒学的构想是一个系统化的建制。最近我发表了一篇《多元一体的社会儒学》[2]文章,可以参考。

我把社会儒学也分为广义、中义和狭义。广义的社会儒学作为一个系统、大系统,是相对于自然而言的。中义的社会儒学相对于人而言的,像西方社会学中的社会实在论、社会实名论,是在人和社会的关系范式中来讲的。狭义的社会儒学是相对于文化而言的,是在人、文化和社会之间的关系意义上加以阐明的。文化有时候是社会的一个有机构成、重要内容,社会抽离了文化,那就是一个空壳。

广义的社会儒学内在地包含了政治儒学,也包含了心性儒学,而且我认为心性儒学还不能概括儒家关于人的思想,因此我提出人类儒学这个概念。实际上,它就是人的儒学。人的儒学不仅是心性儒学,也包括像这几年学界兴起的身体儒学和黄玉顺的生活儒学。实际上,黄玉顺的生活儒学包括整个宇宙本体论,不过我觉得他的归结点、落脚点实际上还是人。我觉得中义的社会儒学和韩老师、谢老师有一些吻合的地方,因为他们提出的社会儒学概念基于现实的考量。一个是针对现代新儒家的心性儒学,一个是针对蒋庆包括干春松的制度儒学,在这个层面来进一步理解社会儒学,我和他们之

---

[1] 韩星:《儒家的隐者——曹南冥的思想、道路及其意义》,载《张载关学与南冥学研究》,社会科学文献出版社 2004 年版。

[2] 涂可国:《多元一体的社会儒学》,载《河北学刊》2018 年第 1 期。

间并不矛盾。

我把社会儒学分为三个层次:第一个层次是作为对象性内容的社会儒学,这点两位有时也涉及,但没有明确地肯认这一点。我认为社会儒学一个先在的前提就是有关儒家的社会哲学,或者是儒家的社会思想。这一点很重要,它包括韩老师反复强调的社会教化、社会秩序、社会规范、社会关系、社会结构、社会管理等。第二个层次是作为功能实现的社会儒学,这一点谢老师、韩老师也有所注意。这一意义上的社会儒学体现了作为特定文化形态的儒学与社会之间的双向互动,包括社会对儒学的影响和儒学对社会的影响。在这里,我特别强调的一点就是社会的儒学化和儒学的社会化,这个环节很重要。第三个层次是作为存在形态的社会儒学,它是儒学通过几千年来的外在化、社会化以后展开为一种作为自在自为的各种存在形态的儒学样态,包括民间儒学,也包括晓东谈到的内化为个人的心理结构,还包括大众儒学、社区儒学等。

谢晓东(以下简称谢):韩、涂两位老师所讲的社会儒学,相对来说是涵盖古今,比较雄心壮志的,尤其是涂老师的(社会儒学)概念可以把自古以来的儒学各家都涵盖进去。(涂:他们批评我是要一网打尽)我对儒学的理解差不多是《汉书·艺文志》那种说法[1],六经、孔子、仁义。那么对社会概念,昨天我可能也重点讲过,这个是我立论的关键点。就是说,我是在自由主义的政治国家和社民社会二元对立这样一种思想谱系下谈"社会"。而自由主义,是指古典自由主义,比如洛克、斯密、贡斯当、托克维尔、密尔,也包括现代的哈耶克、诺奇克等。这些思想家对政治是不大信任的,他们采纳的是一种工具主义的政治观、国家观。他们觉得政治或国家是一种必要的恶,因而它越小越好;而社会,则越大越独立越好。基于这样的想法,所以我的社会概念,主要是在这样一个层面。于是,我的社会儒学概念就有一个基本特征,即非政治化。昨天有好几个老师也在批评这个基本特征,说儒学怎么能不管政治呢?其实我是有特殊规定的。在我看来,政治领域的基本制度是立宪民主制度。现代政治最核心的概念是民主,但是我对民主是有相当的警惕,因为民主简单地说,就是人人平等,一人一票。当然,这个不光是我,密尔和哈耶克等人对民主也是有疑虑的。比如密尔就说得很清楚,他说

---

[1] 《汉书·艺文志》:"儒家者流……游文于六经之中,留意于仁义之际,祖述尧舜,宪章文武,宗师仲尼。"

一人一票不公平,比如涂所长学富五车,而谢晓东是文盲。他可能会说,涂所长可以投五票,谢晓东只能投一票。可见,他们有很明显的精英主义倾向。换句话说,他们对民主其实是不大信任的,因而要想办法去制约民主。他们制约民主的方式是,用自由制约民主,所以叫立宪主义民主。什么是自由?是法治保障下的自由,个人自由。法治的基本内容,比如分权制衡,以社会舆论控制权力等。你看所有这些制度设计,思想指向就需要控制、遏制权力,把权力关进笼子里,对政治予以严格控制。基于此,社会才要大,政治要小。但即使这样子的话,那也不能得出非政治化的特征。我为什么强调社会儒学的非政治化特征呢?那是因为,我觉得政治层面,要交由立宪民主制度,这是人类文明的一个产物。几千年的人类文明到目前为止,用丘吉尔的话来说,民主是最不坏的制度。总的来说,我对儒学在政治层面是不自信的。几千年来,儒学向我们承诺了王道和圣君贤相。但是,理论是一回事,要兑现观念的支票需要制度。那么,儒家向我们推荐的制度是什么呢?这个大家都很清楚,换句话说,它的制度的承诺无法兑现理论的承诺,理论兑现不了。所以朱熹早在宋代就曾痛心疾首地说过:"都两千年了,王道不曾一日行于天地之间。"在朱熹看来,王道还有可能实现,因为他认为在上古尧舜禹时代就有这样的实践。但是,有不少人是怀疑这一点的。我可能也是怀疑古代是不是真的有这样的王道,(韩:很多这样的历史阐说)它可能只是建构出来的。总之,我认为儒学在现代条件下,在我所理解的政治层面,立宪民主制层面,这样的核心制度,架构层面,它的资源是有限的,在这方面我更信任立宪民主制度。所以在这个意义上,我设想了社会儒学的一种非政治化特征。

也就是说,我对社会儒学的规定,不像你们这么雄心壮志,我比较谨慎,迈的步子不大。在传统中国,儒学是占主导地位的一种学术思想,甚至一定程度上成为中国文化的代表,所以有人就提出了儒教中国的概念。儒学这样的一种综合性存在,昨天旭东兄也提到了。罗尔斯晚年发展了政治自由主义理念,从而明显拒斥了那种综合性的自由主义概念。在他看来,后者涵盖了形而上学,因而包含了一些特殊的预设。在我看来,儒学也必须摒弃那种综合性的存在形态。儒家应该认可政治层面上立宪民主制度的基本地位,从而放弃在政治国家层面的存在。现在流行制度自信的说法,说实话,虽然我对儒学有一定的认同,但是在其制度架构上面,至少从过去几千年的经验上来看,是不成功的,它逃脱不了治乱循环,逃脱不了历史的周期律。

在我看来,人应当要有一种世界视野,而且看待问题时,尽量使用人类的纯粹的理性的眼光。这样看儒学的时候,我对它的知性分解的层面可能多一点,而情感认同的层面相对来说可能会弱一点。很大程度上,我视自己为一个纯粹的抽象的理性的地球人。马斯克把他的特斯拉跑车弄到太空中,他说:make on earth by human(人类制造)。其实我很多时候也是这种想法。我想在这种情况下,儒学在现代社会还能发挥什么样的作用呢?另外,我的这种视野不光是针对中国,还针对全球。在现代社会、在中国、在东亚、在世界,儒学还能发挥什么作用呢?我的结论是:其能发挥作用的领域是"社会"。当然是我所定义的广义的"社会",它包括经济、教育等诸多方面,就说它能在这些地方发挥作用。儒学在现代社会,最有价值的是它的道德理想。道德理想是对个人的一种高标准、严要求,强调通过修身成为君子。这些年,我也关注道德哲学,发现古代的道德哲学,不管是亚里士多德的,还是儒家的,其关注的都是我要做个好人。但是现在的规范伦理学是底线伦理,它追求的是不做坏人。其实,自由主义谱系下对伦理的要求也是这样子的。不管是洛克,还是康德,他们都追求底线伦理。从儒学的角度看,自由主义对人的要求也太平淡了。而儒学有它更高的追求,这是没有问题的,我觉得这是儒学的优点。立宪民主制度某种程度上是中立的,其对各种良善的生活观都会保持中立,因而是一视同仁的。它不会去压制某种,甚至直接消灭某种生活方式,比如说同性恋。只要是良善的生活观,它都能够宽容,一视同仁地保护。我觉得在这样一种情况下,儒家成圣成贤的理想,其实是大有用处的。也许有人会说,官德是不是政治层面上的?在我看来,不是。官德,就是官员的个人修养,其属于社会层面。做君子、成为圣人,这种人格理想在立宪民主制度条件下,是没有任何问题的。比如我们这一群人相互砥砺、相互帮助,你有错误我给你指出来,我有错误你指出来,大家都想往君子的境界发展,从而把我们的生命、德性向上提升,这是可以的。用政治哲学或道德哲学的术语来说就是至善论(perfectionism),也有人翻译成完善论。我们在这样的团体里面可以追求这样一种境界,以及在一种更广的层面,比如说公司等,都没有问题。

一言以蔽之,我所提出的社会儒学概念其实质是对儒学在现代社会里的一个定位问题,一个划界问题。

二、社会儒学与内圣外王

韩：我做一些补充……你(谢)对社会儒学的理解是比较现代性的，在现代西方哲学和自由主义的语境下，这是可以理解的。但是，我觉得这与儒学传统不完全合适。或者像有的人，讲传统儒学是心性一本论，是泛道德主义等。对传统儒学不能完全这么理解，确实它……只是把道德当成是一切的一个根本，但这个根本是要生长出主干、枝叶、开花、结果的。(谢：对，没错)还有，你说儒家强调道德理想，是对个人的一种高标准、严要求、修身、成圣，成为君子，儒学其实它也有它自己的底线，人禽之辨、君子小人之辨。这底线要求一个人首先是一个"人"，而不能是禽兽、小人。就是说，它有它的人格的层级追求，由下而上，由士而君子、而贤人、而圣人。另外，儒家的伦理还是多样化的，还有什么仁人啊，成人啊，大丈夫啊，也是多样化的。而且像昨天(朱承)所谈的，君子修己安人，修己安百姓。一方面修己德性，另一方面有安人安百姓，实际上就是内圣外王的结构。当然内圣外王，我们不能把它理解为，"外王"就是我一定要当王；我不当王，就没有外王。其实不是这样的，外王指外在的事功，一方面指政治维度的事功，另一方面指社会维度的事功。所以这个社会儒学，我从内圣外王的角度来理解的话，心性儒学是对应内圣，政治儒学和社会儒学对应外王。这不是把三者截然分开，而是从逻辑上这样去理解，其实心性儒学、社会儒学和政治儒学是不能分开的，本来就是一体的，是以心性儒学为本，生长出来政治儒学和社会儒学两大主干，构成儒学的参天大树。只是，我们现在强调"社会儒学"，是因为这个领域在现代社会特别重要，更需要有人来做，同时，心性儒学、政治儒学也要继续做，这样以心性为本，在三者互动当中来推动儒学的全面复兴。

方：非常有意思。你们前面三个人叙述之后，明显不一样。结果我还没说，韩老师已经先跳出来，进行质疑了。这是社会儒学内部的辩难，非常好！实际上，韩老师的提问，我觉得你相当于给他(谢)的一个评论或者说商榷。正好是刚刚晓东在陈述的时候，我的一个观察。我听到后来，晓东对于儒学，因为你的问题意识一直非常清楚，非常好，就是儒学在现代社会能够发挥什么作用，你觉得儒学在制度上无所作为。(谢：是核心的基本制度)是，所以你觉得儒学更多的是它的道德理想(谢：我突出他的道德理想)。在以下的情况下，我们就这样认为。接下来，你说儒学可以在个人修养等领域发

挥作用(谢:对,在个人和社会领域)。但是接下来,难道这个不就是传统宋明讲的心性的部分吗?所以,我怎么听到后来你对社会儒学的理解又转到心性儒学了呢?这就是韩老师他直觉本能地表示,你把那个儒学的"内圣外王"分开来,因为虽然他(韩老师)没有点出来,你后面有点归到心性儒学的意思,但他(韩老师)明确地说,如果你讲的这个社会儒学把外王这个部分完全丢掉的话,就已经不是对儒学的理解,我不知道这样理解韩老师对不对?

韩:对,内圣外王不可分,但内圣还是本。

涂:内圣外王之道我特别强调层次的划分,内圣外王包括个体的内圣外王,内圣指内在的心性修养或个体内在的道德修养。内和外是相对而言的,这个外是指个人的由内而外的。当然,"外王"宽泛地理解,包括个人外在的事功。也就是说,首先要注重心性修养,然后通过心性修养来达成建功立业。第二个层次是把内圣归结为心性儒学,把外王归结为政治儒学。这样的划分是一种机械化的划分,是错误的。在政治领域或者在政治儒学领域,本身也有一个内圣外王的问题。作为儒家来说,内圣外王更多是指向一种为政者,也就是国家官吏,包括圣王,他们作为一个特殊的社会群体、社会管理者,首先有一个内圣外王的问题,也就是儒家反复强调的正己正人的问题,正人必先正己,成人必先成己,做到以身作则。实际上,内圣外王更多是指向政治生活领域,它更多是强调为官者的内圣外王。儒家强调外王必须建立在内圣基础之上,但实际上,内圣未必可以成为王,包括孔子,他只是素王。

晓东研究政治哲学。研究政治哲学的人都知道,政治有的时候没有什么道德可言,政治更多讲恶,西方所谓的三权分界正是建立在人性恶的基础之上。儒家倡导的是一种泛伦理主义,一种王道政治理想。贤能政治和民主政治根本不是一个直接对立的关系,因为民主政治它是一种选拔机制,它是人才的一种选拔制度。贤能是一种前提性的、作为人的品质性的要求。而且贤原始含义是多财的意思,是一种财富的象征。后来,儒家把它做了伦理化的改造,使"贤"更多凸显一种道德品质。所谓"贤能政治",更多是强调既要有能,又要有贤,"贤"就是有德性。

晓东比较侧重于当代儒学的建构,这我也关注,包括大众儒学、民间儒学等。不过我更为关注对传统儒学和儒学传统的系统化梳理,包括我现在主要致力于建构儒家的责任伦理学。我认为如果缺乏对包括社会秩序、社会调控、社会管理等普通社会儒学内容的研究,那么社会儒学就难以建构起来。

谢：我补充一下，就是对韩老师和旭东兄刚才的说法，我提出一点自己的解释，我觉得你们对内圣外王的理解，还可能是一种比较传统式的理解，而且遵循的思路可能是内圣外王。由内圣而外王，或者是内圣优先于外王。但是我提出的社会儒学概念，以及我本人一般的思想倾向里，我不是那样想的。

我认为，立宪民主制度是第一义的，具有首要性。立宪民主制度，我对它做了很狭窄的规定，就说是最为核心的政治架构及其制度安排。立宪民主制度是外王层面的问题，是第一义。我个人觉得这是人类文明的一大体现，这应该会是一个通则。那么，所以在我的这个思想里，就不是内圣外王，而是倒过来的，是外王内圣。首先确定外王层面的立宪民主制度，然后儒学才可以得到可持续的发展。因为我的眼光，大家可能都能看出来，是一种在现代的条件下关照儒学，也就是考察儒学和现代性的关系。所以在这种情况下，就要首先确定外王。然后在外王确定的基础之上，弘扬内圣。从这个意义上理解社会儒学，它就是一个功能概念。但是可能有的人会说，那你这个外王是外王，内圣是内圣，不成两张皮了吗？不是这样子的。为什么呢？这十几年我的一个主要研究领域，就是儒家政治哲学。我关注的一个根本的问题是：解决儒家政治哲学的现代重构。现代重构的基本思路，其实在这一点上，和新儒家倒是比较接近的。就是说，通过对儒家的这种新阐释，相当程度上把立宪民主制度收纳进去。

大家可能会说，儒家政治哲学的现代重构，要怎么重构？这个我是有思路的。旭东兄知道，我的一个主要研究领域是朱子学。经过对朱子学这么多年的探索，当然包括对朱熹的政治哲学的探索，我发现要想实现以朱子学为基础的一种儒家政治哲学的现代重构，障碍还不少。所以后来就一定程度上回到了先秦，尤其是回到了孟子那里。然后我又进入康德哲学，大家都知道康德哲学的核心概念 autonomy（自律）。它跟 heteronomy（他律）是一对概念，我主要是借助他的这个 autonomy 的这样一个观念，通过这个观念给孟子哲学予以一种新的诠释。试图以孟子为基础推导出自由民主，推出立宪民主要更自恰、更顺畅一些。而这个 autonomy 大家都知道，自从康德发明了这个概念之后，在西方它是研究政治哲学、道德哲学的一个非常重要的问题，你去搜论文著作它是大量的，所以五六年前我就开始大量收集这方面的论文，包括著作。

然后我就是想通过这样的一种工作,借助于打通内圣与外王,就是说让这种立宪民主制度显得是儒家的,尤其是孟子思想的一种合乎逻辑的、一种比较严格推演意义上的产物,而不是一种拼凑的东西。所以从这个角度来说,跟牟宗三的良知的自我坎陷说,有异曲同工之妙。但我是提供了另外一种论证。我对分析哲学很感兴趣,所以当我立论、论证的时候,就小心翼翼。所以到现在为止,我对社会儒学其实还处在一个澄清概念阶段。我觉得如果不把概念分析清楚,搞清楚它的内涵和外延,即它赞成什么?它反对什么?比如说我就特别反对蒋庆的政治儒学。把这些澄清概念清理地基的工作,首先要做好。在这个基础之上,再试图建构一点东西,这样它的可靠性也许会强一点。

三、社会儒学内部的共通点及其当代实践意义

方:其实你们已经互相展开这个讨论了,这一点意味着你们已经意识到彼此的分歧是很大的。但是因为今天主要是三个人,你们在某种意义上,作为社会儒学的这个小的共同体,尤其在我这个社会儒学的外人面前,所以今天你们的主要任务呢,还是合力地把社会儒学给证成,而不是相互掐(笑)。所以我就说晓东你们要这样下去,今天这个会给别人造成一个……所以是这样,就包括因为实际上对你们每个人刚刚的讲法,我都有一些小疑问,但是不能一一去讲,所以我还想下面呢,还是就对社会儒学来讲,我提一个共同的问题,然后每个人再各自表述,这样可能会好一点。主要从时间和效率上,虽然你们对那个比如说刚刚那个内圣外王的理解啊,包括对那个社会儒学的那个分层的理解,其实明显看出来就很不一样,对吧?你们自己也意识到了,甚至说对于传统的这种理解,晓东明显是跟你们两个是不太一样的,这是我的印象。但是我们先把这个异议存起来,我们先把这个同的地方抛出来。那么同的地方呢,我觉得你们都好像能够肯定儒学或者儒家在社会领域,当然这个社会领域每个人理解不一样,这个恰恰是下面你们要叙述的地方,可以有所作为,而且在当代的情况下,可能会大有作为。那么接下来你们三个人,对这一个问题,各自做一个表述,就是按照你们的理解,儒学或者儒家在当今的社会,可以做什么,以及怎么做?从韩老师开始,然后是涂老师。

韩:好的,刚才我说社会儒学、心性儒学和政治儒学一体,具体到实践中

就比如说要做社会儒学,那么首先,我们自身要肯定是道德修养的。你要有修养,你才有这种社会责任感,你在社会上教化别人,别人才能接受。这个,大家应该是同意的。就是所谓的内圣的层面,包括这个礼仪礼貌,然后你才能教化人,才能做好公益事业。现在我们是有很多人做好事,但有些人可能是为了某种什么目的,并非发自内在的道德自觉,是行仁义,而非由仁义行,对吧?你如果缺乏内生的自我道德意识,你可能口头上叫着为人民服务,实际上以自己的利益来判断行道德的价值,以机会主义行道德,而当自己的利益目标受到伤害时,就会或多或少放弃道德,或早或迟背叛道德原则。比如说官方倡导的很多做好事的,像红十字会,这个大家现在很清楚。就是说,如果你把道德当成外在于你的,你在社会上可以做好事,但不一定有一个好的结果。就是说,一个人先有仁义之心,然后推出去,做仁义之事,这就是由内而外的逻辑,即内圣为本,外王为末。当然,内圣与外王在具体实践不是说把内圣修好了,然后再去外王,内圣与外王在具体实践中可能也是互动的,比如有的人一开始受到外在的影响做好事,在他做事的过程当中,他会意识到某个事我没做好,我反省、检讨,应该怎么改正自己,然后下次我把事情做得更好,这实际上就是外王内外的互动。

现在社会儒学怎么做?我觉得还是最基本的把传统儒学的一些东西先复兴起来,这是最主要的,比如说教育和教化。当然,我这个教育不是指体制内教育,因为体制内教育我们一时还没有办法改变。当然影响和推动其改变,那也需要我们的努力。我更强调的是民间教育,体制外的教育。传统上有官学与私学,我把官学放在政治领域,把私学放在社会领域。你看历史上儒学形成的时候,孔子就是在官学衰微之时创立私学,创立儒学。后来历代大致是这样,官学没落了,僵化了,教条了,成为政治的工具,然后在民间——孔子是那样子,后来宋明儒学很多儒者也都是那样——出现大儒,私学兴起,学术更新,再后来程朱理学也成官学,使得儒学在官学与私学互动中不断推进,在传承中不断更新发展。所以就是说,从教育角度,站在一个民间的私学的角度来进行教育。那么教化呢,就是在广泛的社会领域进行的,是传统儒家最基本的一个面向,到现代社会也没有过时,只不过是随着社会的变化,教化的对象、教化的场所、教化的方式变了,而基本精神,也即教化的基本精神没变。这也就涉及古代的政教问题。

古代的政教问题在我看来就是政治儒学与社会儒学的关系问题。中国古代政教不分,以政为教,以教为政,政治包含教化,教化包含政治,二者难

分难解,浑然一体。儒者穷则"寓治于教",达则"寓教于治"。就是说作为儒者在民间的时候,它是寓治于教,即在教育当中,包含了政治。他自己不一定直接参与政治,但他培养学生,希望学生将来参与政治。但是这个参与政治,我们不能像大家长期以来误解的"学而优则仕",就是读书做官,让学生去当官、升官发财,不是那个意思。就是培养学生有道德修养,成为君子,有政治理想,立志治国平天下,然后这些学生出去参政、做官,再改造现实政治,并不是要让学生去谋一己私利,或者助纣为虐。如对冉求,冉求跟随孔子学习多年,学道而不行道,违背孔子"为己之学"的教诲,为保禄位帮助季氏聚敛钱财,孔子知道后非常生气,连他这个徒弟都不认了,还让其他弟子大张旗鼓地去讨伐他!还有,大家都熟悉的有人对孔子说:"你为什么不从事政治呢?"孔子回答说:"《尚书》上说:'孝乎惟孝,友于兄弟',把这孝悌的道理施于政事,也就是从事政治,又要怎样才能算是为政呢?"孔子从事教育,不仅是培养学生成为学者、专家,而且是通过对学生的教育,间接参与国家政治,这是他从事教育的实质,也是他为政的一种形式。孔子的这个传统我觉得现在我们还可以延续下来。还有,荀子写了一篇题为《儒效》的文章,其中两句我印象特别深:"儒者在本朝则美政,在下位则美俗。儒之为人下如是矣。""美政"就是要为社会制定各种礼仪规范、政法制度等,以安定社会秩序和富裕百姓生活;"美俗"就要不断修身,提高道德品质,以身作则,化民成俗。其实就是我,儒者有机会做官了,就发挥自己才能,利用自己的权力,把政事做好;如果政治黑暗,如果没有机会,就在民间发挥自己的学养,利用自己的知识,做社会教化。其实社会教化做好了,政治也好了,政治说穿了就是社会治理。

当然现在可能我同意晓东所说,在现代社会需要实行立宪民主制度,但是这个立宪民主制度应该有一个历史的一个脉络,所以他梳理的这个脉络我觉得很有必要。我觉得社会儒学当今和未来有其广阔的领域,光明的前景,是因为随着社会的发展,中国乃至整个人类的发展趋势就是我们一般说的小政府、大社会,这应该是一个方向。如果逆着这个方向,社会政治都会出问题。中国应该顺着这个方向,小政府、大社会这个方向往前走。所以我们不管政治怎么变化,现在就需要在社会层面做很多事情。问题现在是由谁来做?现在没有了传统社会的儒士、儒者、士大夫,现在大家都是在各行各业,是一种细致复杂的社会分工。所以我提出让不同行业的人都具有儒家的思想意识、儒家的道德修养,也并不一定就独立出来一个儒士阶层,他们仍然各干其事,各守其业。在把他的本职工作做好的前提下,利用一定的时间、精力出来做社会事业。就是要形成一批儒者群体来做这个事情,才有可能把社会儒学做起来。其实也不光是社会儒学,儒者也可以有政治意识,参与政治,所以我并不把社会儒学和政治儒学对立起来。当然,假如说政治儒学和你从事的社会发生矛盾怎么办?那当然还得坚守自己的基本道德人格和思想。其实,社会儒学与政治在各自的不同的领域,互动互补,并不一定就非对立、矛盾。

因为传统儒家,我觉得它基本上就是站在社会的中间。按照我的理解,孔子开始就是这样,而不是我们过去经常批判的,有的人说他是站在奴隶主的立场,有的人说他是站在新兴地主阶级的立场。孔子不是站在任何一个社会阶层的某一个立场上,他就站在社会的最中间来考察社会,思考社会问题,寻求解决之道。因为他在社会中间,向上可以批评当政者,向下对士、君子、小人、庶民各种人都能够客观评判,有对民众的关怀,对其他社会阶层的批判,所以他不站在任何一个所谓阶级、阶层的立场上。正因为这样,他能够对社会有很全面的认识和把握,他能够做到和而不同,中立不倚,"中天下而立,定四海之民",就是这个意思。所以这样我有这种意识,他就能够把社会各个层面都能够关注到,把社会的各个方面都能考虑到。这其实与孔子奉行中庸之道有关,他说:"中庸之为德也,其至矣乎!"把中庸之道看成是最高的实践德行。这样,他提出的思想观点就具有最大的普世性、普适性,成为常道,即普遍真理。

涂:我觉得社会儒学的发展,主要应立足于当代在儒学与社会的双向互动中来充分展开。应该观照社会,思考现在是不是也出现了礼坏乐崩的问题。在20世纪初,很多人批判儒家重私德不重公德,为此晓东也提出了"第六伦"的问题,实际上它在某种意义上是对儒学的一种改造,以弥补"五伦"的不足。我们已经从熟人社会转向陌生人社会,随着社会结构的转型,儒学也应该更新自己的内容结构,这是儒学获得新生的一个重要的方面。儒学要反映社会,要在现代社会中寻找它的合理定位,对它的义理结构进行更新改造。儒学的复兴不是复古,应包含着一种重新诠释的问题。有的反对以西释中,反对反向格义,主张不能用西方的话语体系来解读中国传统哲学,包括儒家哲学,这个我是反对的。因为在西方文化处于强势地位的情况下,断无可能。我觉得要把两者结合起来,既要注重原典的诠释,要注重小学功夫,也要借鉴西方的一些话语体系来进行诠释学的解读。

再者,社会儒学的发展要大力推进儒学的社会化。它包含这样几个维度:一个是人文化,把儒学渗透到各种文化层面,包括文艺作品、文化产业、教育科技等各个领域,将儒家的核心理念渗透发散到社会文化各层次。第二个就是政治化。我不同意晓东强调社会儒学的非政治化。儒学的政治化并非一定就是搞儒家的宪政民主。要知道,政治是一个庞大的系统。从宽泛意义上讲,儒学完全可以政治化,包括像习近平总书记用典,包括党政干部学国学,也就是批判继承儒学的核心理念、人文精神、中华美德,吸收儒家的政治哲学、治道思想等方面的有益成分,都是一种儒学的政治化。

此外,社会儒学的发展还要注重儒学的民间化、全球化。

谢:我简单说一点,我觉得韩老师和涂老师刚才讲的一些东西很好,就是说对于比如儒学在社会层面的一些作用,其实第一个问题的时候我已经重点讲了,我说它是一个功能概念。儒学在非政治层面主要是指,比如说社会和个人层面,当然这里个人是涵盖在社会里面的,可以发挥它的很大的作用,像你刚才讲的很多都可以放进去。然后我只是想强调一点,社会儒学,不仅可以是一种对儒学和自由主义关系的特殊理解,也可以是对儒学与社会主义关系的特殊理解。

四、自由讨论

略。

后 记

本书的问世需要感谢不少人和机构。首先,要感谢的是厦门大学社科处的领导,在张铭清教授、徐梦秋教授等评委的大力支持下,我获得了2018年度厦门大学校长基金之创新团队项目"闽台朱子学前沿问题研究",支持周期为三年。本书的出版经费,就是由该项目支出的。其次,要感谢创新团队的核心成员曹剑波教授、刘晓飞副教授等一些同事的支持,他们分别出任了几个子课题的负责人,并和我一起参加了评审答辩活动。再次,要感谢中国人民大学国学院韩星教授、山东社科院文化所涂可国所长。我们三人共同倡导社会儒学理念,互动良好。最后,要感谢以杨国荣教授、刘学智教授、黄玉顺教授、周可真教授和任剑涛教授等为代表的一些学界同人的慨然与会,共同商讨"社会儒学和儒学的多元开展"的论题。总的来说,该次会议开得比较成功。正如坚持听会一天的人文学院院长朱菁教授所言,厦门大学哲学系不仅为本次会议提供了交流的平台,也提供了交流的主要学术观点,这是难能可贵的。此外,厦门大学朱子学研究创新团队(核心成员乐爱国、朱人求和谢晓东三位教授),也在此次会议中集体亮相。

需要指出的是,附录"社会儒学三人谈"的其他几位出席者的发言部分没有收录,这是颇为遗憾的事情。本书编辑的出色工作,保证了出版质量,感谢乃题中之义。

谢晓东
2019 年 8 月 8 日于首尔大学